KB210011

룩 어게인
변화를 만드는 힘

스테디셀러 《넛지》 후속작

룩 어게인
변화를 만드는 힘

캐스 선스타인 · 탈리 샤롯 지음 | **이경식** 옮김

LOOK
AGAIN

한국경제신문

리비아, 리오, 엘린, 데클런, 라이언에게 이 책을 바친다.

일러두기

부자연스럽고 역겹게 보이던 수많은 것이

금세 자연스럽고 아무렇지도 않게 바뀌었다.

이 세상에 존재하는 모든 것의 색은

자기 주변의 평균적인 색깔에서 나온 게 아닐까.

_허버트 조지 웰스(Herbert George Wells), 영국의 소설가 · 비평가[1]

1   H. G. Wells and J. Roberts, *The Island of Dr. Moreau* (Project Gutenberg, 2009), 136.

차례

· · · · · ·

우리는 모든 것에 길들여진다

습관화, 이것은 DNA와 마찬가지로
생명체의 본질적인 특성일지도 모른다.

_빈센트 가스통 데티에(Vincent Gaston Dethier), 미국의 생리학자·곤충학자[1]

당신의 인생에서 최고의 날은 언제였는가? 어느 하루를 딱 꼬집어
말하기가 어려운가? 괜찮다. 좋았던 날이라고 생각하는 하루를 그
냥 편하게 선택해보자. 어떤 사람은 결혼식 날을 꼽고, 어떤 사람은
학교 졸업식 날, 어떤 사람은 아이가 태어나던 날을 꼽는다. 좀 특이
한 대답을 하는 사람들도 있다. 자기가 키우던 래브라도 리트리버와
지붕 위에서 브레이크댄스를 췄던 날, 수많은 사람 앞에서 연설할

---

1   Vincent Gaston Dethier, *The Hungry Fly: A Physiological Study of the Behavior Associated with
     Feeding* (Cambridge, MA: Harvard University Press, 1976), 411. 미리 일러두자면 우리는 이 책
     에서 수많은 주 및 참고 문헌을 해당 쪽과 함께 제공했다. 특정한 요지나 인용문을 쉽게 찾을 수
     있을 때는 관례를 따라 출처를 폭넓게 밝혔다.

때 드는 공포를 주제로 연설했던 날 등. 상관없다. 어쨌거나 자기가 생각하기에 좋았던 날이기만 하면 어떤 날이라도 좋으니 최고의 날을 꼽아보자.

자, 선택했는가? 그럼 지금부터는 그 멋진 하루를 다시 보낸다고 상상해보자. 해가 떠 있다. 하늘은 파랗다. 당신은 노란색 수영복을 입고 해변에서 팔짝팔짝 뛰며 달린다. 아니면 하늘이 어둡다. 눈이 내리고 있으며 당신은 사랑하는 사람과 코를 맞대고 상대에게서 전해지는 온기를 느낀다. 그 하루가 어떤 날이었든 간에 그 하루는 즐겁고 행복하다.

자, 이제 그 하루를 다시 그대로 산다고 상상하라. 상상했는가? 그렇다면 그 상상을 한 번 더 반복하라. 또 한 번 더 반복하라. 계속 반복하라. 그렇게 해서 당신은 '내 인생 최고의 날'이라는 타임 루프에 갇힌다. 그럼 이제 어떤 일이 일어날까?

당신 인생의 최고의 날은 예전보다 덜 즐겁고 덜 행복하게 바뀐다. 그날의 의미도 예전과 달라져 인생 최고의 날은 곧 지루한 날이 되어버린다. 햇살은 예전처럼 따뜻하게 느껴지지 않는다. 온통 새하얀 눈 세상도 마법처럼 느껴지지 않는다. 당신이 느끼는 사랑도 운명처럼 느껴지지 않는다. 당신이 거둔 성취도 별로 대단해 보이지 않는다. 당신이 위대하다고 느꼈던 멘토들조차 그다지 현명해 보이지 않는다. 모든 게 바뀐다.

월요일에는 짜릿했던 게 금요일이 되면 지루해진다. 이렇게 우리는 **습관화**(habituation)된다. 자극이 반복되면 점점 덜 반응하는 것이다.[2] 이는 인간의 본성이다. 한때 대단하게 여겼던 것들도(인간관계든, 직업이든, 노래든, 예술 작품이든 간에) 어느 정도 시간이 지나고 나면 빛을 잃고 만다. 여러 연구에 따르면 사람들이 낯선 열대 지역으로 휴가 여행을 갔을 때도 43시간 이내에 습관화가 시작된다고 한다.[3]

하지만 우리가 더는 느끼지 못하거나 알아채지 못하게 된 것들에 대한 감정, 즉 처음 느꼈던 놀라움이나 행복감을 원래대로 회복할 수 있다면 어떨까? 즉 **탈습관화**(dishabituation)를 어느 정도 할 수 있다면 어떨까?

이것이 바로 이 책에서 다루고자 하는 내용이다. 만약 우리가 직장 사무실에서나 집의 침실에서 또는 운동장에서 습관화를 극복할 수 있다면 어떤 일이 일어날까? 그리고 우리의 일과 인간관계와 지역사회에는 어떤 일이 일어날까? 우리는 어떻게 하면 탈습관화를 이룰 수 있을까? 우리의 주변 환경을 바꾸거나, 규칙을 바꾸거나, 평소에 어울리는 사람들을 바꾸거나, 일상생활을 하면서 상상으로든 실제로든 작은 휴식을 취하면 탈습관화가 이루어질까? 또 그런 탈습관화는 잃어버린 감성을 되찾고 예전에는 거의 알아보지 못했던 것을 알아보는 데 얼마나 도움이 될까? 이런 질문들에 대한 답을 이 책에서 살펴볼 것이다.

---

2   M. Ramaswami, "Network Plasticity in Adaptive Filtering and Behavioral Habituation," *Neuron* 82 (6) (June 18, 2014): 1216-29.

3   "New Study Finds What Triggers the 'Holiday Feeling,'" *Travel Bulletin*, 2019, https://www. travelbulletin.co.uk/news-mainmenu/new-study-finds-what-triggers-the-holiday-feeling.

더불어 멋진 직업, 좋은 집, 친절한 이웃, 원활한 인간관계 등 좋은 것들에 대한 탈습관화만 다루는 게 아니라 온갖 나쁜 것들의 탈습관화도 함께 살펴볼 것이다. 물론 이런 발상이 터무니없다고 느낄지 모른다. 끔찍하기 짝이 없는 것들을 굳이 처음 경험할 때처럼 생생하게 경험할 필요가 있을까? 만약 어떤 마법에 걸려 인생 최악의 날을 끊임없이 계속 경험하게 된다면 아마도 당신은 뇌의 습관화 기능이 작동되길 바랄 것이다. 그래서 당신이 느끼는 고통이나 마음의 상처가 시간이 흐름에 따라 무뎌지길 바랄 것이다. 그리고 정말로 그렇게 된다면 축복이 따로 없을 것이다.

그런데 바로 여기서 문제가 시작된다. 나쁜 것들의 습관화가 이뤄질 때 사람들은 어떻게 될까? 변화를 추구하고자 하는 노력의 동기가 사라져버린다. 화요일에 악몽이라고 느꼈던 것이 일요일에는 당연한 것으로 느껴진다면 어리석음, 잔인함, 고통, 낭비, 부패, 차별, 잘못된 정보, 독재 등에 맞서 싸우고자 하는 동기가 사라진다. 그러다 보면 결국 금전적 위험에 무뎌지고, 나쁜 길로 빠져드는 자녀의 변화를 알아차리지 못하고, 연애 관계에 생긴 작은 균열이 점점 커지도록 방치하고, 직장에서 일어나는 어리석고 비효율적인 행동에도 아무런 문제의식을 느끼지 못한다.

그렇기에 이 책에서는 좋은 것뿐만 아니라 나쁜 것에서도 습관화가 이뤄질 때 무슨 일이 일어나는지, 어떻게 하면 탈습관화를 이룰 수 있을지 살펴보려고 한다. 탈습관화 사례의 하나로 스웨덴의 경우기존의 좌측통행 방식을 우측통행 방식으로 바꾸자 교통사고가 일

시적으로 약 40퍼센트나 줄어들었다. 교통사고 위험에 대한 탈습관화가 작동했기 때문이다.[4]

또한 청정실이 사람들이 공기 오염 상태를 알아차리고 이 문제에 신경을 쓰도록 만드는 데 어떻게 도움을 주는지, 역지사지의 심정으로 다른 사람과 입장을 바꿔 생각하는 것이 차별에 대한 탈습관화에 어떻게 도움을 주는지,[5] 소셜미디어를 잠시 멀리하는 것이 자기의 삶을 성찰하는 데 어떻게 도움을 주는지[6] 살펴볼 것이다. 더불어 주변의 사물이나 상황을 새로운 시선 또는 정반대의 시선으로 바라볼 때 놀라운 혁신이 일어난다는 점도 살펴볼 것이다.

하지만 이런 것들을 본격적으로 살펴보기 전에 왜 사람들은 모든 것에 빠르게 습관화되는지(진짜로 그렇다. 사람들은 거의 모든 것에 대해 거의 언제나 습관화된다) 그 이유부터 살펴봐야 한다. 우리의 뇌는 멋진 자동차, 큰 집, 사랑하는 배우자, 보수가 높은 직장을 추구하지만 그런 것들을 손에 넣고 난 다음에는 곧바로 아무렇지도 않은 것으로 여기도록 진화했다. 그 이유가 무엇인지 이 책에서 살펴볼 것이다. 또 사람들은 매우 정교하게 진화한 생물체임에도 불구하고 잔인함, 부패, 차별 등을 터무니없을 정도로 빠르게 일상적인 것으로 받

---

4   Wikipedia, s.v. "Dagen H."

5   A. Dembosky, "Can Virtual Reality Be Used to Combat Racial Bias in Health Care?," KQED, April 2021, https://www.kqed.org/news/11898973/can-virtual-reality-help-combat-racial-bias-in-health-care VR reduces bias..

6   H. Allcott et al., "The Welfare Effects of Social Media," *American Economic Review* 110 (3) (2020): 629-76.

아들이는데, 과연 그 이유가 무엇인지도 따져볼 것이다.

이런 수수께끼들을 풀기 위해 이 책에서는 심리학, 신경과학, 경제학, 철학 등의 학문 분야에서 온갖 발상과 저작을 찾아내서 살펴볼 것이다. 물론 그런 발상과 저작 가운데 어떤 것은 이 책 저자들의 것이고 어떤 것은 다른 학자들의 것이다.

왜 사람들은 그토록 빠르게 습관화될까? 이 질문에 대한 올바른 대답은 사람들이 나약하기 때문도 아니고 고마움을 모르기 때문도 아니다. 또 어떤 위협이나 경이로움을 제대로 알아보지 못할 정도로 어리석기 때문도 아니다. 사실 그 대답은 두 다리로 직립보행을 하며 커다란 머리를 가진 생명체인 인간이 원숭이, 개, 새, 개구리, 물고기, 쥐, 심지어 박테리아까지 포함해 지구에 사는 모든 동물과 공유하는 어떤 기본적인 특징과 관련이 있다.

생존을 위한 진화의 시작, 습관화

○

인간의 조상이라고 할 수 있는 생명체는 30억 년 전 지구에 나타났다.[7] 그러나 생김새만으로는 그런 사실을 알 수 없다. 유사점이 별로 없기 때문이다. 그들은 우리보다 덩치가 작았고 문명화가 덜 되었다.

7 B. Cavalazzi et al., "Cellular Remains in a ~3.42-Billion-Year-Old Subseafloor Hydrothermal Environment," *Science Advances* 7 (9) (2021); and Matthew S. Dodd et al., "Evidence for Early Life in Earth's Oldest Hydrothermal Vent Precipitates," *Nature* 543 (7643) (2017): 60-64.

하지만 거친 환경에서도 살아남을 수 있을 만큼 지적으로 세련되었고, 다리를 가지고 있지 않았지만 영양이 풍부한 환경을 찾아 헤엄쳐서 이동할 수 있었다. 그러나 이런 원시적인 행동들에서조차도 습관화의 특징은 나타났다. 즉 이 원시 생명체는 주변 환경에서 취할 수 있는 영양소의 수준이 일정할 때 마치 자동조종장치가 작동하는 것처럼 일정한 빈도로 움직였다. 그리고 영양소의 수준이 달라지면 움직임의 빈도와 강도는 달라졌다.[8]

이 초기 생명체는 무엇이었을까? 바로 단세포 박테리아였다. 이름 그대로 단세포로 구성된 생명체다. 비교하기 위해 참고로 말하면 인간의 몸은 37.2조 개의 세포로 구성되어 있다.[9] 이 세포들은 상호작용을 하며 그 덕분에 인간은 수영하거나 구를 수 있고, 달리고 웃고 소리칠 수 있다. 하지만 단세포 생물도 스스로 하는 반응을 억제함으로써 자기가 하는 행동에 습관화될 수 있다.

지구상에 단세포 생물이 나타나고 오랜 세월이 지난 뒤에 아주 단순한 수준의 다세포 생물이 나타났다. 이 생물들은 서로 '얘기를 나눌' 수 있는 뉴런(신경세포)을 가지고 있었다. 그런데 이 뉴런들이 얘기를 나눌 가능성은 시간이 지남에 따라서 바뀌었다. 하나의 뉴런이 다른 뉴런에 최초의 메시지를 보낸 뒤에, 예를 들어 어떤 감각

---

8 B. T. Juang et al., "Endogenous Nuclear RNAi Mediates Behavioral Adaptation to Odor," *Cell* 154 (5) (2013): 1010-22; and D. L. Noelle et al., "The Cyclic GMP-Dependent Protein Kinase EGL-4 Regulates Olfactory Adaptation in *C. elegans*," *Neuron* 36 (6) (2002): 1079-89.

9 Carl Zimmer, "How Many Cells Are in Your Body?," *National Geographic*, October 23, 2013, https://www.nationalgeographic.com/science/article/how-many-cells-are-in-your-body#:~:text=37.2%20trillion%20cells.,magnitude%20except%20in%20the%20movies.

뉴런이 악취와 관련된 정보를 운동 뉴런에 전달한 다음에 보면 냄새는 아직 남아 있지만 그 냄새와 관련된 신호를 발산하는 빈도를 줄이는 경향이 있다.[10] 그 결과 그 냄새를 회피하고자 하는 움직임 같은 행동 반응이 줄어든다.

이런 과정은 인간의 뇌에서도 일어난다. 담배 연기가 가득한 방으로 들어간 사람이 그 방에 잠깐 있다 보면 담배 냄새를 잘 느끼지 못하는 것도 바로 이런 이유다. 또 처음에는 매우 짜증스럽게 느껴지던 소음이 어느 정도 시간이 지나자 아무렇지 않게 느껴지는 현상도 마찬가지다.

이 기본 원리를 증명하기 위해 1804년의 오스트리아 빈으로 시간을 거슬러 가보자. 당시 스물네 살이었던 의사 이그나즈 파울 비탈 트록슬러(Ignaz Paul Vital Troxler)가 시각을 연구하다 놀라운 사실을 발견했다.[11] 가까운 거리에 있는 어떤 이미지를 두 눈으로 오랫동안 지켜보고 있으면 어느 순간 그 이미지가 사라져버리는 것처럼 보인다는 것이었다.

이 현상은 직접 확인해보면 금방 알 수 있다. 이 책의 뒤표지 날개 부분에 들어간 이미지를 살펴보자. 알록달록한 구름 이미지가 있고 한가운데에 검은색 덧셈 기호가 있을 것이다. 이 덧셈 기호를

---

10 Eric R. Kandel et al., eds., *Principles of Neural Science*, 5th ed. (New York: McGraw-Hill, 2013); and W. G. Regehr, "Short-Term Presynaptic Plasticity," *Cold Spring Harbor Perspectives in Biology* 4 (7) (2012): a005702.

11 I. P. V. Troxler, "On the Disappearance of Given Objects from Our Visual Field," ed. K. Himly and J. A. Schmidt, *Ophthalmologische Bibliothek* 2 (2) (1804): 1-53.

약 30초 동안 꼼짝도 하지 말고 바라보자. 그러면 어느 순간엔가 알록달록한 구름은 사라져버리고 아무것도 없는 회색 바탕만 남을 것이다.

이런 일이 일어나는 것은 당신의 뇌가 변하지 않는 대상에 더는 반응하지 않기 때문이다.[12] 하지만 당신의 눈동자가 움직이는 순간 그 알록달록한 이미지는 곧바로 다시 나타난다. 당신이 그 이미지를 다시 볼 수 있게 된다는 말이다. 당신은 눈동자를 움직임으로써 뇌가 받아들이는 입력 내용을 바꿔놓는다. 물론 당신의 뇌가 인지를 중단하는 대상은 알록달록한 구름만이 아니다. 시간이 흐르면서 당신은 신고 있는 양말의 질감을 느끼지 않게 되고, 에어컨에서 나는 윙윙거리는 소리를 듣지 못하게 된다(어쩌면 당신은 지금도 주변에서 나는 소음을 알아차리지 못하고 있을지 모른다).[13]

또 우리는 이런 것들 말고도 부, 가난, 권력, 위험, 결혼, 차별 같은 훨씬 복잡한 환경에도 시간이 지남에 따라 익숙해진다. 이런 유형의 습관화에는 서로 다른 뉴런들 사이의 활발한 **억제(inhibition)**가 동반된다.[14]

예를 들어 당신의 옆집에 사는 사람이 핀리라는 이름의 저먼 셰퍼드를 새로 키우게 되었다고 상상해보자. 핀리는 많이 짖는다. 처

---

12 이 경우엔 당신의 광수용체가 그 이미지에 반응하기를 중단했다고 볼 수도 있다.

13 J. Benda, "Neural Adaptation," *Current Biology* 31 (3) (2021): R110–R116.

14 A. S. Bristol and T. J. Carew, "Differential Role of Inhibition in Habituation of Two Independent Afferent Pathways to a Common Motor Output," *Learning & Memory* 12 (1) (2005): 52–60.

음에 당신은 이 개가 짖는 소리가 엄청나게 귀에 거슬린다. 그래서 개가 짖을 때마다 당신은 개가 짖는다는 사실을 알아차린다. 하지만 일정한 시간이 지나고 나면 당신의 뇌는 그 상황에 대한 어떤 모형(model) 하나를 만든다. 바로 '내가 휠러 씨 집 앞을 지나갈 때마다 핀리가 짖어댄다'라는 모형이다.[15]

당신은 핀리가 짖을 것을 이미 기대하고 있다. 그 짖음을 경험할 때('핀리가 짖는다') 당신의 뇌는 그 경험을 이미 세워둔 모형('내가 휠러 씨 집 앞을 지나갈 때마다 핀리가 짖어댄다')과 비교한다. 그리고 경험이 모형과 일치할 경우 당신의 (신경감정행동) 반응은 억제된다.

핀리가 짖는 것을 경험하는 횟수가 점점 더 많아질수록 당신의 내면 모형은 점점 더 정확해져서 핀리가 짖는 소리를 듣는 실제 경험과 더 잘 일치한다. 이 일치가 정확할수록 당신의 반응은 그만큼 더 억제된다. 그러나 만일 그 일치가 정확하지 않으면(예컨대 더 크게 짖거나 울타리를 뛰어넘어 당신에게 달려들면) 당신은 깜짝 놀랄 것이고 당신의 반응은 덜 억제될 것이다. 그럼 다음 페이지의 사진을 보면서 직접 이런 변화를 경험해보자.

당신이 평균적인 부류에 속한다면 아마도 이 사진을 보고 처음에는 깜짝 놀랄 것이다. 섬뜩한 불안감을 느꼈을 수 있고, 잠깐이나마 공포심을 느꼈을 수 있다. 그러나 이 개가 책에서 튀어나와 저 무섭고 날카로운 이빨을 당신의 매끄러운 목에 들이대며 물지 않는 한,

---

15 E. N. Sokolov, "Higher Nervous Functions: The Orienting Reflex," *Annual Review of Physiology* 25 (1) (1963): 545-80.

당신의 뇌는 이 개의 사나운 이빨과 격앙된 눈빛에 점점 덜 반응할 것이다.[16] 그러다 결국 처음에 느꼈던 불안한 감정은 사라지고 경험은 습관화된다(특이한 외모를 가진 사람과 맞닥뜨릴 때도 이와 비슷한 일이 일어난다. 처음에는 그 사람의 신체적인 특이함을 인지하고는 그 사실에 사로잡히지만, 얼마 뒤에는 놀랍게도 거의 의식하지 않는다).

인간의 뇌는 동일한 주요 원리를 따르는 단일 세포와 관련된 메커니즘에서 한층 복잡한 신경계와 관련된 메커니즘으로 진화한 것으로 보인다. 그 원리는 단순하다. 놀랍거나 예상치 못한 일이 일어날 때 뇌는 그 자극에 강하게 반응하지만, 모든 것이 예측 가능할 때는 덜 반응하고 때로는 전혀 반응하지 않는다. 우리의 뇌는 일간지의 1면과 마찬가지로 바뀌지 않은 것에는 관심을 기울이지 않고 최근

16 A. Ishai et al., "Repetition Suppression of Faces Is Modulated by Emotion," *Proceedings of the National Academy of Sciences of the USA* 101 (2004): 9827-32.

에 바뀐 것에만 관심을 기울인다.

　이렇게 되는 이유는 우리 인간이 생존할 수 있도록 뇌가 예전의 것과 다른 새로운 것에 우선 초점을 맞추기 때문이다. 예를 들어 갑자기 나기 시작하는 연기 냄새, 눈앞에 불쑥 나타난 굶주린 사자, 당신 앞으로 지나가는 매력적인 배우자 후보 등이 그런 반응 대상이다. 우리의 뇌는 예상치 못한 새로운 것을 돋보이게 하려고 늘 보던 것들은 반응 대상에서 제외한다.

　인간의 뇌가 작동하는 방식을 알면 이미 습관화된 좋은 것들을 다시 마음껏 즐길 여러 가지 방법을 파악해서 인생의 밋밋한 것들이 새롭게 반짝반짝 빛나게 할 수 있다. 그뿐만 아니라 우리가 가지고 있는 나쁜 습관들을 포함해 더는 인지하지 못하는 나쁜 것들에 초점을 맞춰 이것들을 바꿀 방법들을 확인할 수도 있다. 본문에서는 이런 과정을 설명할 것이다.

　또 이 책에서는 인류와 사회의 건강과 안전과 환경을 고려해 사람들이 이미 익숙해진 심각한 위험들을 어떻게 더 예민하게 인지하도록 유도할지 그 방법을 살펴볼 것이다. 또한 우리의 뇌가 반복되는 자극에는 덜 반응한다는 사실을 인식하는 것이, 잘못된 정보의 남발과 반복에도 건전한 회복력을 유지하고 소셜미디어가 유발하는 만성적인 스트레스와 산만함을 해결하는 데 어떻게 도움이 되는지 보여줄 것이다.

　아울러 습관화와 탈습관화가 비즈니스 영역에서는 어떤 교훈을 주는지, 즉 무엇이 직원들의 동기를 부여하고 고객들의 참여를 유지하게 하는지 보여줄 것이다. 그리고 성차별과 인종차별, 심지어 파시즘의 열기가 점점 뜨거워지는 현상에 사람들이 어떻게 익숙해지는지, 그래서 기존의 규범에 맞서 싸우는 '탈습관화 기업가(dishabituation entrepreneur)'들이 어떻게 돋보이는지도 함께 살펴볼 것이다.

하지만 습관화는 생존에 결정적으로 중요하기도 하다. 사람들이 환경에 빠르게 적응할 수 있도록 돕기 때문이다. 예를 들어 육체적 고통에 습관화될 수 없을 때 사람들은 엄청나게 큰 고통에 시달릴 수 있다. 사람에 따라 습관화 능력이 다를 수도 있는데, 이 책에서는 느린 습관화가 여러 가지 정신 건강 문제로 이어질 수 있지만 기업, 스포츠, 예술 분야에서 창의적인 통찰력과 비범한 혁신으로 이어질 수도 있음을 살펴볼 것이다. 이 모든 관찰과 깨달음으로 당신의 뇌가 늘 반짝반짝 생기를 띠기를, 그리하여 아무 의미가 없는 회색빛이 아니라 알록달록한 구름을 다시 보게 되기를 바란다.

1부

웰빙

: 행복과 회복의 조건

1장

행복
아이스크림, 중년 위기, 일부일처제의 공통점

> 만약 제가 지난 18년 동안 날마다 여기서 그런 일들을 해왔다면,
> 이곳이 그토록 환상적인 곳으로 남아 있지는 않겠죠.
> 하지만 저는 종종 집을 떠나고, 그래서 집을 무척이나 그리워합니다.
> 그러다 돌아오면 집이 늘 새롭게 느껴집니다.
>
> _줄리아(Julia)[1]

여기 줄리아와 레이철을 만나보자. 두 사람 모두 사람들이 멋지게 여기는 인생을 살고 있다. 둘 다 50대 중반인데 줄리아는 뉴멕시코에 살고, 레이철은 애리조나에 산다. 모두 사랑하는 매력적인 배우자와 함께 살고 있다. 줄리아에게는 2남 1녀의 사랑스러운 자녀가 있다. 레이철은 딸만 둘이다. 줄리아와 레이철 모두 자신의 역량을 탁월하게 발휘하는 직업을 가지고 있으며 그 덕분에 부유한 생활을

---

1 David Marchese, "Julia Roberts Hasn't Changed. But Hollywood Has," _New York Times_, April 18, 2022, https://www.nytimes.com/interactive/2022/04/18/magazine/julia-roberts-interview.html.

한다. 심지어 나이가 든 지금도 여전히 몸매가 늘씬하고 건강하다. 많은 사람이 그 두 사람은 축복받은 인생을 멋지게 잘 살아왔다고 말한다.

하지만 두 사람의 유사점은 여기까지만이다. 그들은 여러 가지 면에서 인생의 복권에 당첨되었다고 볼 수 있지만 그들이 느끼는 주관적인 경험은 상당히 다르다. 줄리아는 자신이 누리는 행운에 늘 감탄하며 살지만, 레이첼은 자신의 동화 같은 인생을 온전하게 바라보지 못한다.

줄리아는 그녀의 인생에 일어난 크고 작은 온갖 기적을 경외심을 가지고 바라본다. 그리고 자기는 "행복한 인생"을 살고 있다고 말한다. 누군가 이상적인 하루의 일상이 어떤 모습이냐고 물으면 그녀는 이렇게 대답한다.

"집안이 평화롭고 조화로운 날이에요. 저는 아침에 일어나서 가족이 먹을 식사를 준비하고 아이들이 등교하는 것을 지켜보죠. 그런 다음 남편과 함께 자전거를 타고 나가서 동네를 한 바퀴 돌고 커피를 마시거나 식사를 해요. 식사가 끝나면 저 혼자만의 시간을 가지는데, 그러다 보면 오후 세 시가 다 됩니다. 그때 학교로 아이들을 데리러 가죠. 그런 다음엔 라크로스 연습을 하고, 연습이 끝나면 저녁을 준비해요."[2]

반면 레이첼은 그녀의 하루를 "지루해요!"라고 표현한다. 물론 가

---

2 각주 1과 같은 자료.

족이나 재산, 건강, 친구들을 볼 때 그녀는 자신이 축복받은 존재임을 잘 알고 있다. 그녀는 슬프거나 우울하지 않다. 그러나 자신의 일상을 '행복한 것'으로 느끼진 않는다. 일상이 어떠냐는 물음에 그녀는 "그저 그래요"라고 대답한다.

줄리아와 레이철은 어떤 결정적인 차이가 있을까? 그 차이는 성격적인 특성이나 유전자의 문제가 아니다. 가족이나 친구들과 맺고 있는 인간관계의 질도 아니다. 이 차이는 작지만 매우 중요하다. 줄리아는 출장 여행을 자주 간다. 이 여행은 제법 오래 이어지는데 몇 주 동안 이어질 때도 있다. 긴 출장 여행을 마치고 집으로 돌아오는 것에 대해 그녀는 이렇게 말한다.

"저는 종종 집을 떠나고, 그래서 집을 무척이나 그리워합니다. 그러다 돌아오면 집이 늘 새롭게 느껴집니다."

집을 떠나 있는 시간이 그녀가 '삶의 소소한 것들을 즐기는 기쁨'을 알게 해주는 것이다.

"만약 제가 지난 18년 동안 날마다 여기서 그런 일들을 해왔다면, 이곳이 그토록 환상적인 곳으로 남아 있지는 않겠죠."[3]

반면에 레이철은 일상적인 생활에서 벗어나는 일이 거의 없다. 그래서 자기가 사는 세상이 얼마나 멋진지 깨닫지 못한다. 그녀는 남편이나 아이들이나 편안한 집이 없는 삶을 경험하지 못한다. 이런 것들은 날마다 늘 그녀와 함께 있다. 그래서 그 모든 것에 먼지가 뽀

---

3   각주 1과 같은 자료.

얇게 앉았고 반짝이는 빛마저 차단되었다.

바로 이 지점에서 당신에게 말해줄 비밀이 하나 있다. 어쩌면 당신도 줄리아를 알고 있을지 모른다. 아니, 어쩌면 아주 잘 알지도 모른다. 당신은 파자마 차림으로 거실 소파에 앉아서 팝콘을 먹으면서 그녀와 함께 시간을 보냈을 수도 있다. 그렇다, 줄리아는 할리우드의 유명한 여배우인 바로 그 줄리아 로버츠(Julia Roberts)다(그리고 우리가 인용했던 말들은 모두 그녀가 실제로 했던 말이다). 어쩌면 지금 당신은 이런 생각을 할지도 모르겠다.

'줄리아 로버츠니까 당연히 그렇겠지! 그녀니까 당연히 자신의 삶에 감사하는 마음이 넘치겠지! 그녀보다 더 특권을 부여받은 사람이 몇이나 있겠어?'

하지만 그건 당연한 게 아니다. 비정상적이라고 할 만큼 많은 특권을 누리는 자신의 인생을 바라보는 줄리아의 시선 그 자체가, 평범하기 짝이 없는 인간의 경험에 빛을 뿌릴 수 있다. 그리고 바로 이런 점이 어떻게 하면 우리의 인생이 다시 활기를 띠고 반짝일 수 있을까 하는 질문에 해답을 제시한다.

자, 이제 레이철에 대해 이야기해보자. 당신은 레이철이 누구이고 어떤 사람인지 알지 못하지만(참고로 레이철은 우리 저자들의 지인이며 그녀의 신원을 알 수 있는 세부적인 정보는 바꿨다) 레이철을 닮은 누군가는 분명 알고 있을 것이다. 여러 가지 점에서 그 누군가는 많은 사람이 실제로 살아가는 모습 그대로다. 그 사람은 레이철이 가지고 있는 걸 가지고 있지 않은 수많은 평범한 사람의 일상을 살고 있지만, 한편으로는 사람들이 인생을 살아가는 데서 소중하게 여기는 것들(예를 들면 사랑하는 가족, 좋은 친구들, 신나는 직장, 타고난 멋진 재능 등)을 가지고 있으면서도 이런 사실에 그다지 집중하지 않는 경향이 있다. 적어도 날마다 그렇게 하지 않는 건 분명하다.

다른 사람들에게 놀랍게 보일 수 있는 것, 한때 우리에게 놀라웠던 것이 우리의 인생을 구성하는 일부분이 되고, 우리는 이를 당연한 것으로 여기며 거기에 습관화된다. 예를 들어 어떤 연구 결과에 따르면 사람들은 결혼한 뒤에 평균적으로 더 행복하다고 느낀다고 답한다. 그러나 행복한 신혼이라고 할 수 있는 약 2년이라는 시간이 지난 뒤에 응답자들이 느끼는 행복의 수준은 결혼 전의 수준으로 떨어진다.[4]

자, 바로 여기에 우리가 지금부터 살펴볼 주제가 놓여 있다. 레이철과 같은 사람들이 자기가 살아가는 인생에서 좋은 것들을 있는 그대로 바라보며 또 그것이 소중하다는 사실을 깨닫지 못하는 이유는 도대체 뭘까? 어떻게 하면 레이철이 줄리아처럼 세상을 바라볼 수 있을까? 놀랍도록 매력적인 미소를 가진 할리우드 스타가 아니라고 하더라도 얼마든지 줄리아처럼 세상을 아름답게 바라볼 수 있지 않을까? 그런 방법이 정말 있기나 할까? 있다. 분명히 있다.

---

4   R. E. Lucas et al., "Reexamining Adaptation and the Set Point Model of Happiness: Reactions to Changes in Marital Status," *Journal of Personality and Social Psychology* 84 (3) (2003): 527.

날마다 아이스크림을 먹어야 한다면

○

이 책의 저자인 탈리와 그녀의 딸 리비아가 캘리포니아에서 등산을 할 때였다. 태평양을 내려다보는 절벽에 세워진 멋진 저택이 우연히 두 사람의 눈에 들어왔다. 그레이스 켈리가 주인공으로 나왔던 옛날 영화에나 나올 법한 멋진 유럽식 저택, 바로 그런 집이었다(어쩌면 줄리아가 지금 거기에 살고 있을지도 모른다). 탈리는 가쁜 숨을 몰아쉬면서 당시 아홉 살이었던 딸에게 저런 집에서 살고 싶으냐고 물었다. 그러자 딸은 싫다고 대답했다.

"왜 싫어?"

"음, 나는 아이스크림이나 장난감을 하나씩 받을 때마다 무척 소중한 선물을 받았다는 생각이 들고 그때마다 행복해지거든. 그렇지만 우리가 저렇게 부자면 아마도 아이스크림과 장난감을 날마다 받겠지. 그럼 그게 더는 소중한 선물이 아니게 되고, 그럼 내가 고마워하지도 않게 될 테니까."

리비아의 말이 핵심을 찌른다. 내공이 깊은 성숙한 사상가들도 이 말에 공감한다. 경제학자 티보르 스키토프스키(Tibor Scitovsky)는 즐거움은 욕망이 불완전하고 간헐적으로만 충족될 때 생성된다고 말했다. 중요한 말이므로 한 번 더 말하겠다. **즐거움은 욕망이 불완전하고 간헐적으로만 만족될 때 생성된다.**[5] 이 말은 당신의 인생에서 좋

---

5   Tibor Scitovsky, *The Joyless Economy: The Psychology of Human Satisfaction* (Oxford: Oxford University Press on Demand, 1992), 71.

은 것들은(맛있는 음식이든, 멋진 섹스든, 비싼 자동차든 당신이 꿈꾸는 것이면 무엇이든) 가끔 경험할 때만 기쁨이 폭발적으로 유발된다는 뜻이다.

그런데 이런 경험이 자주 일어나면, 예컨대 날마다 그런 경험을 하게 되면 진정한 즐거움이 더는 생성되지 않는다. 대신 그런 경험은 편안함을 가져다준다. 특히 넘쳐나는 풍부함이나 부유함은 짜릿함을 편안함으로, 즉 좋긴 하지만 지루하기 짝이 없는 편안함으로 바꿔놓는다고 스키토프스키는 말한다.

스키토프스키의 이 일반적인 통찰은 옳긴 하지만 부(富)와는 느슨하게 연관되어 있다고 생각한다. 간헐적인 즐거움을 늘 존재하는 편안함으로 바꿔놓을 정도로 부자일 필요는 없다. 마카로니 치즈(치즈 소스에 삶은 마카로니를 넣어 버무린 요리-옮긴이)를 생각해보라. 탈리의 딸 리비아를 포함해 많은 사람이 마카로니 치즈를 무척이나 즐겨 먹는다. 아마 당신도 치즈가 듬뿍 들어가서 끈적하고 따뜻한 이 파스타 요리를 좋아할 것이다. 하지만 만약 이 파스타를 날마다 먹는다면 어떨까?

그 답을 알아내기 위해 어떤 연구자들이 이와 관련된 실험을 진행했다.[6] 그들은 실험 참여자들을 모은 다음 무작위로 두 집단으로 나누었다. 그리고 한 집단은 일주일 동안 날마다 마카로니 치즈를 먹게 했다. 그러자 사람들은 처음에는 그 음식을 좋아했지만 하루

6　L. H. Epstein et al., "Long-Term Habituation to Food in Obese and Nonobese Women," *American Journal of Clinical Nutrition* 94 (2) (2011): 371-76.

하루 지날수록 점점 덜 맛있다고 느꼈다. 마카로니 치즈에 습관화되었기 때문이다. 자주 반복해서 경험하는 거의 모든 자극은 시간이 지남에 따라 감정적인 반응을 덜 불러일으킨다. 좋은 감정이든 나쁜 감정이든 마찬가지다. 정원에 피어 있는 아름다운 꽃도 그렇고, 길가에 수북하게 쌓인 채 방치된 쓰레기 더미도 그렇다.

한편 다른 집단은 5주 동안 일주일에 딱 한 번만 마카로니 치즈를 먹었다. 이들은 첫째 주에 그 음식을 무척 좋아했다. 둘째 주에도 무척 좋아했고, 셋째 주에도 좋아했다. 그들은 마카로니 치즈를 아무리 많이 먹어도 여전히 무척 좋아했다. 즐거움은 욕망이 불완전하고 간헐적으로만 만족될 때 생성된다는 원리가 작동하기 때문이다.

당신은 날마다 마카로니 치즈를 먹어야 했던 사람들을 딱하게 여길지도 모른다. 하지만 딱하게 여길 이유가 전혀 없다. 그들은 시간이 지난 뒤에는 결국 그 음식을 덜 먹었고 그 덕분에 몸무게가 줄어들었다. 반면에 마카로니 치즈를 일주일에 한 번씩 먹은 사람들은 매주 같은 양의 마카로니 치즈를 먹었고, 결국 일부는 바지 단추를 채우느라 고생해야 했다.[7]

---

7 동일한 것을 반복해서 경험할 때 그 경험에서 비롯되는 즐거움의 총량은 보통 줄어들곤 한다. 그러나 어떤 친숙함은 오히려 즐거움의 총량을 늘려준다. 예를 들어 **단순노출효과(mere exposure effect)**는 친숙하다는 이유 하나만으로 사람들이 해당 대상에(그 대상이 미술품이든, 음악이든, 누군가의 얼굴이든 간에) 대한 선호도가 올라가는 심리 현상이다. 그러니까 처음 몇 번의 반복은 즐거움을 늘리지만 결국 습관화 때문에 그 즐거움은 점점 줄어든다는 말이다. R. B. Zajonc, "Feeling and Thinking: Preferences Need No Inference," *American Psychologist* 35 (February 1980): 151-71.

새삼스러운 놀라움과 기쁨

○

줄리아는 마카로니 치즈를 가끔 먹는다. 그리고 습관화가 시작될 무렵이면 비행기를 타고 여행을 하면서 감자와 스테이크를 먹는다. 몇 주 뒤 다시 집으로 돌아오면 마카로니 치즈가 다시 최고의 음식으로 느껴진다. 반면에 레이철은 수십 년 동안 날마다 마카로니 치즈를 먹어왔다. 그녀는 마카로니 치즈를 처음 먹었을 때의 그 첫맛을 기억할 수 있다. 새로 장만한 집에서 보낸 첫날 밤, 믿을 수 없을 정도로 멋진 직장에서의 처음 몇 주, 남편과 처음으로 나눴던 키스를 기억한다. 그러나 시간이 흘러 반복되는 일상에서 새로움이 사라지면서 즐거움도 사라지고 말았다.

레이철을 보면 1950년대의 인기 텔레비전 드라마였던 〈환상특급(The Twilight Zone)〉에 나오는 헨리 프랜시스 발렌타인이라는 비극적인 인물이 떠오른다. '방문하기 좋은 장소'라는 어느 에피소드에서 범죄자 헨리는 강도 행각을 벌이다가 경찰관이 쏜 총에 맞아 사망한다. 그런데 잠에서 깬 헨리 앞에 다정한 수호천사 핍이 나타나서 그가 죽었음을 알려준다. 헨리는 깜짝 놀란다. 핍은 그에게 돈, 도박에서 이기는 것, 아름다운 여자 등 그가 원하는 것은 무엇이든 다 가질 수 있게 해주겠다고 말한다. 그러자 헨리는 '와, 내가 지금 천국에 와 있나 봐!'라고 생각한다.

처음에는 정말로 멋진 곳인 듯했다. 그러나 몇 주가 지나고 나자 헨리는 지루해지기 시작한다. 돈이나 샴페인이나 멋진 자동차도 언제든 원하기만 하면 곧바로 가질 수 있다는 게 더는 기쁘지 않다. 헨리는 이런 상황을 견딜 수 없어서 핍에게 자기를 '다른 곳'으로 옮겨 달라고 애원한다. 그 다른 곳이란 다름 아닌 지옥 불이 활활 타오르는 곳이다. 하지만 핍은 이렇게 말한다.

"너는 네가 천국에 있다고 생각했구나. **여기는 천국이 아니라 네가 가고자 하는 바로 그곳이다.**"

레이철은 분명 천국과 지옥을 혼동하고 있다. 그녀는 지상에 있는 천국의 기쁨을 마음껏 누리지 못한다. 거기에 습관화되었기 때문이다. 이 말은 그녀가 자신의 인생에 펼쳐진 사랑스러운 것들(깨끗한 부엌, 미술품들, 아름다운 정원 등)을 상대적으로 덜 알아차린다는 뜻이고, 이런 것들에 대해 덜 반응한다는 뜻이며, 이런 것들에 덜 고마워한다는 뜻이다. 그녀가 예전처럼 다시 기쁨을 느끼려면 탈습관화가 필요하다. 어떤 것에서(즐겨 먹는 음식, 사랑하는 배우자, 좋은 직장, 따뜻한 태양, 푸른 바다 등에서) 탈습관화가 이뤄지려면 한동안 그런 것을 멀리해야 한다. 그럴 때 비로소 그런 것들이 좋다는 사실이 새삼스러운 놀라움으로 우리를 일깨운다.

심지어 짧은 휴식 시간도 탈습관화를 촉발해서 기쁨을 만들어낼 수 있다. 예를 들어 당신이 어떤 음악을 감상하려 한다고 하자. 당신은 이 음악을 처음부터 끝까지 듣고 싶은가, 아니면 도중에 몇 차례 휴식 시간을 가지면서 그 음악을 끊어가면서 듣고 싶은가? 아마도 당신은 전자를 선택할 것이다. 사실 사람들은 이런 질문을 받을 때 대부분 전자라고 대답한다. 하지만 만일 당신의 목표가 음악 감상의 즐거움을 극대화하는 것이라면 후자를 선택하는 게 맞을 수도 있다.

어떤 연구에서 사람들을 두 집단으로 나눠 이와 관련된 실험을 했다.[8] 한 집단에는 해당 음악을 처음부터 끝까지 들을 수 있게 했고, 다른 집단에는 도중에 몇 차례 음악을 끊고 쉰 다음에 이어서 듣게 했다. 그런 다음 두 집단 모두에 음악 감상 경험이 얼마나 즐거웠는지 평가하라고 했다. 연구진은 참여자들의 99퍼센트가 휴식 시간이 있을 때 음악 감상의 즐거움을 덜 느낄 것이라고 예상했다. 그러나 이들은 휴식 시간으로 방해를 받을 때가 더 좋았다고 응답했으며 휴식 시간 이후 음악을 더 즐겼다. 또한 이들은 방해받지 않고 음악을 들었던 집단보다 두 배나 되는 돈을 내고서도 기꺼이 그 음악을 콘서트장에서 듣겠다고 했다.

휴식 시간은 좋은 것에 적응하는 경향을 감소시켰고, 그래서 그 음악을 듣고 느끼는 기쁨이 더 오래 지속되었다. 놀랍게도 이런 사실은 사람들이 그 휴식 시간에 어떤 활동을 하든 상관없이 한결같았다. 일부는 아무것도 하지 않았고 일부는 성가신 소음을 들었으며 나머지는 다른 노래를 들었다. 모든 경우 휴식 시간은 음악을 감상하는 즐거움을 늘렸다.

사람들은 대부분 습관화의 힘을 과소평가한다. 또한 좋은 경험(음악, 마사지, 영화, 휴가 등)을 여러 조각으로 나눌 때 발생하는 이점을 잘 알지 못하는 것 같다. 그렇기에 그 경험을 훨씬 즐겁게 만들어

---

8   L. D. Nelson and T. Meyvis, "Interrupted Consumption: Disrupting Adaptation to Hedonic Experiences," *Journal of Marketing Research* 45 (6) (2008): 654-64.

주는 휴식을 갖지 않고 경험을 한꺼번에 소비하는 쪽을 선택한다(여기에 대해서는 다음 장에서 더 자세히 설명하겠다).

레이철은 비록 줄리아 로버츠처럼 며칠 또는 몇 주 동안 집을 떠나 비행기를 타고 먼 곳으로 여행 가지는 못하지만, 주중에 하룻밤 또는 주말을 이용해 탈습관화를 꾀할 수 있다. 아무리 짧은 시간이라고 해도 이런 경험을 통해 그녀는 일상을 깨고 자신의 삶을 새로운 눈으로 바라볼 수 있다. 하지만 만일 주말에조차 일상에서 벗어날 수 없으면 어떨까? 그래도 방법은 있다. 집에 있으면서도 환경을 얼마든지 바꿀 수 있다.

예를 들어보자. 탈리는 이 책의 원고를 쓰는 동안 코로나19 바이러스에 걸렸는데(다행히 증상은 가벼웠다) 그때 자기 집 지하에 있는 게스트 룸에서 지냈다. 그녀는 그곳에서 생활하면서 자신이 무언가 모험을 하고 있다고 느꼈고 스스로 이런 사실에 놀랐다. 그러다 나중에 완쾌되어 지상의 가족과 다시 합쳤을 때 그녀는 줄리아처럼 머리 위에서 꽃종이가 뿌려지는 기쁨을 느꼈다.

그러나 탈습관화를 유도할 목적으로 일부러 지하실을 만들 필요는 없다. 상상력을 발휘하기만 하면 된다. 예일대학교의 '행복 전도사'로 알려진 심리학자 로리 산투스(Laurie Santos)는 그저 상상력을 동원하는 것만으로 환경을 바꿀 수 있다고 주장한다.[9] 눈을 감고 당신이 살아가는 인생을 상상하되, 현재 가지고 있는 집도 직업도 가

---

9 Laurie Santos, "My Life Is Awesome, So Why Can't I Enjoy It?," Aspen Ideas, https://www.aspenideas.org/sessions/my-life-is-awesome-so-why-cant-i-enjoy-it.

족도 모두 없다고 가정해보자. 이렇게 상상하는 경험은 끔찍하다. 그렇지만 이 경험은 대부분 사람에게 지금 가지고 있는 것들이 얼마나 소중하고 좋은 것인지 알게 해준다.

이런 경험은 마치 사랑하는 사람을 잃어버리는 악몽과도 같다. 악몽에서 깨어나 그 모든 것이 꿈이었으며 사랑하는 사람이 옆에 있음을 알아차릴 때 그런 사실 자체가 얼마나 고마운 일인지 비로소 깨닫는다. 그 악몽을 꾸기 전에는 그런 사실을 잘 **알고** 있었을지는 모르지만 꾸고 난 다음에는 그 사실을 절실하게 **느낀다**.

심지어 어떤 좋은 것에 습관화되어 있을 때라고 해도 우리는 여전히 그것이 대단하다는 사실을 잘 안다. 예를 들어 운 좋게도 꿈에 그리던 직장에 취업했다고 하자. 그러면 회사에 출근할 때마다 맨 처음 그랬듯이 '우와! 끝내준다!'라고 느끼지는 않지만, 그래도 자신이 대단히 좋은 회사에 다닌다는 사실만큼은 잘 안다. 이는 우리가 누리는 좋은 것에 대한 우리의 솔직한 평가가 감정만큼 빨리 습관화되지 않기 때문이다.

이스라엘 하이파대학교의 아사프 크론(Assaf Kron)이 진행한 연구 하나를 살펴보자.[10] 연구진은 자발적인 실험 참여자들에게 바라보기만 해도 기분이 좋아지는 사진들을 보여주었다. 예쁜 강아지나 귀여운 아기를 찍은 사진들이었다. 그리고 각각의 사진을 여러 차례 반복해서 보여주었는데 서너 번이 아니라 무려 열여섯 차례나

---

10 O. Itkes et al., "Dissociating Affective and Semantic Valence," *Journal of Experimental Psychology: General* 146 (7) (2017): 924.

보여주었다.

연구진은 사람들이 사진을 바라보는 동안 그들의 얼굴 근육이 움직이는 양상을 근전도검사(EMG) 방식으로 측정했다. 미소를 지을 때 얼굴의 골격근이 수축하는데, 근전도검사는 골격근이 수축할 때마다 방출되는 전기 신호를 기록하는 기술이다. 이 근육들은 광대뼈에서 시작해서 입꼬리까지 뻗어 있다.

귀엽고 예쁜 사진들을 처음 봤을 때 사람들은 광대뼈 근육이 꽤 활성화되었는데, 이는 그들이 즐거움을 느낀다는 증거였다. 그러나 시간이 지남에 따라 그들은 습관화되었다. 강아지와 아기 사진에 반복적으로 노출되자 그들이 드러내는 감정에서는 즐거움이 점점 줄어들면서 광대뼈 근육이 점점 더 적게 움직였다(이런 현상이 그들이 피로하기 때문에 나타난 결과가 아님은 통제 집단에 속한 실험 참여자들의 반응을 통해서 확인할 수 있었다).

하지만 그럼에도 사람들은 계속 그 사진들이 좋다고 평가했다. 그 사진들이 더는 기쁨의 불꽃을 일으키진 않았지만 그들은 사진 속 대상이 사랑스럽다는 걸 알고 있었던 것이다. 우리가 지성적인 차원에서 높게 평가하는 것은 감정적으로 느끼는 것과 얼마든지 분리될 수 있다.

느끼는 것과 아는 것 사이의 이런 분리 현상은, 감정이 인간의 진화 사다리에서 다른 동물들과 별로 다르지 않은 오래된 반응인 반면 지성은 훨씬 더 새롭고 몇 가지 점에서 오로지 인간만이 가지는 능력임을 염두에 둔다면 충분히 고개를 끄덕일 만하다. '오래된' 감정적인 반응은 빠르게 습관화되는 반면 '새로운' 지성적인 반응은 여전히 머뭇거리며 남아 있다.

그런데 왜 감정적인 반응은 빠르게 습관화될까? 왜 사람의 뇌는 변함이 없거나 늘 똑같이 반복되는 좋은 것들에서는 즐거움을 점점 더 적게 느끼는 쪽으로 진화했을까? 좋은 직장이나 좋은 집이나 좋은 배우자를 맨 처음 만났을 때의 그 놀라움과 기쁨이 나중에도 계속 똑같이 분출된다면 더 좋지 않을까?

그럴 수도 있고 그렇지 않을 수도 있다. 좋은 것에 대한 습관화는 우리가 앞으로 계속 나아가고 발전하도록 등을 떠민다. 만약 습관화를 경험하지 않는다면 우리는 더 적은 것에 충분히 만족할 것이다. 예를 들어 어떤 좋은 회사에 취직했는데 습관화가 일어나지 않는다고 하자. 그러면 우리는 여러 해가 지난 뒤 승진하지 못한 채 말단 사원에 머물러 있어도 충분히 만족할 것이다.

상대적으로 적은 것에 만족하는 태도는 바람직하게 보일 수도 있지만 다른 한편으로는 학습하고 발전하고 변화하려는 동기가 줄어들었다는 뜻이기도 하다. 만일 우리에게 감정적인 습관화가 없었다면 인류의 역사에서 기술 혁신이나 위대한 예술 작품은 없었을 것이다. 그런 것들을 만들어내겠다는 동기 자체가 인류에게 없었을 것이기 때문이다.

바로 이 지점에서 섬세한 균형이 필요하다. 습관화는 우리를 만족하지 못하고 지루해하고 불안해하고 탐욕스러운 사람으로 만들 수 있다. 그러나 습관화가 없었다면(그래서 지루함이나 불안함이나 탐욕 같은 개념도 없었다면) 인간은 지금도 돌도끼를 들고 동굴에서 살고 있었을 것이다. 우리가 지금 춥고 어두운 동굴에서 생활하지 않는 한 가지 이유는 진보와 발전이 우리를 행복하게 해주기 때문이다. 자신이 앞으로 나아가고 변화하고 학습하고 진화하는 존재임을 인식할 때 우리는 기쁨을 느낀다.

신경과학자 바스티안 블레인(Bastien Blain)과 로브 러틀리지(Robb Rutledge)가 런던에서 진행한 연구를 살펴보자.[11] 이들은 실험 참여자들에게 새로운 게임을 하게 하고 그들이 게임을 하는 동안에 느끼는 감정을 일정 시간마다 한 번씩 보고하도록 했다. 실험 결과 놀랍게도 사람들은 게임을 하면서 돈을 가장 많이 벌었을 때가 아니라 그 게임에 대해 알게 되었을 때 가장 행복해했다(물론 사람들은 돈을 벌 때도 행복해했다). 학습 자체가 돈보다 행복에 더 많이 기여한다는 뜻이다. 우리는 좋은 자동차나 화면이 큰 텔레비전 같은 것에는 습관화되지만 학습의 즐거움에는 습관화되지 않는다. 학습이라는 개념 자체가 변화를 뜻하기 때문이다. 누구도 변화에 습관화될 수는 없다.

오스카 와일드(Oscar Wilde)의 희곡 〈진지함의 중요성(Importance of Being Earnest)〉에서 어니스트 워딩은 자기에게 반한 그웬돌린 페어팩스에게 그녀가 완벽하다고 말한다. 그러자 그녀는 이렇게 대답한다.

"오, 제발, 나는 그런 사람이 아니면 좋겠어요. 만일 내가 그런 사람이라면 발전의 여지가 없다는 뜻이잖아요. 나는 아직도 여러 가

---

11 B. Blain and R. B. Rutledge, "Momentary Subjective Well-Being Depends on Learning and Not Reward," *eLife*, November 17, 2020, 9.

지 면에서 발전하고 싶단 말이에요."[12]

이런 반응을 보이는 사람은 그웬돌린만이 아니다. 텔레비전 드라마 〈환상특급〉에서 헨리 발렌타인도 '완벽함'은 즐겁고 행복한 상태가 아님을 깨달았다.

프린스턴대학교의 앤드라 지나(Andra Geana)와 동료들은 한 실험에서 사람들에게 미션을 완벽하게 수행하기 위한 정보를 모두 제시해주는 컴퓨터게임을 하게 했다.[13] 그런데 사람들은 그 게임을 하면서 전혀 즐거워하지 않았고 금방 지루해했다("여기는 천국이 아니라 네가 가고자 하는 바로 그곳이다!"). 그래서 연구진은 그들에게 다른 게임을 제공했다. 이 새로운 게임에서는 미션을 잘 수행할 방법과 관련된 정보가 필요했고 그 정보는 게임을 진행하면서 차근차근 배워야 했다. 그런데 사람들은 이 게임을 그전 게임보다 훨씬 더 재미있게 느꼈다. 미션을 완벽하게 수행하려면 매우 열심히 배우고 노력해야 했음에도 말이다.

이후 연구진이 다른 게임으로 전환할 기회를 주자 사람들은 완벽한 정보가 담겨 있는 게임을 버리고 불확실성이 있으나 학습과 같이 노력을 요구하는 게임으로 갈아탔다. 그러고는 그 게임을 오랫동안 계속했다. 이처럼 학습을 할 수 없는 곳에서는 사람들이 금방 지루해하고 불행하다고 느낀다.

---

12 Oscar Wilde, *The Importance of Being Earnest* (1898), 20.

13 A. Geana et al., "Boredom, Information-Seeking and Exploration," Semantic Scholar, 2016, 6, https://www.semanticscholar.org/paper/Boredom%2C-Information-Seeking-and-Exploration-Geana-Wilson/20851b975b4e2cb99ed2f11cfb2067e10304661b.

우울증과 중년 위기가 찾아오는 이유

○

변화가 멈추면, 즉 학습과 발전이 멈추면 우울증이 시작된다. 이것이 바로 저 끔찍한 '중년 위기'를 부르는 가장 핵심적인 이유 중 하나다. 보통 '중년 위기'라는 말을 들으면 50대의 대머리 남성이 빨간 스포츠카를 타고 달리는 모습이 떠오른다. 그러나 현실은 다르다. 사람들이 40대와 50대에 경험하는 행복감이 줄어든다고 느끼는 현상은 여성과 남성, 국가와 직업을 불문하고 똑같이 나타난다. 이는 기혼자와 독신자, 동성애자와 이성애자에게서도 똑같이 관찰된다. 각 국가에서 수천 명을 대상으로 설문조사를 실시한 결과 이런 행복감 감소는 70개국 이상에서 확인되었다.[14]

사람들이 느끼는 행복감이 바닥을 치는 정확한 나이는 나라마다 조금씩 다르다. 미국, 영국, 캐나다, 스웨덴에서는 40대 중반이고 인도, 프랑스, 독일, 아르헨티나에서는 50대 중반이며 그리스, 페루, 오스트리아에서는 60대 초반이다(러시아, 크로아티아, 폴란드, 보스니아는 예외로 70대나 80대가 되어서야 비로소 행복감이 바닥을 찍는다).

많은 사람이 중년기를 맞이하기 전에 전문적으로든 또는 다른 방식으로든 학습하고 진화해서 누군가의 친구, 간호사, 요리사, 점원, 교사, 의사, 배우자, 변호사, 시민운동가, 벨리댄서, 파티시에, 부모 등이 되는 법을 배우고 또 그렇게 된다. 열아홉 살 나이에는 어떤 일이

---

14 C. Graham and J. Ruiz Pouel, "Happiness, Stress, and Age: How the U Curve Varies across People and Places," *Journal of Population Economics* 30 (1) (2017): 225-64.

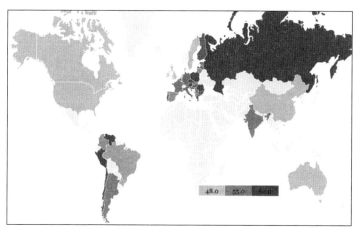

행복감이 바닥을 찍는 나이. 전 세계에서(관련 자료를 확보할 수 있고 분석할 수 있는 국가들에서) 행복감이 가장 낮은 수준에 도달하는 나이이다. 짙은 색깔일수록 그 시점이 나중에 온다는(약 62세) 뜻이고, 밝은 색깔일수록 그 시점이 일찍 온다는(약 48세) 뜻이다. Figure adapted from https://www.brookings.edu/articles/happiness-stress-and-age-how-the-u-curve-varies-across-people-and-places/.

든 일어날 수 있다. 오늘이 아니면 내일이라도 사랑에 빠질 수 있고, 인생을 완전히 바꿔놓을 그 어떤 것을 배울 수도 있다. 하지만 중년 무렵이 되면 사람들은 더는 변화가 쉽지 않다고 느낀다. 모든 게 안정되어 있으며 앞으로도 꽤 오랫동안 안정된 상태가 이어질 것이라고 느낀다.

안정된다는 것은 나쁜 게 아니며, 안정적인 삶은 전통적인 의미에서 보자면 바람직한 것일 수도 있다. 하지만 이 상태에서는 변화도 적고 학습도 적고 모르는 것이나 예측할 수 없는 것도 적다. 사람들은 저마다 자기 인생에서 위대한 어떤 것들을 가지고 있을지 모르지만 그런 것들 가운데 다수는 이미 습관화된 상수, 즉 변화가 없이 늘 똑같은 것이다.

하지만 걱정할 필요가 없다. 불행은 한자리에 영원히 머물지 않는다. 행복은 인생의 후반에 더 많이 나타난다. 그런데도 노인이라고 하면 불평불만이 많은 사람이라는 이미지가 맨 먼저 떠오르는 이유는 뭘까? 사실 데이터로만 보면 그런 이미지는 전혀 근거가 없다. 오히려 중년 이후에는 행복감이 점점 커지는데 인생의 마지막 2년까지도 계속해서 커진다.[15]

어쩌면 이는 중년 이후(50대 후반이나 60대 초반)에 변화가 다시 슬금슬금 찾아오기 때문일지도 모른다. 그 연령대에서는 자녀가 독립해서 집을 떠나고 없으며, 온갖 새로운 모험이 펼쳐지고, 본인은 그동안 하던 일에서 은퇴해 새로운 지평을 찾으니 말이다. 물론 추측일 뿐이다. 그러나 어쩌면 자신의 인생을 재구성하고 새로운 환경에서 예전과는 다른 사람으로 살아가는 법을 배워야 하기 때문에 사람들은 습관화를 깨고 학습과 탈습관화로 나아가는 건지도 모른다.

반면에 중년 시기에 '단조로움'이 길게 이어지는 경우에는 오히려 의욕이 떨어질 수도 있다. 자살률(특히 남성 자살률)은 40대 후반에 상대적으로 높다.[16] 자살하는 이유는 복잡하고 다양하지만 자기 스스로 변화가 부족하고 학습이 줄어들었으며 발전이 정체되었다고 인식하는 것이 자살률을 높이는 원인이 될 수도 있다.

물건이 아니라 경험을 사라

○

중년의 미적지근한 단조로움에 맞서기 위해 사람들은 여러 가지 변화를 시도하곤 한다. 피터는 오토바이를 한 대 장만하고, 재클린은 다른 곳으로 이사 가고, 클로이는 직장을 바꾸고, 무하마드는 정원 가꾸는 법을 배우고, 비올라는 중국으로 여행을 가고, 토머스는 지역문화센터에서 운영하는 창의적인 글쓰기 강좌에 등록한다. 자, 그렇다면 이들 가운데 누가 자기의 삶에 행복감을 불어넣는 데 가장 성공할까?

지금까지 이뤄진 수많은 연구 결과에 따르면 경험(휴가, 레스토랑 식사, 스포츠 이벤트, 콘서트, 강좌, 새로 배우는 기술 등)이 물건(자동차, 집, 태블릿, 의류, 가구, 텔레비전, 식기세척기 등)보다 기쁨을 더 많이 유도하는 경향이 있다고 한다. 어쩌면 이 사실은 이미 들어봤을지도 모르겠다.[17] 하지만 **경험이 물건을 소유하는 것보다 더 행복한 이유**는 들어보지 못했을 것이다.

자, 이렇게 한번 해보자. 최근에 당신은 어떤 물건이든 물건을 샀을 것이다. 그 물건을 머리에 떠올려보자(그 물건은 노트북일 수도 있고, 자전거일 수도 있고, 냉장고일 수도 있다). 그럼 이제는 최근에 구매한 어떤 체험을 떠올려보자(런던 여행일 수도 있고, 고급 식당에서의 식사일 수도 있고, 축구 경기 관람일 수도 있다). 그리고 이 경험과 물건이라는

---

17 T. Gilovich, A. Kumar, and L. Jampol, "A Wonderful Life: Experiential Consumption and the Pursuit of Happiness," *Journal of Consumer Psychology* 25 (1) (2015): 152–65.

두 개의 범주 가운데 대략 비슷한 시점에(몇 주 전 또는 몇 달 전에) 구매했고 가격이 비슷한 상품을 각각 하나씩 선택한다. 두 개의 상품 각각에 대해 당신은 지금 얼마나 만족하는가?

대부분 경우 사람들은 물건보다는 경험에 더 많이 만족한다. 여러 설문조사를 통해 보면 이 사실이 분명하게 드러난다. 그리고 우리는 이런 사실을 이미 알고 있다. 바로 이 지점이 흥미로운 부분이다. 사람들은 자신이 구매한 상품을 돌이켜볼 때 보통은 새로 산 폴로셔츠보다 브로드웨이 뮤지컬 관람에 더 행복해하고, 새로 산 소파보다 사우스캐롤라이나로 갔던 여행에 더 행복해한다. 그러나 그 상품들을 구매하는 시점에서는 각각의 경험이나 물건에서 느끼는 행복감은 차이가 없다.[18] 도대체 왜 그럴까?

물건에 대한 만족도는 시간이 지남에 따라 급격히 떨어지는 반면 경험에 대한 만족도는 떨어지지 않는다. 연구에 따르면 후자는 오히려 높아지기도 한다! 새로 산 냉장고와 콘서트 관람에서 느끼는 즐거움이나 행복감을 놓고 보자. 이 둘에 대한 만족감은 처음에는 거의 비슷할지 모른다. 그러나 인공지능이 탑재된 최고급 냉장고에 당신은 비교적 빨리 습관화되지만, 프린스가 갑작스러운 죽음을 맞기 직전에 런던의 O2 아레나(O2 Arena, 영국 런던 동남부의 그리니치 반도에 있는 다목적 실내 경기장 및 공연장–옮긴이)에서 했던 공연을 직관했던 행복감은 평생 이어진다.

18 각주 17과 같은 자료.

요약하면 어떤 물건을 소유함으로써 느끼는 일시적인 충격보다 어떤 경험을 체험함으로써 느끼는 충격이 훨씬 오래 지속된다. 바로 이런 점이 사람들이 물건을 사지 않은 것보다 경험을 사지 않은 것을 더 많이 후회하는 이유다. 경험이 무조건 물건보다 낫다는 말이 아니다. 어떤 경험은 끔찍하게 고약하지만 어떤 물건은 끝내주게 좋다. 그래서 시인 새뮤얼 존슨(Samuel Johnson)도 "즐거움을 계획하는 것보다 더 절망적인 것은 없다"라고 하지 않았던가.[19]

그럼에도 불구하고 평균적으로 보면 많은 사람이 경험의 가치를 과소평가하고 물건의 가치를 과대평가하는 것 같다.[20] 이런 계통오차(系統誤差, 어떤 정해진 규칙에 얽매여 한쪽으로 치우치는 오차-옮긴이)가 발생하는 한 가지 이유는 소유는 오래 지속되지만 경험은 덧없이 날아간다고 생각하기 때문이다. 사실 이렇게 생각하는 것이 논리적으로 보이긴 한다. 냉장고나 자동차, 장식품의 효용은 여러 해 동안 지속되기 때문이다(아닌 게 아니라 탈리는 열다섯 살 때 샀던 옷들을 아직도 몇 벌 입고 다닌다. 즉 이 옷들의 가성비는 매우 높은 편이다).

반면에 해변도로 트래킹, 번지점프, 음악 수업, 멋진 호텔에서의 1박 같은 경험은 길어야 몇 주 또는 며칠, 짧으면 몇 시간이나 몇 분이면 끝난다. 그러나 사람의 마음속에서는 영원히 지속될 수도 있다. 새로 산 물건은 아주 잠깐의 시간만 지나도 잊힐 수 있지만 인상적인 경험은 평생 잊히지 않기도 한다.

---

19 *The Works of Samuel Johnson, LL.D.*, Volume 1 (New York: George Dearborn, 1837), 412.
20 각주 19와 같은 책.

멋진 다이빙 경험, 당신의 세계관을 완전히 바꿔놓은 강의, 알래스카로 갔던 여행 등 강렬하고 행복했던 모든 경험은 사람들의 마음에 이득을 안겨준다. 그것도 작은 이득이 아니라 엄청나게 커다란 이득이다. 이 기억들은 경험이 덧없이 사라지는 속성을 지녔음에도 불구하고 **바로 그 덧없음 때문에** 오랫동안 반짝반짝 빛난다. 아쉽게 끝나버린 첫사랑을 생각해보라. 짧게 끝난 사랑은 수십 년 동안 그리움을 불러일으키지만 수십 년 동안 이어진 사랑에는 그리움이 끼어들 여지가 없다.

프랑스의 파리가 아이다호의 파리가 될 때

○

영화 〈카사블랑카〉에서 릭과 일사는 덧없는 사랑을 경험한다. 헤어져야 할 시간에 릭은 일사에게 "우리는 이제 늘 가슴에 파리라는 도시를 품고 살겠지"라고 말한다. 아마도 파리(그리고 카사블랑카)는 죽을 때까지 두 사람의 대뇌피질에 깊이 새겨져 있을 것이다.

하지만 만약 제2차 세계대전이 일어나던 때가 아니고, 릭과 일사가 굳이 헤어질 필요가 없었다면 어땠을까? 그들은 결혼해서 함께 살며 아이도 몇 명 낳고 나중에는 손주들까지 여러 명 보게 됐을까? 또 타이타닉호가 침몰하지 않았다면 어땠을까? 만약 로즈와 잭이 무사히 뉴욕까지 가서 함께 그 배에서 내렸다면 어땠을까? 이 문제에 대해 오스카 와일드는 명확한 견해를 가지고 있었다.

"사랑에 빠지는 경험은 매우 낭만적이다. 하지만 구체적인 제안에는 낭만적인 요소가 없다. (…) 그런 제안이 오가는 상황에서는 짜릿한 흥분감을 찾아볼 수 없다. 낭만의 본질은 불확실성이다."[21]

이 책의 또 다른 저자인 캐스는 얼마 전 뉴욕에서 열린 결혼식에 참석했다. 캐스가 앉았던 식탁 자리에서 오간 대화의 주제는 자연스럽게 사랑과 결혼이 됐다. 캐스의 바로 맞은편에 앉은 사람은 이런 주제의 전문가였는데, 바로 유명한 부부 문제 치료사이자 심리학자인 에스터 페렐(Esther Perel)이었다. 이 문제를 바라보는 그녀의 견해는 오스카 와일드의 견해와 크게 다르지 않았다.

페렐은 수많은 부부를 치료했다. 세월이 흐르며 남편과 아내 사이나 아내와 아내 사이 또는 남편과 남편 사이에 친밀감과 편안함이 늘어난다는 사실을 관찰을 통해 알게 되었다. 대체로 사랑은 지속된다. 하지만 성적인 흥분을 포함한 이런저런 흥분은 줄어든다. "친밀감은 반복과 친숙함을 통해 커지지만 에로틱함은 반복을 통해 무감각해진다."[22] 즉 친밀감이 점점 커지면서 성적인 욕망과 반짝거리는 청량감은 줄어든다는 말이다.

페렐이 보기에 에로틱함은 "신비롭고 특이하며 예상하지 못한 것"(와일드는 이것을 '불확실성'이라고 표현했다)에서 싹튼다. 그 이유는 "욕망은 지속적인 환상을 필요로 하기 때문이다. 욕망은 지금까지 어디에 있었는

---

21 Wilde, *The Importance of Being Earnest*, 6-7.

22 Esther Perel, *Mating in Captivity: Unlocking Erotic Intelligence* (New York: Harper, 2007), 272. 이후 이 책의 여러 부분을 인용할 것이다.

지보다는 앞으로 어디에 갈 것인지에 대해서만 관심을 가지기 때문이다." 그래서 페렐은 부부가 잊어버리는 것이 바로 "불이 활활 타오르려면 공기가 필요하다"라는 사실이라고 지적한다.

새로움과 변화는 욕망에서 중요한 기능을 하는 요소로, 사람들이 소중하게 여기고 필요로 하는 안전함 및 예측 가능함과는 함께하지 않는다. 그래서 페렐은 이렇게 말한다. "수수께끼와 호기심이 박탈된 친밀감은 새로운 발견의 가능성을 배제할 때 잔인한 것으로 바뀐다. 숨길 것이 아무것도 남아 있지 않을 때는 애써 추구할 대상도 없다." 습관이나 판에 박힌 일상은 성욕을 억제한다. 그래서 페렐은 "욕망은 늘 습관이나 반복을 상대로 머리를 치받는다"라고 표현했다.[23]

어떤 사람이 자신의 배우자가 늘 변함이 없고 예측 가능한 존재라고 생각한다면 배우자에 대한 열정이 줄어들거나 사라질 것이다. 그러나 예측 가능성에 대한 이런 인식은 환상에 불과하다. 당신이 배우자와 수십 년 동안 함께 있었다고 해도 그 배우자는 당신이 알면 깜짝 놀랄 비밀이나 경험이나 견해를 가지고 있을 것이라고(이런 것들 가운데는 비록 유쾌하지 않은 것들도 있겠지만 적어도 끔찍한 것이 아니길 희망한다) 우리 저자들은 확신한다. 배우자든, 친한 친구든, 자녀든, 부모든 간에 사랑하는 사람의 속내를 훤하게 꿰뚫고 있다는 생각은 잘못된 판단이다. 그리고 상대에 대해 아주 부분적으로만 알고 있을 뿐임을 깨달을 때

---

23 각주 22와 같은 책, 10.

열정과 흥분은 지속적으로 유지될 수 있다.

당신이 배우자에게 특별히 이끌렸던 때를 떠올려보라. 그때 당신의 배우자는 무엇을 하고 있었는가? 당신은 어디에 있었는가? 페렐이 배우자에게 가장 강하게 끌렸던 사건이 어떤 것이었는지 설명해달라고 했을 때 사람들은 대체로 두 가지 상황을 언급했다.

첫째, 배우자가 낯설고 알려지지 않았다고 느낄 때다. 멀리서 그 사람을 바라보거나 그 사람이 낯선 사람과 대화를 나누는 데 열중하는 모습을 봤을 때 특히 끌렸다고 했다. 둘째, 배우자와 한동안 떨어져 있다가 다시 만났을 때다. 페렐은 오랜 세월 부부상담을 했던 경험을 바탕으로, 프랑스의 파리가 아이다호의 파리가 되는 것을 피하려면 함께 있는 시간을 줄이고 각자 따로 있는 시간을 늘리는 것이 필요하다고 결론을 내렸다.[24]

페렐이 내린 이 결론을 과학도 뒷받침한다. 237명을 대상으로 실험한 한 연구에서는 사람들이 배우자와 떨어져서 보내는 시간이 많을 때 배우자에게 느끼는 성적 관심이 상대적으로 더 커지는 것으로 드러났다.[25] 따라서 커플이라면 몇 주씩 떨어져 있는 게 좋을지, 주말만 떨어져 있는 게 좋을지, 아니면 하룻밤만 떨어져 있는 게 좋을지 그들만의 최상의 조건을 찾아보는 것도 좋다. 사람들이 서로 좋은 관계를 계속 유지하려면 좋은 시간을 함께 보내면서 경험을

24 각주 22와 같은 책.

25 T. K. Shackelford et al., "Absence Makes the Adaptations Grow Fonder: Proportion of Time Apart from Partner, Male Sexual Psychology, and Sperm Competition in Humans (*Homo sapiens*)," *Journal of Comparative Psychology* 121 (2) (2007): 214.

공유하는 게 필요하지만, 어느 정도의 독립성은 의사가 써주는 처방전 같은 것일 수도 있다.

어떤 것이 늘 한결같고 변함이 없다면 우리는 그것이 늘 거기에 있을 것이라고 가정한다. 그러고서는 다른 대상에 관심과 노력을 기울인다.[26] 하지만 그런 식으로 어떤 대상을 상수로 설정하지 않는다면 우리의 관심은 자연히 그 대상으로 되돌아갈 것이다. 그리고 그 대상이 근본적으로 우리에게 좋은 것이라면 다시 우리의 눈에 반짝거리는 존재로 되살아날 것이다.

당신은 탐험가인가, 이용자인가?

○

캐스의 가족은 "그건 우리가 늘 하는 거잖아"라는 표현을 자주 한다. 이는 일상의 루틴을 좋아하는 캐스를 (대개는) 선한 의도로 질책하는 의도가 담긴 표현이다. 캐스의 아내는 새로운 것과 모험을 선호하며 그래서 불확실성이 매우 높아도 상관하지 않는다. 하지만 캐스는 자기가 알고 있는 것을 충분히 이용하는 '이용자(exploiter)'에 가까워서, 이미 알려지고 확인된 편익을 선택하는 경향이 있다. 그래서 집에 틀어박혀 있는 것을 좋아하고 식당을 가더라도 익숙

---

26 S. Frederick and G. Loewenstein, "Hedonic Adaptation," in *Well-Being: The Foundations of Hedonic Psychology*, ed. Daniel Kahneman, Edward Diener, and Norbert Schwarz (New York: Russell Sage, 1999), 302–29.

한 곳에 간다. 반대로 아내는 알려지지 않은 것을 탐구하는 '**탐험가** (explorer)'에 가까워서 불확실하지만 잠재적으로 더 큰 편익을 선택하는 경향이 있다. 그래서 휴가지를 정할 때도 낯선 곳으로 정하고, 식당에 가더라도 새로운 곳을 찾는다.

자, 당신은 어느 쪽을 선호하는가? 이번 주 토요일 저녁에 외식을 하려는데 이미 잘 알고 있으며 분명 만족스러울 게 틀림없는 식당을 선택할 것인가, 아니면 얼마 전에 문을 연 식당을 선택하겠는가? 당신은 새로운 사람들을 만나는 것을 좋아하는가, 아니면 오래된 친구를 만나는 게 좋다고 생각하는가? 당신은 모험적인가? 당신은 '집콕 휴가(staycation)'라는 단어에 미소를 짓는가, 아니면 눈살을 찌푸리는가?

당신을 포함해 모든 사람이 조금은 이용자이고 조금은 탐험가일 것이다. 우리는 모두 과거의 경험을 통해서 좋다고 알게 된 장소들이나 사람들을 선택하지만, 때로는 위험을 감수하면서 미지의 영역을 탐험하기도 한다. 그러나 이 둘 사이의 균형점 위치는 사람에 따라 크게 다르다. 어떤 사람들은 이용에 더 끌리고, 어떤 사람들은 탐험에 더 끌린다.

우리 저자들은 빠르게 습관화하는 사람들이 주로 탐험에 이끌린다고 추정한다. 어떤 현상에 대한 습관화와 관련된 감정이 줄어들 때 새로운 경험과 발견에 대한 탐색이 촉진되기 때문이다. 이런 사람들을 **감각 추구자**(sensation seeker)라고 부르자. 감각 추구자는 새롭고 색다른 감각과 느낌과 경험을 추구한다.

이런 사람들이 어떤 사람인지는 당신도 잘 알 것이다. 세계를 여행하는 사람, 번지점프를 하는 사람, 환각제를 복용하는 사람, 다양한 집단의 사람들과 교류하는 사람… 이들은 미지의 세계를 탐험하는 위험을 무릅쓰는데, 이렇게 하는 이유 중 하나는 이미 알고 있는 대상에 빠르게 습관화가 이뤄지기 때문이다. 하지만 미지의 세계를 탐험할 때 여행이나 환각제가 꼭 필요한 건 아니다. 집에서 허브차 한 잔과 읽을거리 몇 가지만 옆에 둬도 된다.

펜실베이니아대학교의 대니 바셋(Dani Bassett) 교수와 동료들은 새로운 것을 시도하기를 좋아하는 감각 추구자인 탐험가들이 지식을 추구하는 방법에 특정한 패턴이 있음을 발견했다. 바셋은 한 연구를 진행하면서 실험 참여자 149명에게 위키백과를 21일 동안 검색하되 검색한 모든 내용을 기록하라고 했다.[27] 참여자들의 검색 활동을 분석한 끝에 바셋은 그들이 두 개의 집단으로 깔끔하게 나뉜다는 사실을 발견했다.

한 집단은 '참견꾼(busybodies)'인데, 이들은 다양한 쟁점들과 관련된 정보를 검색하면서 느슨하게 연결되는 개념들로 구성되는 지식 체계를 만들어냈다. 예를 들어 이 집단의 어떤 사람은 위키피디아 웹페이지에서 텔레비전 제작자인 숀다 라임스(Shonda Rhimes)와 관련된 웹페이지를 읽고, 이어서 심장병을 다루는 웹페이지를 읽고, 아티초크를 다루는 웹페이지를 읽는다.

---

27 D. M. Lydon-Staley et al., "Hunters, Busybodies and the Knowledge Network Building Associated with Deprivation Curiosity," *Nature Human Behaviour* 5 (3) (2021): 327-36.

한편 다른 집단은 '**사냥꾼**(hunters)'인데, 이들은 관련된 개념들에 대한 정보를 검색해서 탄탄한 지식 그물망을 만들었다. 예를 들어 이 집단의 어떤 사람은 위키피디아 웹페이지에서 버락 오바마를 읽고, 이어서 미셸 오바마를 다루는 웹페이지를 읽고, 오바마 재단을 다루는 웹페이지를 읽는다. 참견꾼이 감각 추구자라면 이들 사냥꾼은 **지식 추구자**(knowledge seeker)라고 할 수 있다.

배우자, 친구, 동료들 등 당신 주변에 있는 사람들을 보라. 많은 사람이 참견꾼-탐험가 또는 사냥꾼-이용자 범주에 비교적 깔끔하게 들어맞을 것이다. 두 유형 모두 극단적으로 흥미롭거나 성공한 사람들일 수 있다. 예를 들어 세계에서 가장 재산이 많은 빌 게이츠와 워런 버핏은 둘 다 열렬한 독서가다.

마이크로소프트의 공동 설립자인 게이츠는 어릴 때부터 지금까지 일주일에 한 권씩 책을 읽었다. 지금까지 약 2,592권을 읽었다고 한다. 그가 추천하는 책 목록에는 수면과학을 다룬 매슈 워커의《우리는 왜 잠을 자야 할까》, 교육에 관한 책인 다이앤 태브너의《최고의 교실》, 테니스에 관한 에세이집 데이비드 포스터 월리스의《끈이론》, 아내를 찾아 나선 아스퍼거 증후군 환자인 교수를 다룬 그레임 심시언의《로지 프로젝트》, 실리콘밸리의 테라노스 사건을 다룬 존 캐리루의《배드 블러드》, 마이클 베슐로스의《전쟁 대통령들(Presidents of War)》같은 몇 권의 역사책이 있다.[28] 이런 게이츠야말로

28 Chris Weller, "6 Novels Bill Gates Thinks Everyone Should Read," *Business Insider*, 2017.

바셋이 분류한 참견꾼 집단의 전형적인 유형이 아닐까?

버핏도 독서광이다. 그는 책을 하루에 500쪽씩 읽는 게 좋다고 추천한다. "지식은 마치 자산이 복리로 불어나듯이 불어난다." 그가 추천하는 도서로는 벤저민 그레이엄의 《현명한 투자자》, 로라 리튼하우스의 《선 사이의 투자(Investing Between the Lines)》, 존 보글의 《모든 주식을 소유하라》 등이 있다.[29] 버핏의 목록은 게이츠의 목록처럼 주제가 다양하지 않다. 대부분 경제와 관련된 책이며 특히 투자 분야에 집중되어 있다. 그리고 다수가 투자 방법을 일러주는 책으로, 투자와 사업에서 성공할 수 있는 청사진을 제공한다. 이 도서 목록이 그가 실제로 즐겨 읽는 책이라면 그는 분명 사냥꾼 유형일 것이다.

어느 한 영역(여행이나 음식)과 또 다른 영역(독서)에서 새로움을 추구하는 사람들의 경향성 사이에는 어떤 상관성이 존재하지만, 그럼에도 사람들은 어떤 맥락에서는 '탐험'하고 또 어떤 맥락에서는 '이용'한다. 예를 들어 캐스는 참견꾼 지식 추구자이지만 '집콕' 이용자이기도 하다. 그래서 모험보다는 집콕을 선호하는 캐스가 탐험가 아내와 결혼한 것은 우연이 아닐지 모른다.

사람이 자기에게 주어진 인생을 최대한 풍성하게 살려면 새로운 것을 탐구하는 태도와 오래된 것을 포용하는 태도, 두 가지가 모두 필요하다. 어떤 사람의 생리학이나 유전적 구성 또는 과거의 경험이

29 Tom Popomaronis, "Here's a Full List of Every Book Warren Buffett Has Recommended This Decade—in His Annual Letters," CNBC, 2019.

그 사람을 어느 한 방향으로 (너무 심할 정도로) 기울어지도록 유도한
다고 하자. 그러면 그는 자기 성향과 반대되는 성향의 사람과 결합함
으로써 균형을 회복할 수 있다. 대자연 또는 인간의 본성에는 음(陰)
과 양(陽)이 함께 존재한다.

2장

다양성

좋은 것은 조금씩 음미하고 나쁜 것은 통째로 삼켜야 하는 이유

변화는 유익한 것이야.

_셰릴 크로(Sheryl Crow), 미국의 싱어송라이터

잠시 시간을 내서 당신의 삶을 돌아보자. 바꾸고 싶은 어떤 측면이 있는가? 지금 다니는 직장이나 거주지를 바꾸고 싶은가? 인간관계를 새로 맺거나 기존의 인간관계에서 벗어나고 싶은가? 새로운 취미를 시작하거나 화장실 벽의 색깔을 바꾸고 싶은가? 그런데 어떤 변화가 자신에게 도움이 될지는 어떻게 알 수 있을까?

재능이 넘치는 한 젊은 교수의 사례를 살펴보자. 이 교수의 이름은 그냥 N이라고만 밝히겠다. N은 여러 해 전에 국내에서 최고로 꼽히는 대학에 채용되었다. 교수 자리를 얻으려면 아주 치열한 경쟁에서 살아남아야 한다. 경쟁이 얼마나 치열한지 한 자리를 놓고

지원자가 수백 명씩 몰리는 경우도 드물지 않다. 그리고 대학에 최종 고용되려면 길고도 복잡한 과정을 거쳐야 한다. 그랬기에 N은 그 자리를 얻고서는 뛸 듯이 기뻤다. 그런데 전혀 예상하지 못했던 일이 일어났다.

교수로 채용되고 며칠 지나지 않아서 N은 깊은 생각에 잠겼다. 그녀가 새로 근무하게 된 학과는 과거 여러 해 동안 몸담았던 학과와는 매우 달랐다. 교수진도 달랐고 그들이 화제로 삼고 관심을 기울이는 대상도 달랐다. 규칙도 달랐고 매일의 일과도 달랐다. 심지어 점심 식사 선택지도 달랐다. N은 몹시 당황했고 불편했다. 교수진의 일원이 되어 출근을 시작한 지 불과 몇 주 만에 그녀는 예전 직장으로 돌아가야 하는 게 아닐지 진지하게 고민했다.

그런데 N과 같은 사례는 특이한 경우가 아니다. 여러 설문조사 결과에 따르면 입사 후 첫 6개월 이내에 퇴사하는 직원이 충격적이게도 40퍼센트나 된다.[1] 이런 퇴사율 수치는 산업 부문별로 다르지만 거의 모든 곳에서 놀라울 정도로 높다. 금융 부문과 의료 부문에서는 신입사원의 3분의 1 이상이 첫해에 사표를 내고 떠난다. 전체 산업을 통틀어 첫 6개월 이내에 퇴사하는 사람은 그다음 6개월 동안에 퇴사하는 사람보다 많다.[2]

만약 당신이 새로운 지역으로 이사한 적이 있다면 예전에 살던 지

1   James Sudakow, "This Is Why Good Employees Resign within Their First Year and What You Can Do about It," Inc.com, October 18, 2017.

2   Adam Vaccaro, "Why Employees Quit Jobs Right After They've Started," Inc.com, April 17, 2014.

역으로 다시 돌아가고 싶은 갈망이 얼마나 강렬한지 잘 알 것이다. 하지만 사람들은 대부분 새로운 도시나 새로운 직장이나 새로운 거주지에 몇 달 지나지 않아서 적응하고, 그래서 다시 예전 상태로 돌아가기를 꺼린다.

N은 다행스럽게도, 한 친구가 조언을 해주었다. 새로운 학과에 적응하는 동안에는 마음을 가다듬고 뒤로 물러나 있으라고 한 것이다. 물론 처음 몇 주는 힘들 수 있지만 이는 전에 볼 수 없었던 온갖 짜증 나는 사람들과 부대끼면서 새로운 환경을 헤쳐나가야 하기 때문이라고 했다. 그 온갖 짜증 나는 일은(사무실이 좁아서 짜증 날 수도 있고, 상사나 관리자가 엄격해서 짜증 날 수도 있다) 마치 영원히 자신을 괴롭힐 것처럼 보인다. 이런 상황에서는 누구든 오래되고 친숙한 것들을 갈망하기 마련이다. 하지만 불과 몇 달만 지나고 나면 초창기에 자기를 그토록 힘들게 했던 온갖 것이 자기 주변에 있다는 사실조차 잊어버린다.

따라서 이런 상황에 놓였을 때는 어떤 행동을 하려고 나서지 말고 습관화가 작동할 때까지 기다려야 한다. 새 직장, 새로 맺는 인간관계, 새집이 자기에게 잘 맞지 않아서 그럴 수 있다. 하지만 처음에는 장기적인 관점에서 판단하기 어렵다. 예를 들어 피닉스에서 울프럼이라는 회사에 다니거나, 참참이라는 회사에서 마케팅 책임자로 일해야 한다고 하자. 피닉스의 기후가 덥고 건조하다는 나쁜 조건과 회사에서 아침마다 맛있는 커피를 만들어준다는 좋은 조건 모두에 익숙해지기 전까지는 얼마나 행복할지 알 수 없다.

결국 N은 그 학과에 머물기로 했다. 지금은 그때 내린 결정 덕분에 행복하다고 말한다. 그녀는 그 대학에서 여러 해 동안 교수로 재직하다 다른 곳에서 제안을 받고 자리를 옮겼다. 그리고 한 번 더 이직의 고통을 경험했는데, 그 또한 시간이 지나면서 사라졌다. 지금 N은 새로운 자리에서도 예전에 있던 자리에서만큼이나 행복하게 지내고 있다. 그렇다면 여기서 이런 질문을 할 수 있다. 그녀가 자리를 옮긴 것은 잘한 일일까? 변화는 그녀에게 유익했을까?

변화가 많은 삶에 담긴 가치

○

위 질문에 대한 답은 바람직한 삶이 무엇이라고 생각하느냐에 따라 달라진다. 즉 삶에서 최적화하려고 노력하는 것이 무엇이냐에 따라 달라진다. 돈이나 우정이나 권력이 아니라 이런 것들을 수단으로 해서 얻고자 하는 것이다. 당신은 돈이나 우정이나 권력이 당신의 인생에 무엇을 가져다주길 바라는가?

이 질문에 대한 답으로 확실하게 꼽을 수 있는 대답은 세 가지가 있다. 첫 번째는 가장 쉽게 예상할 수 있는 것으로, 행복이다. 그런데 알다시피 행복이 무엇인지 정의하기는 어렵다. 자기에게 주어진 시간을 즐긴다는 뜻도 되고, 하루하루가 평온하고 기쁨이 넘친다는 뜻도 되고, 불안과 고통에 시달리지 않는다는 뜻도 된다. 또한 누군가를 사랑하고 결혼해서 자녀를 낳아 기르며 넉넉한 수입으로 부족함 없이 사는 게 행복이라고 생각하는 사람도 있다. 아닌 게 아니라 실제로 이런 것들이 행복을 가져다주기도 한다.

N은 지금보다 더 행복할 것으로 생각하고 새로운 일자리를 수락했을 수 있다. 만약 그렇다면 그 결정은 썩 좋은 결정이 아니었을지도 모른다. 그녀는 결국 그 직장에서도 '더' 행복해지지 않았기 때문이다[그런데 이는 놀라운 일이 아니다. 사람들은 종종 새로운 상황에 적응하고 결국에는 행복의 '기초선 수준(baseline level)'에 도달하기 때문이다].[3]

행복과는 별개로 인생에 어떤 목적이 있다고 느낄 수 있다. 바로 이것이 사람들이 내놓는 두 번째 대답이다. 의미와 행복이 나란히 손을 잡고 갈 때도 있지만 그렇지 않을 때도 있다. 당신이 새로 시작된 텔레비전 프로그램을 보면서 풍족하게 차려진 저녁을 먹는다고 하자. 이때 당신은 (만일 그 프로그램이 재미있으면) 만족스러운 시간을 보낼 수 있을지는 몰라도 그렇게 보내는 시간이 특별히 의미 있다고 생각하지는 않을 것이다. 그런데 만약 당신이 자선 활동을 하면서 하루를 보낸다면 어떨까? 그렇게 보낸 시간은 목적의식으로 충만하겠지만 특별히 즐겁게 보냈다고 볼 수는 없다. 그렇게 보낸 시간은 분명 벅차고 힘들었을 것이다.

캐스는 장례식장에 가는 것을 끔찍할 정도로 싫어한다. 그런데 최근에 친한 친구의 장례식에 참석했다. 장례식이 무척이나 싫었지만 친구의 장례식 참석은 그에게 깊은 의미가 있었고, 그랬기에 무

---

3 E. Diener, R. E. Lucas, and S. Oishi, "Subjective Well-Being: The Science of Happiness and Life Satisfaction," *Handbook of Positive Psychology* 2 (2002): 63-73.

슨 일이 있어도 꼭 참석하려고 했다. 앞서 예로 든 N도 마찬가지다. N의 예전 직장과 새로운 직장은 목적이 비슷했기 때문에 N이 이직을 결심할 때 의미를 추구한다는 명분은 거의 또는 전혀 변수가 되지 않았다.

행복과 의미 둘 다 중요하지만[4] 시간이 흐르고 나면 전에 행복과 의미를 가져다주던 것들이 이젠 그런 것들을 덜 가져다줄 수 있다. 예를 들어 정말 재밌는 텔레비전 드라마를 저녁마다 맛있는 음식을 먹으며 한 주 내내 볼 수도 있다. 그러나 나흘째 밤이 되면 습관화가 작동하기 시작하고, 그러면 그 경험이 가져다주는 즐거움은 훨씬 줄어들 것이다(객관적으로 볼 때 그 드라마의 10화가 2화만큼 여전히 흥미진진하다고 하더라도 마찬가지다). 어떤 사람이 인류의 건강한 삶에 이바지한다는 소명 의식으로 암 연구에 여러 해 동안 몰두했을 수도 있다. 그러나 일정한 시간이 지나고 나면 애초에 가졌던 분명한 목적의식이 흐려질 수 있으며, 경이로움이나 감사함 같은 감정도 판에 박힌 일상적인 느낌으로 대체될 수 있다.

물론 예외는 있다. 예를 들어 자녀를 양육하면서 경험하는 즐거움이나 목적의식은 지난 몇 년 동안 줄지 않았다고 느낄 수 있다. 자녀 양육이나 자선 활동처럼, 다른 사람을 위해 무언가를 하는 희생에서 비롯되는 만족감이 상대적으로 느리게 줄어들게 하는 방법이 있을까?

---

4 E. L. Deci and R. M. Ryan, "Hedonia, Eudaimonia, and Well-Being: An Introduction," *Journal of Happiness Studies* 9 (1) (2008): 1-11.

누군가 당신에게 5달러를 주면서 그 돈을 당신 자신을 위해 쓰라고 말했다고 하자. 그러면 당신은 알록달록한 양말 한 켤레나 보라색 펜 하나, 초콜릿 바를 사는 데 그 돈을 쓸 수 있다. 이 작은 선물들은 분명 소소한 기쁨을 안겨줄 것이다. 그런데 다음 날에도 똑같이 5달러를 받는다고 상상해보라. 당신은 이 돈을 다시 당신을 위해 쓴다. 셋째 날에 당신은 또 5달러를 받고, 넷째 날과 다섯째 날에도 5달러를 받는다. 그리고 날마다 그 돈을 당신에게 쓰라는 똑같은 지침을 받는다. 그러면 어떻게 될까?

아마 예상하겠지만 당신이 자신에게 베푸는 5달러 선물로 당신이 경험하는 기쁨은 날마다 조금씩 줄어들 것이다. 정확하게 말하면 그 기쁨은 7점 만점의 행복 척도에서 평균적으로 약 1점씩 줄어들 것이다.[5] 이는 사람들에게 5일 동안 연속해서 날마다 5달러씩 선물했던 한 실험에서 확인된 사실이다.

자, 그러면 이제는 이런 상상을 해보자. 당신은 똑같이 5달러를 받지만 이번에는 그 돈을 다른 사람을 위해서 써야 한다. 당신은 동료에게 초콜릿 바를 사줄 수도 있고, 배우자에게 알록달록한 양말을 사줄 수도 있고, 딸에게 보라색 펜을 사줄 수도 있다. 둘째 날에도 당신은 5달러를 받고 똑같은 지시를 받는다. 셋째 날과 넷째 날, 다섯째 날도 마찬가지다. 날마다 당신은 똑같이 5달러를 받고, 그 돈으로 다른 사람에게 선물해서 얼마나 행복한지에 대한 질문을 받

---

5   E. O'Brien and S. Kassirer, "People Are Slow to Adapt to the Warm Glow of Giving," *Psychological Science* 30 (2) (2019): 193-204.

는다. 물론 이 경우에도 당신이 느끼는 기쁨은 시간이 흐르면서 점차 줄어들 것이다.

그러나 무언가를 나눠 줄 때의 기쁨은 받을 때의 기쁨보다 훨씬 느리게 습관화된다. 실험 결과에 따르면 7점 만점의 행복 척도에서 주는 것의 행복은 5일에 걸쳐 0.5점밖에 줄어들지 않았는데, 이는 받는 데서 오는 행복이 줄어든 수치보다 절반밖에 줄지 않은 것이었다. 이처럼 행복감도 덜 줄어들지만, 일반적으로 주는 것에는 받는 것에서보다 더 큰 의미가 담겨 있다.[6] 이 실험은 다른 사람들을 위해 의미 있는 일을 할 때 발생하는 편익은 상대적으로 느리게 습관화된다는 사실을 말해준다.

자, 그럼 다시 사람들이 인생에서 성취하려고 노력하는 것이 무엇일까 하는 질문으로 돌아가자. 많은 사람이 행복을 극대화하려고 노력하고, 의미나 목적을 극대화하려고 노력한다. 그러나 행복이나 의미를 넘어 인생의 또 다른 측면인 다양성(variation)을 이루기 위해 노력하는 사람들도 있다. 이런 사람들은 새로운 경험, 새로운 장소, 새로운 사람들, 새로운 관점을 가지고 다양성을 추구하며 살아가려고 노력한다.

심리학자 오이시 시게히로(大石重廣)와 에린 웨스트게이트(Erin Westgate)는 이를 '심리적으로 풍요로운 삶'이라고 부르면서 많은 사

---

6 각주 5와 같은 자료.

람이 이런 삶을 추구하려 노력한다는 사실을 확인했다.[7] 사람들은 분명 행복과 의미를 소중하게 여기지만 변화와 다양성도 소중하게 여긴다. 아닌 게 아니라 많은 사람이 인생에서 가장 크게 후회하는 점이 다양한 모습으로 살지 못한 것이라고 말한다.[8]

N은 확실히 자신이 걸었던 모든 행보에서 변화와 다양성을 챙겼다. 직장을 바꿈으로써 그녀의 인생은 한층 흥미진진해졌으며 그때마다 그녀는 새로운 학습 기회를 얻었다. 그 기회들 덕분에 그녀는 지식이 늘어났고 새로운 발상을 하게 되었다. 그리고 이 모든 것 덕분에 그녀가 수행하는 작업의 질이 높아졌다.

직원들에게 부서를 순환하게 하거나 다양한 프로젝트에 참여하도록 유도할 때 조직의 효율이 높아지는 것도 바로 이런 이유에서다. 미국 정부에서 어떤 직원을 기존의 기관이나 부서(예를 들면 환경보호국)에서 다른 곳(백악관)으로 보내서 특별한 임무를 맡기는 것은 그들이 실제로 그 부서에서 필요하기 때문이기도 하지만, 새로운 업무 경험이 나중에 예전의 부서로 돌아갈 때 역량을 한층 강화했길 바라기 때문이다.

대학 강단에서는 교수들이 몇 년에 한 번씩 안식년을 갖는데, 이 기간에는 평소에 하던 강의에서 벗어나 다른 영역에서 자유롭게 일할 수 있다. 책을 쓸 수도 있고 다른 대학을 방문할 수도 있으며, 짧

---

7   S. Oishi and E. C. Westgate, "A Psychologically Rich Life: Beyond Happiness and Meaning," *Psychological Review* 129 (4) (2022): 790.

8   각주 7과 같은 자료.

은 기간 동안 산업체에 종사할 수도 있고 그냥 여행을 떠날 수도 있다. 이런 게 사치나 쓸데없는 일로 보일 수도 있다. 그러나 그게 다가 아니다. 안식년을 맞이한 교수가 그 기간에 무엇을 하든 간에 그들은 다양성을 획득한다. 이 다양성은 그들의 삶에서 인지되는 바람직함의 수준을 높이고 또 (5장에서 자세하게 살펴보겠지만) 창의성을 촉발한다.

변화무쌍한 인생에는 행복과 의미가 동반될 수 있다. 하지만 늘 그렇지는 않다. 설령 삶의 다양성이 어떤 사람을 더 행복하게 만들지 못하고, 또 그 사람이 소중하게 여기는 의미를 강화하는 데 거의 또는 전혀 도움이 되지 않는다고 하더라도, 그 사람은 삶의 다양성을 원할 수 있다. 오이시 시게히로와 에린 웨스트게이트에 따르면 많은 사람이 변화무쌍한 인생을 좋은 인생으로 바라보기 때문에 행복과 의미를 희생하면서까지 다양한 경험을 좇는다.

변화를 거부하는 사람들

○

변화는 다양성을 이끌지만 여기에는 그만한 대가가 따른다. 변화는 번거로울 수도 있고 위험할 수도 있다. 변화가 어떤 것을 불러올지 모르기 때문이다. 그래서 사람들은 현재 상황이 썩 좋지 않거나 심지어 나쁠 때조차도 어떤 변화를 선뜻 꾀하지 못하고 망설인다. 여기서 N과 같은 사례들은 제외다. N은 불행해서 행복을 찾겠다는 목적으로 새로운 직장을 선택한 게 아니라 흥미로운 제안을 받아들여서 그 직장을 선택했기 때문이다.

여기서 우리가 말하고자 하는 논의 대상은 N과 같은 사람이 아니라, 몸무게든 직장이든 인간관계든 간에 그런 것들 때문에 명백하게 불만에 싸인 채 그런 문제들과 관련된 어떤 일을 할지 말지 결정하지 못하고 망설이는 사람들이다. 평균적으로 볼 때 인생의 어느 한 측면을 바꾸려고 하는 사람들은 과연 더 다양하고 더 행복한 인생을 살게 될까?

경제학자 스티븐 레빗(Steven Levitt)은 정확하게 바로 이 질문에 대답하려고 했다.[9] 사람들에게 삶을 바꾸는 결정을 내리기 전과 후에 얼마나 행복한지를 물어서 그런 변화를 시도하지 않은 사람들의 행복과 비교하면 어떨까? 예를 들면 로레타와 버너뎃은 둘 다 이혼을 생각한다.[10] 그러다 결국 로레타는 이혼하고 버너뎃은 이혼을 하지 않는다. 두 사람은 어떻게 됐을까? 이혼한 로레타는 이혼하지 않은 버너뎃보다 더 행복하다고 말한다.

이 결과는 로레타가 이혼함으로써 얻는 것이 버너뎃보다 더 많다는 뜻인데, 바로 이것이 로레타는 이혼을 하고 버너뎃은 이혼을 하지 않은 이유다. 어쩌면 로레타의 결혼 생활이 버너뎃의 결혼 생활보다 더 끔찍했을 수도 있고, 새로운 배우자를 만나는 일에 로레타

---

9 S. D. Levitt, "Heads or Tails: The Impact of a Coin Toss on Major Life Decisions and Subsequent Happiness," *Review of Economic Studies* 88 (1) (2021): 378-405.

10 특정한 연구에 참여한 사람을 묘사하는 내용은 그 개인을 대상으로 한다기보다는 그가 소속된 집단을 대상으로 하며, 이런 기준은 이 책 전체에 적용된다.

가 버너뎃보다 더 자신감이 있었을 수도 있다. 비교군이 따로 없는 전후 연구(before-and-after study)는 적절한 대답을 내놓지 못한다. 더 나은 과학적인 방법이 필요하다. 다행히도 스티븐 레빗에게는 계획이 있었다.

그는 많은 사람으로 구성된 전체 집단을 무작위로 둘로 나눈 다음 한 집단은 인생의 변화를 시도하도록 유도하고, 다른 집단은 현 상태를 유지하도록 유도했다. 그리고 두 집단을 나누는 기준은 동전 던지기였다. 레빗은 최선의 수준에 미치지 못하는 차선의 상황을 바꾸려는 사람들에게 온라인 동전 던지기를 해서 최종 선택하게 했다. 앞면이 나오면 변화를 시도하는 것이고, 뒷면이 나오면 현 상태를 유지하는 것이었다(예를 들어 앞면이 나오면 다이어트를 시작하고, 뒷면이 나오면 브라우니든 아이스크림이든 닥치는 대로 먹는다).

동전 던지기로 그런 결정을 내린다는 게 어쩐지 황당하지만 실험은 진행되었다. 그리고 이 실험에 참여한 사람은 무려 2만 명이나 되었다. 레빗은 여러 가지 후속 질문을 해서 최종적으로 현상 유지를 한 사람들과 변화를 꾀한 사람들 가운데 어느 쪽이 더 행복한 결과를 얻었는지 알아내고자 했다.[11]

놀랍게도 온라인 동전 던지기에서 앞면이 나온 사람들이 변화를 꾀할 확률이 25퍼센트 높았다. 그런데 더욱 중요한 사실은, 평균적으로 볼 때 변화가 바람직한 결과로 이어졌다는 점이다. 변화를 시

---

11 각주 9와 같은 자료.

도한 사람들은 그렇지 않은 사람들보다 훨씬 더 행복해했다.

그런데 모든 사람이 동전 던지기 결과를 무조건 따르지는 않았기 때문에 레빗의 연구는 여전히 자기 선택(self-selection, 사람들이 자기에게 유리한 쪽을 선택함에 따라 생기는 측정상의 오차가 발생하는 것-옮긴이)의 문제가 있었다(즉 '변화를 시도하는' 조건과 '변화를 시도하지 않는' 조건에 있는 사람이 완벽하게 무작위적이지 않다는 말이다). 그럼에도 레빗의 연구 결과는 사람들이 취업 유지/퇴사 또는 결혼/이혼 같은 인생의 커다란 변화를 시도할 때 행복의 수준이 크게 높아졌음을 보여주었다. 이런 결과는 심지어 그 사람이 동전 던지기를 하고 여섯 달이 지난 뒤에도 확인되었다.[12]

분명히 말해두지만 우리는 지금 당신더러 배우자와 갈라서라거나 직장을 때려치우라고 권하는 게 아니다. 동전을 던졌던 사람들은 변화를 꾀하겠다는 생각을 이미 하고 있었다. 그들은 이미 불행한 상태였기 때문에 변화를 고려하고 있었다. 레빗의 연구 결과는 결혼 생활에 만족하는 사람이 이혼하면 더 행복해질 수 있다는 뜻이 아니다. 또 어떤 변화가 가장 좋을지를 일러주지도 않는다(어떤 부부에게 필요한 변화는 부부 문제 전문가에게 상담을 받는 것일 수도 있다). 오히려 그 연구는 평균적으로 볼 때 당신이 변화를 고려하는 문제의 상황을 바꾸면 당신이 더 행복해질 것임을 말해준다. 당신이 변화를 고려한다는 바로 그 사실이 당신의 현재 상태가 이상적이지

---

12 각주 9와 같은 자료.

않음을 암시하기 때문이다.

어쩌면 이 연구의 가장 중요한 메시지는 사람들이 당연히 시도해야 할 변화를 충분히 시도하지 않고 있다는 사실이 아닐까 싶다. 변하려는 시도가 얼마든지 가능하고 또 그렇게 하는 게 더 나을 때조차도 사람들은 잘못된 현재 상태를 그냥 그대로 유지한다. 그들은 온갖 크고 작은 방식으로 똑같은 일을 계속 이어간다. 같은 식당에 가고, 같은 휴양지에 가고, 같은 종류의 책을 읽는다. 기존의 것과 다른 것들은 철저하게 거부한다. 그들은 새롭고 색다른 것으로 얻을 수 있는 바람직한 '갑작스러운 덜컥거림(jolt)'을 피하거나 무시한다.

좋은 것은 나누어 음미하고, 나쁜 것은 한 번에 삼켜라

○

우리는 이 동전에 양면성이 있지 않을까 하고 생각한다(이 표현은 레빗의 동전을 의식하면서 말장난을 하겠다는 의도에서 나온 게 아니다). 사람은 한편으로는 미지의 것들에 대해 불안해하며 새로운 상황에 적응하는 자신의 능력을 과소평가해서 변화할 수 있는 수준보다 적은 수준으로만 변화한다. 그러면서도 한편으로는 큰 변화(새집!)든, 작은 변화(새 TV!)든 변화할 미래에 설렘을 느낀다. 그것이 앞으로도 오랫동안 행복을 가져다주리라 생각하기 때문인데, 실제로는 습관화되기까지 짧은 시간 동안만 행복을 느낀다.

사람은 변화를 시도할 때 그 변화 직후 자신이 어떤 느낌일지만 주로 생각할 뿐, 몇 달 뒤에 어떤 느낌일지는 훨씬 덜 생각한다. 이는 바람직한 변화가 가져다줄 기쁨을 과대평가하는 동시에 불편하거나 무서운 변화가 가져올 공포도 과대평가한다는 뜻이다. 연구에 따르면 한 학생 집단에 지금 사귀는 사람과 몇 주 동안 헤어져서 지내는 상황을 상상해보라고 했을 때, 3분의 2는 첫 주에 느끼는 마음의 고통이 2주차, 3주차 그리고 5주차에도 똑같이 이어질 것이라고 예측했다.[13] 즉 이별의 아픔에도 습관화가 작동하리라는 걸 예측하지 못했다. 이런 예측 실패 때문에 학생들 대부분은 해외 유학처럼 경험을 풍부하게 만들 여러 기회를 포기한다.

습관화를 예측하는 것은 인생을 바꿔놓는 경험에서만 중요한 게 아니다. 습관화의 힘을 미처 생각하지 못한 당신은 좀 더 고통스럽고 덜 즐거운 선택을 날마다 하게 된다. 가령 화장실 청소를 해야 한다고 치자. 이 유쾌하지 않은 작업을 모두 끝내려면 약 30분이 걸린다. 이런 상황에서 당신은 청소를 한 번에 해치우겠는가, 아니면 10분마다 한 번씩 쉬면서 하겠는가? 또 당신의 위층에 사는 이웃인 마빈이 봄맞이 대청소를 하고 있어서 청소기 소리가 무척이나 신경에 거슬린다고 치자. 이런 상황에서 당신과 마빈 두 사람 모두가 청소기의 윙윙거리는 소음에서 잠시나마 놓여날 수 있도록 당신은 마빈에게 커피 한 잔을 만들어줄 수 있는가?

고통스러운 경험이 이어질 때 사람들은 대부분 잠깐의 휴식을 원

---

13 L. D. Nelson and T. Meyvis, "Interrupted Consumption: Disrupting Adaptation to Hedonic Experiences," *Journal of Marketing Research* 45 (6) (2008): 654-64.

한다. 화장실의 역겨운 냄새에서 잠시 놓여날 수 있도록 휴식을 취할 것인지, 아니면 그 고통스러운 경험을 계속 이어가 청소를 조금이라도 빨리 끝낼 것인지 119명에게 묻자 90퍼센트가 "무조건 휴식이죠!"라고 대답했다. 119명 중 82명은 진공청소기가 내는 것과 같은 자극적인 소음에서 잠시나마 벗어나도록 휴식을 선택하겠다고 대답했다. 이들은 그렇게 한숨 돌리며 쉴 때 그 경험이 덜 짜증스러울 것이라고 믿었기 때문에 그런 선택을 했다.[14]

이런 예측과 선택이 합리적으로 보이지만 사실은 틀렸다. 실제로 진공청소기의 소음을 들은 사람들은 그 경험에서 잠시 놓여났을 때 고통의 총량이 더 컸다.[15] 휴식이 불쾌한 소음이 습관화되는 걸 방해했기 때문이다. 이런 사실에서 얻을 수 있는 교훈은 만약 화장실 청소나 카펫 청소처럼 유쾌하지 않은 작업을 할 때는 도중에 쉬지 말고 계속해야 한다는 것이다. 즉 불쾌한 경험을 잘게 쪼개지 말라는 말이다. 휴식을 취하며 한숨 돌린 후 다시 작업할 때 냄새와 소음은 더욱 고약하게 느껴질 것이며, 따라서 그 경험은 더 힘들어질 것이다. 반면에 휴식을 취하지 않으면 습관화가 촉진되고, 따라서 그 경험들도 덜 불쾌해진다.

그렇다면 유쾌한 경험은 어떨까? 배우자와 함께 당신이 가장 좋아하는 식당에 저녁을 먹으러 갔는데 웨이터가 가장 좋은 자리로 안내한다고 상상해보자. 그 자리는 편안하고 조용해서 당신과 배우자는

14 각주 13과 같은 자료.
15 각주 13과 같은 자료.

즐겁게 대화를 나눌 수 있다. 게다가 창문 옆이라서 전망도 좋다. 두 사람은 와인을 마시고 맛있는 파스타를 먹을 것이고 저녁 식사는 약 두 시간 동안 이어질 것이다. 자, 이런 상황에서 당신이라면 그 두 시간 내내 그 좋은 자리에 앉아 있겠는가, 아니면 도중에 북적거리고 소란스러운 뒤쪽 자리로 가는 '휴식'을 몇 차례 가지겠는가?

"그걸 몰라서 물어?"

아마도 당신은 이렇게 말할 것이다. 지금 있는 자리가 최상의 자리인데 굳이 그 자리를 떠나서 좋지 않은 자리에 잠깐씩 가 있을 사람이 누가 있을까? 아닌 게 아니라 응답자의 95퍼센트는 편안한 자리에서 잠깐이라도 벗어나 다른 곳에 가 있는 선택을 하지 않겠다고 응답했다.[16] 그렇지만 혹시, 일반적인 생각과 다르게 좋은 상황에서 잠시나마 놓여나는 게 오히려 더 좋지 않을까?

좋은 자리가 좋긴 하다. 그러나 그 자리에서 처음 한 시간 동안 느끼는 기쁨의 경험도 분명 시간이 지나면서 사라질 것이다. 도중에 그 경험에서 잠시 벗어나지 않는 한은 그렇다. 잠깐이나마 북적거리고 소란스러운 뒤쪽 자리로 간다면(아마도 화장실을 가게 된다면 그렇게 될 것이다) 탈습관화가 촉발되어 지금까지 누렸던 호사가 얼마나 소중한 것인지 새삼스럽게 느낄 수 있다.

이런 추론을 할 수 있도록 정확하게 설계된 실험은 아직 없었다. 그렇기에 즐거운 식사 시간에 덜 즐거운 순간들이 점점이 뿌려질 때

---

16 각주 13과 같은 자료.

그 경험이 한층 빛날 것이라고 확신할 순 없지만, 적어도 정황적인 증거들로만 보면 그렇다. 예를 들어 마사지를 받을 때 중간에 잠깐 씩 쉬어가면서 마사지를 받은 고객은 한 번도 쉬지 않고 계속해서 마사지를 받은 고객보다 그 경험을 더 즐겁게 느꼈다.[17]

사람들은 대체로 긍정적인 경험이 중단되지 않고 그대로 유지되는 것을 선호한다. 그러나 이런 경험을 작은 조각들로 쪼개서 음미하는 게 더 나을 수도 있다.[18] 휴가를 예로 들어보자. 몇 년 전 탈리는 도미니카공화국에 있는 온화한 기후의 휴가지로 출장을 갔다. 탈리가 수행해야 하는 과제는 휴가지 관광객들을 가장 행복하게 만드는 것이 무엇이며 그 이유가 무엇인지 알아내는 것이었다. 그녀는 사람들을 만나 인터뷰를 했고 설문지를 나눠 주며 작성해달라고 부탁했다.

그런데 사람들이 작성하는 설문지 답변에서 단어 하나가 반복해서 등장한다는 사실을 알아차렸다. 그 단어는 바로 '**처음**'이었다. 관광객들은 '여행지에서 처음 바다를 보는 것'과 '수영장에서 처음 해보는 수영', '휴가지에서 처음 마시는 칵테일 한 모금'이 가져다주는 기쁨을 이야기했다. 그들에게는 처음이라는 것이 엄청나게 중요해 보였다.[19]

---

17 각주 13과 같은 자료.

18 각주 13과 같은 자료.

19 "New Study Finds What Triggers the 'Holiday Feeling,'" *Travel Bulletin*, 2019, https://www.travelbulletin.co.uk/news-mainmenu/new-study-finds-what-triggers-the-holiday-feeling.

처음이라는 경험은 보통 휴가 후반이 아니라 초반에 일어나므로, 휴가가 처음 시작될 때 사람들이 가장 행복해하는지 탈리는 궁금했다. 다행히도 탈리가 이용했던 여행사가 전 세계 관광객을 대상으로 휴가 기간에 본인의 감정 수준이 어땠는지 평가해달라는 설문지를 돌렸었기에, 여기서 수집하고 분석한 데이터를 활용해 예측을 검증할 수 있었다. 그리고 수치를 분석한 결과, 관광객이 느끼는 기쁨이 최고조에 도달하는 시점은 휴가가 시작되고 **43시간** 동안이었다.[20] 여행을 시작하고 둘째 날이 끝나갈 무렵에 사람들은 가장 행복해하며, 그 뒤로는 행복감이 점점 줄어든다는 뜻이다.

물론 휴가가 끝나는 시점에 대부분 사람이 비참한 심정을 느끼는 건 아니었다. 심지어 여행을 마치고 집에 돌아온 뒤에도 많은 사람이 휴가 끝의 나른한 즐거움을 여전히 만끽했다. 그러나 한 주가 채 지나가기도 전에 사람들은 출퇴근이나 등하교, 청구서 처리 같은 일상적인 생활에 빠르게 적응했다. 그들이 일상생활에 빠르게 적응하기까지는 일주일도 걸리지 않았다. 휴가가 끝나고 7일이 지나고 난 뒤에는 휴가가 그들의 기분에 미친 어떤 영향을 감지하기조차 어려웠다.

이런 증거는 다른 모든 조건이 동일하면 여행 기간을 길게 잡아서 한 번에 끝내기보다는 짧은 기간으로 여러 차례 나눠 여행하는 편이 훨씬 유리하다는 것을 암시한다. 만약 당신이 두 주 동안 휴가

20 각주 19와 같은 자료.

를 간다면 여행 사흘째에 습관화가 일어나 푸른 바다와 새하얀 백사장에서 더는 아무런 감흥도 느끼지 못할 것이다. 그러나 만약 몇 달 간격을 두고 나흘씩 두 차례 여행을 간다면 여행 첫날의 감동을 두 번이나 경험할 수 있다. 그리고 전체적인 즐거움도 더 오래 이어질 것이다. 이렇게 해서 처음과 나중의 즐거움이 극대화된다. 멋진 휴가를 기대하며 해변에서 마시는 마르가리타 칵테일과 따뜻한 태양을 상상하는 즐거움도 두 배가 됨은 말할 것도 없다.

물론 고려해야 할 제약 조건들이 여럿 있긴 하다. 한 번의 긴 휴가를 여러 개의 짧은 휴가로 쪼개면 총 여행 시간이 길어져서 비용이 더 많이 들 수도 있다. 하지만 반드시 그렇지만은 않다. 예를 들어 한 차례 긴 여행을 할 때는 멀리 잡았던 휴가지를 두 차례 짧은 여행을 할 때는 집에서 가까운 곳으로 정하는 것이다. 핵심은 즐거운 경험을 작은 조각들로 나누는 것이다. 식당에서 좋은 자리에 앉을 때는 한 번씩 시끄럽고 복잡한 다른 자리에도 가보라. 반대로 유쾌하지 않지만 꼭 해야 하는 작업이나 경험이 있다면 한 번에 모두 해치워버리는 게 좋다.

3장

소셜미디어
기술적으로 유도된 혼수상태에서 깨어나는 법

인간은 많은 것에 적응할 수 있다.
상황이 달라질 수 있음을 전혀 고려하지 않은 채
만성적인 스트레스와 산만함이라는 일종의 몽유병 상태에 쉽게 빠져들기도 한다.
_팀 하포드(Tim Harford), 영국의 저널리스트·경제학자[1]

2년 반 전에 작가이자 블로거인 샘 홀스타인(Sam Holstein)은 인생 최고의 결정들 가운데 하나라고 꼽을 수 있는 결정을 내렸다. 알래스카로 이사한다거나 비행기 조종사가 된다거나 서커스단에 들어간다거나 하는 모험이 아니었다. 그보다 훨씬 평범한 결정이었다. 이 결정을 내리는 데는 겨우 5분밖에 걸리지 않았다. 그러나 결정을 내린 뒤로 그녀의 인생은 여러 가지 점에서 달라졌다. 이 결정 하나로 그녀는 예전보다 더 행복해졌고 더 여유로워졌고 더 생산적으로 바뀌

---

1 Tim Harford, "Your Phone's Notification Settings and the Meaning of Life," *Forbes*, 2022.

었으며 더 열의를 가지게 되었다. 덕분에 사회생활도 예전보다 훨씬 원활하고 풍부해졌다.[2]

샘만 그런 게 아니다. 그녀와 똑같은 결정을 내린 다른 사람들도 비슷한 효과를 봤다. 그중 데이터과학자 쇼반 초더리(Shovan Chowdhury)는 처음에 변화를 실천하는 것이 어려웠다. "나는 여러 날 동안 연구에 집중할 수 없었다. (…) 그러나 예전의 삶으로 돌아가지 않기로 했다. 그리고 새로운 삶에 적응했다."[3] 불과 몇 주 만에 그는 새로운 삶에 더 잘 적응했다. 잠을 잘 자고 꾸물거리는 일도 줄어들었으며 운동도 더 많이 했다. 그리고 나중에는 새로운 직장을 찾았고 잃어버렸던 열정도 되찾았다.

그렇다면 샘과 쇼반의 인생을 바꿔놓은 마법과도 같은 결정은 무엇이었을까? 무척 궁금할 것이다. 바로 소셜미디어를 끊는 것이었다. 그들은 페이스북, 스냅챗, 트위터, 위챗, 그 외 모든 소셜미디어에 등록했던 계정을 모두 지웠다. 그런데 샘과 쇼반의 이런 경험이 일반적인 걸까? 다시 말해서 다른 사람들도 소셜미디어를 끊거나 멀리하면 그와 같은 효과를 볼 수 있을까? 만약 그렇다면 그 이유는 무엇일까?

---

2 Sam Holstein, "10 Great Ways Quitting Social Media Changed My Life for the Better," https://samholstein.com/10-great-ways-quitting-social-media-changed-my-life-for-the-better/.

3 Shovan Chowdhury, "14 Remarkable Ways My Life Changed When I Quit Social Media," Inc. com, September 21, 2017, https://www.inc.com/quora/14-remarkable-ways-my-life-changed-when-i-quit-soc.html.

입안에 스케일링 기계가 박혀 있다면

○

인생을 살다 보면 꼭 해야 하는 귀찮고 불쾌한 일들이 있다. 치과에 가기, 소득세 신고 양식 작성하기, 화장실 청소하기 등이 그런 것들이다. 앞서 2장에서 우리는 이런 일들은 '한 번에 모두 해치워버리는 게 좋다'고 결론을 내리면서, 그래야만 습관화가 작동해 부정적인 감정이나 고통이 줄어든다고 했다. 예를 들어 치아 몇 개가 문제가 있다면 그 자리에서 모두 치료하는 게 좋다. 스케일링 기계의 진동과 소음 그리고 불소 맛 액체에 곧 습관화가 진행되므로, 하루에 치아 하나씩 여러 날에 걸쳐 치료를 받을 때보다 고통이 적다.

만일 당신의 입안에 치과용 스케일링 기계가 영구적으로 부착되어 있다고 상상해보자(이런 기괴한 일이 실제로는 있을 수 없지만, 그래도 상상이야 얼마든지 할 수 있지 않은가?). 저음으로 윙윙거리는 소리와 진동이 끝없이 이어진다. 온종일, 날마다, 몇 달, 몇 년씩 그 소리와 진동이 당신의 머리를 흔들어놓는다. 당신은 출근할 때도, 야구 경기를 볼 때도, 연인과 다정하게 저녁 식사를 할 때도 그 기계를 입에 물고 있다. 그렇지만 습관화 덕분에 그렇게 하고 있다는 사실을 거의 알아채지 못할 수도 있다. 하지만 그럼에도 그 이물질은 당신이 무언가를 즐기거나 어떤 것에 집중하는 능력을 어느 정도 방해할 것이다. 그런데도 당신은 무엇이 잘못되었는지 정확하게 딱 꼬집어서 지적하지 못한다.

그런데 어느 날 치과의사가 마침내 입에서 그 스케일링 기계를 제거할 때가 되었다고 말한다. 그 기계가 입에서 제거될 때의 충격은 당신이 전혀 예상하지 못했던 것이다. 불편한 소음과 진동을 유발하던 금속 덩어리가 제거되고 나자, 당신은 일상의 삶이 예전보다 얼마나 더 좋아졌는지 깨닫고는 깜짝 놀란다. 놀라서 뒤로 자빠질 수도 있다.

사람들은 흔히 인생에서 좋은 것들이 사라지기 전까지는 그게 얼마나 소중한지 알지 못한다. 그와 마찬가지로, 크든 작든 인생을 짜증스럽게 만드는 것들이 사라지기 전까지는 그것들이 어떤 피해를 주는지 알지 못한다. 거기에 익숙해져 있기 때문이다. 혹시 행복하지 않고 괴로웠던 오래된 인간관계에 종지부를 찍어야 했던 경험이 있는가? 이 경우 처음에는 무척 슬프다. 그러나 얼마 지나지 않아 자신이 예전보다 훨씬 더 평온하고 행복하다는 사실을 깨닫고는 깜짝 놀란다. 연애 기간에는 그 연애가 자신의 행복에 얼마나 부정적인 영향을 미치는지 잘 알지 못하지만, 연애가 끝난 뒤에는 연애의 나쁜 영향이 수정처럼 선명하게 드러난다.

당신의 삶에 해를 끼칠 수 있는 상수 요인들의 영향력을 평가하는 유일한 방법은 그것들로부터 잠시 멀어지는 것이다. 이럴 때 탈습관화가 일어나 새로운 눈으로 그 요인들을 평가할 수 있다. 소셜미디어는 그런 요인들 가운데서도 대표적인 사례다. 어떤 사람들에게는 소셜미디어가 입안에 박혀서 끊임없이 윙윙거리는 스케일링 기계와도 같다. 당신은 이 기계가 당신의 삶을 우울하게 만드는지도 모른다고 의심하지만 늘 당신의 삶 속에 있기 때문에 그런 의심을 어느 정도까지 믿어야 할지 알지 못한다.

나쁜 버릇 끊어내기

○

샘이나 쇼반의 사례처럼 소수의 일화만을 근거로 광범위한 결론을 도출한다는 것은 어리석은 짓이다. 소셜미디어를 끊는 게 과연 사람들의 삶의 질을 평균적으로 개선하는지 여부를 알려면 대규모 과학 연구를 여러 차례 진행해야 한다. 다행히도 이런 연구들이 적지 않게 이뤄졌는데 여기서 몇 가지 흥미로운 사실이 발견되었다.

만약 우리 저자들이 당신더러 가장 좋아하는 소셜미디어 플랫폼을(페이스북인가? 유튜브인가? 인스타그램인가? 틱톡인가?) 휴대폰에서 삭제하고 끊으라고 말한다고 치자. 당신은 우리의 말에 동의하고 그렇게 하겠는가? 그러지 않겠다면, 만일 우리가 그 대가로 당신에게 현금을 제공한다면 끊을 용의가 있는가? 그래도 여전히 끊을 수 없는가? 그렇다면 딱 한 달만 끊으라면 어쩌겠는가? 딱 30일 동안만 그 플랫폼을 방문해서 스크롤을 내리거나 '좋아요'를 누르거나 '공유'를 하지 않는 대가로 당신은 얼마를 요구하겠는가? 10달러를 요구하겠는가? 아니면 100달러? 1,000달러? 또는 그 이상?

이는 경제학자 헌트 올컷(Hunt Allcott)과 공저자들이 페이스북 사용자 2,884명에게 물었던 질문이다.[4] 이들 연구진은 페이스북 사용자들이 한 달 동안 계정을 비활성화할 경우 그 대가로 돈을 주겠다고 했다. 어떤 이들은 연구원들로서는 도저히 감당할 수 없는 수천

---

4   H. Allcott et al., "The Welfare Effects of Social Media," *American Economic Review* 110 (3) (2020): 629–76.

달러를 요구하기도 했다. 그러나 사용자의 60퍼센트는 102달러 이하만으로도 기꺼이 계정을 비활성화하겠다고 말했다. 연구진은 그 금액을 지불할 수 있다고 판단했고 또 실제로도 지불했다. 그들의 목표는 페이스북을 끊는 선택이 과연 사람들을 더 행복하게 만드는지 실험을 통해서 확인하는 것이었다.

어떤 추정에 따르면 인터넷 접속이 가능한 사람들은 평균적으로 하루에 약 두 시간을 소셜미디어에 할애하며, 이들이 하루에 인터넷 화면을 확인하는 횟수는 50~80회다.[5] 전 세계에서 소셜미디어를 사용하는 사람은 47억 명이 넘는다(2024년 3월 31일 기준으로 세계 인구는 약 81억 명이다-옮긴이).[6] 이런 사실들만 놓고 보면 소셜미디어를 이용하고 인터넷에 접속하는 일이 정말 멋지고 보편적인 경험이라고 유추할 수 있다. 만약 사람들이 무언가를 무척 좋아한다면 이 현상에서 문제는 어디에 있을까? 경제학자들은 소비자가 원하는 상품을 구입하기 위해 기꺼이 지불하려는 가격에서 실제로 지불하는 가격을 뺀 차이를 '소비자잉여(consumer surplus)'라고 부른다. 인터넷의 경이로운 것 대부분에 접근하는 데는 비용이 많지 않다. 따라서 소비자잉여는 놀라울 정도로 높아 보인다.

하지만 올컷은 확신할 수 없었다. 실제로 사람들은 소셜미디어에 많은 시간을 들이는 것을 선택했다. 겉으로만 보면 이 선택은 사람

5   R. Zalani, "Screen Time Statistics (2022): Your Smartphone Is Hurting You," Elite Content Marketer.

6   D. Ruby, "Social Media Users—How Many People Use Social Media in 2023," Demand Sage, 2023, https://www.demandsage.com/social-media-users/.

들의 자유 의지에 따른 것 같다. 그러나 어쩌면 이들은 소셜미디어에 접속하는 게 건강을 해친다는 사실을 모른 채 그렇게 하고 있을지도 모른다.

이런 가능성을 실험으로 확인하기 위해 올컷과 연구진은 102달러 이하의 돈을 주면 페이스북 접속을 중단하겠다고 말했던 사용자들을 모아 두 집단으로 나눴다. 그중 치료 집단에 속한 사람들은 한 달 동안 페이스북 계정을 삭제했고, 통제 집단에 속한 사람들은 예전과 다름없이 페이스북에 접속했다. 그리고 모든 참여자는 이런 조치(접속 중단 또는 접속 유지) 전과 후, 도중에 행복감을 어느 정도로 느끼는지 답했다. 또한 자기 삶에 얼마나 만족하는지도 답했고, 그 밖의 여러 비슷한 질문들에도 답했다.

얼마 지나지 않아 결과가 드러났다. 페이스북 접속을 차단한 사람들은 모든 점에서 삶을 더 많이 즐기는 것으로 나타났다. 페이스북에서 해방된 사람들은 예전보다 더 행복하고 삶에 더 만족한다고 말했다. 우울해하고 불안해할 가능성은 상대적으로 적었다. 요컨대 페이스북을 하지 않을 때의 삶이 더 행복했다. 소셜미디어를 끊었을 때 대부분 사람은 샘이나 쇼반이 받았던 것과 비슷한 영향을 받았는데, 마치 입안에 장착된 스케일링 기계를 빼내고 난 다음의 느낌이었다. 평소에 의식하지 못했지만 끊임없이 윙윙거리면서 삶의 질을 떨어뜨렸던 것이 갑자기 사라져버렸으니 얼마나 좋았을까.

올컷과 공저자들은 페이스북을 끊음으로써 올라간 행복 효과는 소득이 3만 달러 늘어났을 때 올라간 행복 효과와 동일하다고 계산

했다.[7] 그야말로 엄청난 효과다.

올컷의 연구 외에도 소셜미디어 사용이 행복감을 떨어뜨린다는 가설을 뒷받침하는 증거나 연구는 많다. 경제학자 루카 브라기에리(Luca Braghieri)가 이끌었던 연구를 보자. 이 연구는 여러 대학의 학생들 사이에서 페이스북이 사용되기 전과 후에 학생들의 정신 건강 데이터를 비교하는 것이었다.[8]

마크 저커버그는 2004년에 하버드대학교에서 처음으로 페이스북을 시작했다. 페이스북은 처음에 하버드대학교 이메일 계정이 있는 사람들만 사용할 수 있었는데, 이는 배타성을 확보하려는 조치였다. 그 후 2년 동안 페이스북은 미국의 여러 대학교로 천천히 퍼져나갔다. 하버드대학교에 이어 컬럼비아대학교, 스탠퍼드대학교, 예일대학교… 이렇게 해서 페이스북은 수많은 대학을 대상으로 느리지만 확실하게 문을 열었다.

브라기에리와 연구진은 페이스북의 이 점진적인 출시 데이터를 활용해 페이스북 사용과 사용자 정신 건강 사이의 관계를 검증했다. 미국의 대학 전체를 대상으로 하는 대학생 정신 건강은 설문조사 응답 내용과 함께 문서로 정리되었으며, 브라기에리는 페이스북이 대학생들 사이에서 사용된 직후에 각 대학교에서 대학생의 정신 건강이 나빠졌는지를 조사했다.

---

[7] Allcott et al., "The Welfare Effects of Social Media."

[8] L. Braghieri, R. E. Levy, and A. Makarin, "Social Media and Mental Health," *American Economic Review* 112 (11) (2022): 3660-93.

그 결과 실제로 정신 건강이 나빠진 것으로 나타났다. 어느 한 대학교에서 페이스북 플랫폼 사용을 허용할 때마다 그 대학의 학생들은 대부분 계정을 만들었고, 그로부터 얼마 지나지 않아 이들의 정신 건강은 나빠지고 행복감은 줄어들고 우울증은 늘어났다. 그중에서도 가장 큰 타격을 입은 이들은 외부자들(학교 기숙사가 아닌 학교 바깥에 거주하는 학생들과 사교 클럽에 소속되어 있지 않은 학생들) 그리고 과체중인 학생들이었다.

페이스북은 2008년에 대학생이 아닌 사람도 사용하도록 공개되었는데, 이후 10년 동안 대학생 연령대 인구집단의 우울증은 무려 83퍼센트나 증가했다! 이런 현상의 인과관계를 밝히기란 어렵고 우리 저자들로서는 특정한 수치의 정확성을 회의적으로 바라보지만, 브라기에리와 연구진은 이 늘어난 수치에서 적어도 4분의 1은 소셜미디어 사용이 원인이라고 추정한다.[9]

다른 사람들이 나보다 행복해 보이는 이유

○

페이스북 사용자들은 왜 페이스북을 끊을 때 더 행복할까? 페이스북을 끊은 사람들은 하루에 평균 약 60분이라는 시간을 다른 활동에 쓸 수 있었다. 페이스북을 끊은 어떤 사람은 "나는 책을 읽고 피

---

9   각주 8과 같은 자료.

아노를 치고 있는데, 이런 활동을 예전에 휴대폰으로 소셜미디어를 하기 전까지는 계속했었다"라고 말했다.[10] 학생들은 페이스북을 끊고 늘어난 시간을 가족 또는 친구와 함께 보냈다(흥미로운 사실은 이렇게 늘어난 시간을 다른 소셜미디어 플랫폼에서 보내지 않았다는 점이다).

하지만 우리 저자들은 페이스북을 끊음으로써 사람들이 더 행복해진 또 다른 이유가 있다고 생각한다. 소셜미디어는 사람들이 '정상적인 것(normal)'을 다르게 인식하게 만든다. 즉 소셜미디어는 사람들이 자기가 경험할 것이라고 기대하는 것 그리고 자기가 놀랍다고 생각하는 것을 예전과 다르게 바꿔놓는다.

우리 저자들의 지인인 밥의 사례를 살펴보자. 밥은 샌프란시스코에 있는 아주 멋진 집에 살고 있으며 다정하고 사랑스러운 부인과 딸이 있다. 밥은 지성적인 인물이며 유명 인사이기도 하다. 아마도 어떤 사람들은 그가 쓴 책을 읽었을 것이고, 트위터에서 그를 친구로 설정했을 것이다(아닌 게 아니라 그의 팔로워는 약 25만 명이나 된다. 그러나 우리는 밥의 실제 모델이 누구인지 알아볼 수 없도록 그의 이름을 가명인 '밥'으로 부르고, 그를 알아볼 수 있는 세부적인 특징도 실제와 다르게 했다). 전체적으로 볼 때 밥은 자신의 삶에 만족한다. 그러나 소셜미디어에 로그인할 때마다 그는 행복이 조금씩 줄어든다고 느낀다.

이유가 무엇일까? 밥은 소셜미디어에 로그인할 때마다 자기보다

---

10 Allcott et al., "The Welfare Effects of Social Media."

훨씬 더 유명한 친구들의 신바람 나는 삶을 본다. 그리고 그때마다 '나는 왜 저런 멋진 자리에 초대받지 못했을까? 나도 저 사람처럼 대통령과 만나서 얘기를 나누고 싶은데. 어쩌다 나는 저 사람보다 못난 사람이 되었을까?'라고 생각한다. 우리는 그의 삶과 경력이 매우 특출하다고 여기지만, 정작 본인은 자기보다 더 성공한 동료들을 기준으로 놓고 자기의 삶과 경력이 변변찮다고 여긴다.

아닌 게 아니라 많은 사람이 이런 감정에 사로잡힌다. 당신도 모닝커피를 마시면서 소셜미디어를 둘러보다 보면, 피오나가 지금 바하마의 화창한 해변에서 휴가를 보내고 있고, 조지나의 딸이 방금 예일대학교의 입학 허가서를 받았으며, 퍼트리샤가 자신이 키워낸 스타트업을 거액을 받고 구글에 팔았음을 알게 된다(이런 사례들은 극단적일 수도 있지만 우리가 어떤 의도로 이런 말을 하는지는 잘 알 것이다). 그러고는 자신을 돌아보며 초라하다고 느낀다. '도대체 나는 뭘 하고 있지? 내 인생은 뭐지?'

다시 말해 **적응 수준(adaptation level)**이 이동한다. 돈이나 사랑, 팔로워 같은 자극에 감정적으로 습관화가 이뤄질 때 기존 수준의 자극에는 행복감을 느낄 수 없게 되는데, 이때의 자극 수준을 적응 수준이라고 한다. 이 수준은 대개 최근에 경험한 일로 설정된다.[11]

소득을 예로 들어보자. 당신이 지난 몇 년 동안 연간 약 13만 달

---

11 S. Frederick and G. Loewenstein, "Hedonic Adaptation," in *Well-Being: The Foundations of Hedonic Psychology*, ed. Daniel Kahneman, Edward Diener, and Norbert Schwarz (New York: Russell Sage, 1999), 302–29.

러를 벌었다고 치자. 올해에도 13만 달러를 번다면 특별히 기분이 좋아지거나 나빠지지 않을 것이다. 그러나 승진해서 15만 달러를 벌었다면 한동안 기분이 좋아서 들떠 있을 것이다. 그러나 곧 15만 달러가 당신의 중간지점(neutral point)이 되고 당신의 적응 수준은 13만 달러에서 15만 달러로 바뀐다.

바로 여기에 흥미로운 점이 있다. 일반적으로 어떤 사람의 적응 수준은 그 사람이 직접 경험한 것에 따라 달라지지만, 그의 개인적인 경험을 넘어서는 여러 요인의 결과에 따라서도 달라질 수 있다. 그런 요인들 가운데 하나로 꼽을 수 있는 것이 기대치다.[12]

어떤 연구에 따르면 교도소의 수감자들은 석방 직전에 특히 좌절감을 느낀다고 한다.[13] 석방을 앞둔 며칠 동안 그들은 몸은 여전히 교도소 안에 있지만 마음은 이미 교도소 담장 바깥으로 나가 있다. 이런 기대감 때문에 그들이 인식하는 '정상 상태'는 수감된 상태에서 석방된 상태로 바뀌었지만 실제 현실에서는 여전히 좁은 감방에 갇혀 있다. 기대치와 현실 사이의 이 격차는 수감자에게 매우 강한 부정적인 반응을 유발하는데, 그 바람에 어떤 수감자들은 형기가 거의 다 끝나갈 무렵에 탈옥을 시도하는 비합리적인 행동을 하기도 한다.[14]

---

12 각주 11과 같은 자료.

13 L. H. Bukstel and P. R. Kilmann, "Psychological Effects of Imprisonment on Confined Individuals," *Psychological Bulletin* 88 (2) (1980): 469.

14 Frederick and Loewenstein, "Hedonic Adaptation."

우리가 '나쁘다', '대단하다', '좋다'와 같이 생각하는 건 다른 사람이 얻거나 누리고 있다고 우리가 여기는 것에 따라 달라진다. 여러 연구에 따르면 우리가 자신의 성생활에 만족하는지 여부는 다른 사람들의 침실에서 일어나고 있다고 우리가 믿는 것에 따라 크게 좌우된다고 한다.[15] 돈, 옷, 인맥, 부동산 등 당신이 가진 것을 얼마나 행복하게 느끼는지는 다른 사람들이 가지고 있다고 당신이 믿는 것에 따라서 달라진다. 물론 부분적이긴 하지만 말이다.

자녀를 두 명 이상 둔 사람이라면 이런 효과가 나타나는 현장을 자주 목격했을 것이다. 어느 화창한 일요일 아침이다. 당신은 딸 다리아에게 메이플 시럽을 곁들인 블루베리 팬케이크 두 개를 주고, 아들 새뮤얼에게는 팬케이크를 하나만 준다. 과연 어떤 일이 일어날까? 새뮤얼은 화를 낼 것이다. 어쩌면 두 사람 모두에게 아무것도 주지 않았을 때보다 더 격렬하게 화를 낼지도 모른다. 미국 대법원의 대법관을 지냈던 고(故) 안토닌 스칼리아(Antonin Scalia)에게는 자녀가 여럿 있었는데, 언젠가 그는 이렇게 썼다.

부모는 아이들이 모든 자의적이고 실질적인 조치를 즉각적으로 받아들인다는 사실을 잘 안다. 예를 들면 오후 시간에 텔레비전 시청 금지나 저녁 시간 텔레비전 시청 금지 또는 무조건 텔레비전 시청 금지 같은 조치가 그렇다. 그러나 만일 어느 한 아이에게만 다른 아이들에게는 금지

---

15 T. Wadsworth, "Sex and the Pursuit of Happiness: How Other People's Sex Lives Are Related to Our Sense of Well-Being," *Social Indicators Research* 116 (2014): 115-35.

하는 텔레비전 시청을 허락하면 아이들은 분노하면서 근본적인 차원의 정의감을 분출한다. 평등보호조항(미국 수정 헌법 제14조에 있는 조항으로, 비슷한 조건에 놓인 사람들을 합리적인 이유 없이 다르게 처우하는 것을 금지한다-옮긴이)은 헌법의 그 어떤 조항보다도 정의가 어때야 할지를 잘 보여 준다.[16]

바로 이런 점에서(그리고 다른 많은 점에서) 어른도 아이와 크게 다르지 않다. 사람은 본능적으로 자기가 가진 것을 다른 사람이 가진 것(또는 다른 사람이 가지고 있다고 자기가 생각하는 것)과 비교한다. 왜냐하면 그래야 더 많은 것을 갖도록 노력하려는 동기가 부여되기 때문이다. 사회적인 차원에서 보면 인간이 가진 이런 본성 덕분에 사회가 진보한다. 이렇게만 보면 바람직한 결과다. 하지만 이런 본성 때문에 인간은 자신이 가진 것에 만족하고 행복해지기도 어렵다.

인류는 까마득한 옛날부터 자기의 삶을 타인의 삶과 비교했다. 동굴에 사는 원시인들은 아마도 동굴의 크기와 편안함 수준을 놓고 자기 동굴과 이웃 사람의 동굴을 비교했을 것이다. 그러나 오늘날에는 이 비교가 완전히 새로운 차원에서 펼쳐진다. 첫째, 우리는 자신의 삶을 단순하게 옆집 사람의 삶과 비교하지 않는다. 지금 우리는 자신의 삶을 부자와 유명한 사람들을 포함해 전 세계 각계각층 사람들의 삶과 비교한다. 둘째, 우리는 자신의 삶을 타인의 실제

---

16 A. Scalia, "The Rule of Law as a Law of Rules," *University of Chicago Law Review* 56 (1989): 1175.

삶과 비교하지 않고 고도로 편집된 타인의 가상현실 속 삶과 비교한다.

다시 밥의 이야기로 돌아가자. 소셜미디어가 없는 상태에서 밥은 (특권이라고 볼 수 있는) 자신의 삶을 좋은 것으로, 심지어 위대할 정도로 훌륭한 것으로 경험했다. 그러나 소셜미디어로 여기저기 둘러본 뒤에 그의 기준점은 바뀌어버렸다. 그래서 지금 그는 자신의 삶이 썩 멋지게 느껴지지 않는다.

그러나 아이러니하게도 이웃의 삶을 바라보는 밥의 인식은 비현실적이다. 그 삶은 순전히 그 친구들이 게시하기로 마음먹은 포스트들을 기반으로 한다. 즉 그 포스트들은 그들의 삶에서 일어난 여러 사건을 편향적으로 구성한 것이다. 그들의 실제 삶은 온라인 게시물에서 엿볼 수 있는 것만큼 놀랍거나 멋지지 않을 게 분명하다는 말이다. 밥의 친구들(정말 엄청나게 성공한 것처럼 보이는 친구들까지 포함해서) 다수는 오히려 밥이 게시한 포스트들을 보고는 기가 죽을 수도 있다.

밥은 소셜미디어 플랫폼들을 이미 여러 해 전부터 사용해왔기 때문에 이 플랫폼들이 자신의 건강에 미치는 영향에 대해 잘 알지 못한다. 그는 페이스북, 인스타그램, 유튜브, 그 밖의 모든 소셜미디어가 자기의 기대치를 어떻게 바꿔놓았는지 알지 못하며, 그래서 계속 가벼운 실망감을 느끼고 있다. 만일 밥이 소셜미디어를 한 달 동안 끊는다면 그는 올컷의 연구에 참여해 페이스북을 끊었던 사람이 했던 말에 100퍼센트 공감할 것이다.

"나는 스트레스를 훨씬 덜 받았다. (…) 그리고 나 자신의 삶에 더 많이 집중했기 때문에 온라인에서 일어나는 일에 그다지 신경을 쓰지 않았다. (…) 나는 더 많은 만족감을 느꼈다. 전반적으로 기분이 더 좋아진 상태에서 살았던 것 같다. 처음에는 페이스북을 끊고 나면 다른 사람들의 일상적인 활동을 지켜보는 일이 그리워지지 않을까 생각했지만 (…) 실제로 그런 일은 일어나지 않았다."[17]

밥이 소셜미디어로 다른 사람들의 삶을 지켜보는 일을 앞으로도 그만두기만 한다면 그의 삶은 먼지가 걷히고 다시금 예전처럼 반짝반짝 빛날 것이다(또는 적어도 자신의 삶이 '표준에 미치지 못함'이 아니라 '충분히 좋음'으로 보일 것이다).

브레이킹 배드

○

하지만 함정이 있다. 올컷의 연구에서 사람들은 행복이 늘어났다고 느꼈지만 대가를 치러야 했다. 페이스북을 끊은 사람들은 예전보다 더 행복해졌지만 정치나 사회가 돌아가는 소식에 대해서는 예전보다 덜 알게 되었다. 어쩌면 그들은 당시의 사회적인 쟁점들에 대해 덜 알았기 때문에 더 행복했을지도 모른다. 사람들이 페이스북에서 얻는 정보의 유형은(이 정보는 사회적인 차원의 정보뿐만 아니라 가족이나

---

17 Allcott et al., "The Welfare Effects of Social Media," 655.

친구들과 관련된 정보이기도 하다) 그들을 더 행복하게 만들어주지는 않지만 그들이 알고 싶어 하는 것들을 말해준다.

페이스북을 끊은 한 사람은 이렇게 말했다.

"나는 온라인 대화로부터 차단되었다. 사람들이 행동으로 실행하거나 생각하는 것들을 지켜보지 못하게 되었다. (…) 처음에는 무척 싫었다. 사람들로부터 완전히 단절되었다는 느낌이 들었다."[18]

사람들은 덜 불안하고 덜 우울하며 삶에 더 만족하게 된다고 해도 단절감에 사로잡히길 바라지 않았다. 그래서 페이스북을 끊으면 예전보다 더 행복해짐에도 불구하고, 약속했던 한 달이 지난 뒤에는 올컷의 연구에 참여했던 사람들 다수가 끊었던 페이스북을 다시 했다. 페이스북이 없는 삶이 평균적으로는 그들을 더 행복하게 만들었음에도 말이다. 어쩌면 그들은 자기 나라에서 어떤 일이 일어나고 있는지 알고 싶었던 것 같다. 비록 그렇게 알게 된 정보들 때문에 슬퍼지고 화가 나고 불안해지더라도 말이다. 아니면 수많은 사람이 특정한 소셜미디어를 사용한다면 자기도 어쩔 수 없이 그걸 사용할 수밖에 없다고 생각했을 수도 있다.

그러나 그들이 내린 선택은 더 많은 정보를 기반으로 한 것이었다. 그들은 '브레이킹 배드(breaking bad, 통상적인 관념을 거슬러 행동하는 경험을 뜻한다-옮긴이)'를 실행함으로써 소셜미디어가 없는 삶의 비용과 편익을 비교할 수 있었다. 그래서 어떤 사람들은 오프라인에 남겠다

---

18 각주 17과 같은 자료.

고 결심했지만 대부분은 지웠던 소셜미디어 계정을 다시 만들었다. 사람들이 소셜미디어에서 진행되는 상호작용에 고통을 받으면서도 계속 이용하는 것은 드물게 나타나는 현상이 아니다. 우리는 소셜미디어에서 밥이 사소한 부상을 당했다고 말하기도 하고 어떤 사람이 자기보다 무언가를 더 잘한다는 사실을 알기도 하지만, 우리가 소셜미디어에서 하는 건 이런 것만이 아니다.

얼마 전 탈리의 친구인 미리엄이 트위터에서 괴롭힘을 당한 뒤에 눈물을 흘리며 탈리를 찾아왔다. 지속적으로 이어졌던 괴롭힘으로 미리엄의 정신 건강은 심각할 정도로 나빠졌다. 그녀는 잠도 제대로 자지 못했고 일도 제대로 하지 못했다. 그녀의 자존감은 심하게 손상되었다. 그래서 탈리는 그녀에게 트위터를 끊으라고 제안했다. 그런데 미리엄이 보인 반응이 놀라웠다.

"트위터를 끊으라고?"

믿을 수 없다는 표정이었다. 눈을 동그랗게 뜬 그녀는 깜짝 놀란 모양이었다. 비록 트위터 때문에 비참한 경험을 하고 있긴 하지만, 아무리 두 달 동안만이라도 트위터를 끊는다는 것은 전혀 생각하지 않았던 선택지였다. 부정적인 결과를 확인할 걸 알면서도 하루에도 몇 번씩이나 트위터에 접속하고 싶은 그녀의 강렬한 충동은 마치 중독 현상과도 같았다.

중독은 특정 행동(음주, 흡연, 식사, 운동, 온라인 게시물 올리기 등)이 부정적인 결과를 가져오는 걸 뻔히 알면서도 그 행동을 계속해서 하겠다는 충동이 지속적으로 일어나는 현상이다. 이렇게 되는 이유는 그 행동을 하지 않으면 더 고통스럽기 때문이다. 미리엄의 경우 트위터를 하지 않으면 불안해진다. 그래서 불안감을 해소하려고 트위터에 접속하지만 자기를 향한 악성 댓글을 읽고는 끔찍한 기분에 사로잡힌다.

미리엄이 처음 트위터에 가입할 때만 하더라도 트위터에 접속하지 않는다고 해서 불편함을 느끼는 일은 전혀 없었다. 그런데 트위터 접속 횟수가 늘어나면서 불편함과 고통이 서서히 나타났고, 마침내는 악순환이 시작되었다. 미리엄은 즐거운 경험을 하려고 트위터에 접속했다. 그렇지만 이 접속이 반복될수록 접속하지 않을 때 느끼는 고통은 점점 더 커졌다. 그래서 결국에는 계속해서 접속하지 않고는 배길 수 없게 되었다.

예전에 약물을 남용했던 적이 있거나 그런 사람과 함께 산 적이 있다면 중독 현상이 어떤 건지 똑똑하게 잘 알 것이다. 독립선언문에 이름을 올렸으며 중독 현상의 초기 연구자이기도 한 벤저민 러시(Benjamin Rush)는 한 알코올 중독자가 다음과 같이 말하는 것을 들었다.

"방의 한쪽 구석에 럼주가 담긴 통이 있고, 대포 하나가 그 통과 나 사이에 끊임없이 대포를 쏘아댄다고 해도 나는 럼주를 마시기 위해 어쩔 수 없이 그 포탄 세례를 뚫고 지나가려고 합니다."[19]

---

19 Arthur Krieger, "Rethinking Addiction," *Blog of the APA*, April 21, 2022, https://blog.apaonline.org/2022/04/21/rethinking-addiction/. 원문은 다음을 참조하라. Benjamin Rush, *Medical Inquiries and Observations Upon the Diseases of the Mind* (New York: Hafner, 1810), 266.

경제학자들은 다음 두 가지 경우에 해당될 경우 중독되었다고 말한다. 첫째, 오늘의 소비가 내일의 수요를 촉진할 때(미리엄이 트위터에 더 많이 접속할수록 그녀는 나중에도 더 많이 접속하게 된다). 둘째, 애초에 가지고자 했던 양보다 더 많이 소비할 때(미리엄은 트위터에 접속하지 않을 때는 트위터에 시간을 덜 소비했으면 얼마나 좋았을까 하고 후회한다).[20]

첫 번째 조건은 미끄러운 경사면을 암시한다. 처음에는 (그것이 와인이든 코카인이든 다른 무엇이든 간에) 소량의 중독 물질로 시작하지만 결국에는 점점 더 많이 소비하게 된다. 담배를 피우고 싶다거나 초콜릿을 먹고 싶다거나 틱톡 동영상을 보고 싶다거나 하는 충동은 점점 더 커지기 마련이다. 하지만 결국은 원했던 대상에서 얻을 수 있는 기쁨이나 즐거움은 늘어나지 않고 줄어든다.

이런 현상의 부분적인 원인은 습관화다. 당신이 어떤 소셜미디어에 처음으로 접속했을 때를 생각해보라. 당신이 올린 포스트에 '좋아요'가 10개나 달린 것을 보고 당신은 몹시 흥분한다. '와, 내가 한 말을 10명이나 좋아하다니, 정말 신난다!' 하지만 둘째 날에는 10개의 '좋아요'가 그다지 큰 감흥을 주지 않는다. 첫날 10개의 '좋아요'에서 느꼈던 것과 똑같은 감정의 격동을 느끼려면 '좋아요'가 20개 또는 50개가 필요할지도 모른다. 어떤 자극이 반복될 때는 거기에 따른 감정 반응이 점점 줄어들기 때문에, 지난번과 똑같은 감정 격동

---

20 H. Allcott, M. Gentzkow, and L. Song, "Digital Addiction," *American Economic Review* 112 (7) (2022): 2424-63.

을 느끼려면 더 많은 자극이 필요하다. 중독자들이 중독 물질을 때때로 과다 복용하는 이유도 바로 여기에 있다.

애초에 가지고자 했던 양보다 더 많이 소비한다는 두 번째 조건은, 만일 누군가가 중독자가 중독 물질을 덜 소비하도록 돕는다면 중독자는 중독 물질을 덜 소비할 것이라는 뜻이다. 바로 이런 현상이 소셜미디어에서 일어나고 있다. 만약 소셜미디어 끊기를 더 쉽게 할 수만 있다면 사람들은 진짜로 소셜미디어를 끊을 것이다.

당신이 하는 행동이 어떤지 돌아보자. 당신은 소셜미디어에 소비하는 시간을 줄이고 싶은가? 한 연구에서 인스타그램 사용자와 페이스북 사용자 2,000명에게 폰 대시보드(Phone Dashboard)라는 앱을 설치하게 했다.[21] 이 앱을 설치해서 설정하면 휴대폰의 스크린을 사용하는 시간을 제한할 수 있다. 이 실험에 참여한 사람들은 원할 경우 그 앱을 사용할 수 있었는데, 실험 참여자들의 약 80퍼센트가 그 앱을 사용했으며 그들의 휴대폰 스크린 사용 시간은 평균 16퍼센트 줄었다. 앱을 설치한 사람들은 다음과 같은 것들을 **덜 하게 되었다**고 보고했다.

· 휴대폰을 애초에 의도하던 것보다 더 오래 사용하는 것

· 불안감을 떨치거나 잠을 청할 목적으로 휴대폰을 사용하는 것

· 휴대폰을 쉽게 내려놓지 못하는 것

21 각주 20과 같은 자료.

- 휴대폰을 하느라 잠을 자지 못하는 것
- 휴대폰을 하느라 다른 일을 미루는 것
- 아무런 생각 없이 휴대폰을 사용하는 것

분명히 해두자. 소셜미디어의 영향이 전적으로 부정적이라고 주장하는 게 아니다. 소셜미디어는 연결과 소통과 공유의 공간이다. 사람들이 여기서 지식과 우정과 일자리를 얻는 것은 분명하다. 우리가 하고자 하는 말은 샘이나 쇼반과 같은 수많은 사람에게는 특정한 소셜미디어를 덜 사용하거나 다르게 사용하는 것 또는 아예 사용하지 않는 것이 더 행복하고 생산적인 삶으로 이어진다는 점이다. 많은 사람이 진짜로 그렇게 되지 않을까 하고 기대할 수도 있다. 또 소셜미디어가 삶에 미치는 영향을 검증할 목적으로 사용하는 방식을 바꾸고 싶어 할 수도 있다. 정말 그렇게 하고 싶다면 그들에게는 반드시 도움이 필요하다.

양이 아니라 질

○

휴대폰에 들이는 시간이 많은 게 나쁜지 어떤지를 두고 대규모 토론이 벌어지고 있다. 그런데 이 토론은 중요한 점 하나를 놓치고 있다. 정말 중요한 것은 휴대폰 스크린을 바라보면서 보내는 시간이 아니다. 그 사람이 그 시간에 무엇을 하느냐가 중요하다. 당신이 그 시간을 페이스북에 소비하느냐, CNN에 소비하느냐의 문제만이 아니다. 당신이 어떤 종류의 정보를 소비하느냐 하는 문제기도 하다. 당신은 사람들이 올리는 가짜 사진이나 특정한 기준으로 선정되어 공유되는 게시물을 스크롤하는가, 아니면 새로 발간된 책이나 새롭게 드러난 과학적 발견에 대한 게시물을 스크롤하는가?

매우 중요한 한 가지 문제는 당신이 부정적인 정보에 자기를 노출하느냐 하는 것이다. 당신은 분노한 트윗이나 불안감을 유발하는 블로그를 읽는 데 몇 시간을 소비하는가? 탈리와 그녀의 동료 크리스 켈리(Chris Kelly)는 사람들이 온라인에서 소비하는 부정적인 정보가 그들의 복지와 행복에 해로울 수 있을지 알고 싶었다.[22] 그들은 이 실험에 참여할 사람 수백 명을 모집한 다음, 날마다 인터넷 공간에서 대략 30분을 보내고 그 시간에 열어본 웹페이지 기록을 익명으로 크리스에게 보내달라고 했다. 연구자들은 또한 참여자들의 정신 건강을 평가하는 여러 가지 검사도 했다.

많은 테스트를 마치고 크리스는 각 참여자가 방문했던 웹사이트에서 텍스트를 추출한 다음 각각에서 부정적인 단어의 비율을 간단한 알고리즘을 동원해서 계산했다. 그리고 이 비율이 높은 사람일수록 더욱 나쁜 상황으로 빠진다는 사실을 발견했다.

여기서 닭이 먼저인지 달걀이 먼저인지 궁금할 수 있다. 기분이 좋지 않은 사람들은 부정적인 정보를 더 많이 찾을까? 아니면 부정

---

22 C. Kelly and T. Sharot, "Knowledge-Seeking Reflects and Shapes Mental Health," PsyArXiv, 2023.

적인 정보를 찾는 사람일수록 더 슬프고 불안해질까? 이를 알아내기 위해 크리스는 사람들이 소비하는 정보를 조작했다. 즉 어떤 사람들에게는 정서적으로 중립적인 웹페이지들을 둘러보게 하고, 어떤 사람들에게는 부정적인 단어가 많이 사용된 웹페이지들을 둘러보게 한 것이다. 그러고는 그들에게 기분이 어떤지 물었다. 그러자 누구나 충분히 예상하는 결과가 나왔다. 부정적인 웹페이지를 방문한 사람들은 부정적인 기분에 휩싸이는 비율이 높았다.

또한 크리스는 참여자들의 기분을 조작한 다음 그들이 자발적으로 선택해서 소비하는 정보가 어떤 것들인지 살펴봤다. 그런데 부정적인 감정 유발에 노출된 사람들이 부정적인 웹페이지를 방문하는 비율이 상대적으로 높았다. 이런 연구 결과는 온라인 공간에서 읽는 정보의 많은 부분이 부정적이라면 그 정보는 읽는 사람에게 정신적으로 큰 피해를 주지만, 기분이 부정적일 때도 부정적인 정보를 많이 소비하게 된다는 것을 알려준다.

인터넷 검색에서 중요한 변수가 되는 것은 검색의 양이라기보다는 질이다. 그러나 사용자가 어떤 사람이며 어떤 상태인지도 중요하다. 분노와 두려움을 담은 메시지에 특히 민감하거나 회복력이 낮은 사람인가, 아니면 둔감하거나 회복력이 높은 사람인가? 자신을 다른 사람들과 비교하는 경향이 있는가? 이런 개인적인 특성에 따라 제각기 다르게 영향을 받는다.

그러나 온라인 소음(online noise)이 인터넷 사용자의 삶에 실제로 어떻게 영향을 미치는지 정확하게 평가하기는 어렵다. 습관화라는 기제가 작동하기 때문이다. 늘 일정한 모습으로 존재하며 변함이 없는 것들이 사람들에게 어떻게 영향을 미치는지 알아내기란 쉽지 않다. 예를 들어 우리는 누군가가 갑자기 텔레비전을 끈 다음에야 비로소 그 텔레비전이 그때까지 배경에서 어떤 간섭 작용을 하고 있었음을 깨닫곤 한다.

쇼반은 소셜미디어 습관을 바꾼 뒤에 "산만함이 많이 줄어들어 얼마나 집중을 잘할 수 있게 되었던지 깜짝 놀랄 정도였다"라고 말했다.[23] 이를 알 수 있는 유일한 방법은 소셜미디어 사용 패턴을 바꿔 덜 사용하거나 다른 방식으로 사용하는 실험을 해보는 것이다. 이렇게 했을 때 어떤 일이 일어나는지 알면 당신도 깜짝 놀랄 것이다.

23   Chowdhury, "14 Remarkable Ways My Life Changed When I Quit Social Media."

4장

회복

회복력은 살면서 나타나는 어려운 도전 과제나
예상하지 못했던 어려움으로부터 회복할 수 있는 능력으로,
여러 정서적·정신적 장애로부터 그 사람을 정신적으로 보호한다.
_마이클 러터(Michael Rutter), 영국의 소아정신과 의사[1]

지금부터 정신 훈련 하나를 함께 해보자. 다음에 제시하는 것은 어떤 사건들의 목록이다. 이런 일들이 당신에게 일어난다고 상상해보자. 이 일들 가운데 어떤 것들은 즐겁고, 어떤 것들은 파괴적이며, 어떤 것들은 약간 불쾌하다. 어쩌면 당신은 과거에 이미 이런 일들을 경험했을지 모른다. 또 어떤 사람들은 앞으로 경험할 것이고 어떤 사람들은 경험하지 않을 것이다. 자, 이제 시작해보자.

---

1   Attributed to Michael Rutter 1985, https://medium.com/explore-the-limits/resilience-is-our-ability-to-bounce-back-from-lifes-challenges-and-unforeseen-difficulties-3e99485535a.

1. 당신은 어떤 나라의 왕 또는 여왕과 사랑에 빠진다. 그 사람과 화려한 결혼식을 올리고 왕실의 일원이 된다.

2. 당신은 이혼한다(이때 이혼하는 배우자는 왕이 아니라 현재의 배우자 또는 미래의 배우자다).

3. 직장 상사가 당신이 노력해서 이뤄낸 성과를 질투한 나머지 당신을 다른 부서로 보낸다.

4. 치명적인 팬데믹이 전 세계를 덮친다. 전국적인 봉쇄 조치가 내려지고, 당신은 바깥출입을 하지 못한다. 그런데 이 상황이 얼마나 오래 지속될지, 앞으로 또 어떤 일이 일어날지 전혀 모른다.

5. 당신이 열심히 공부해서 시험을 봤는데 기대했던 것보다 훨씬 낮은 점수를 받는다.

이 각각의 사건이 당신에게 일어난다면 어떤 기분일지 매우 나쁨, 다소 나쁨, 다소 좋음, 매우 좋음 가운데 하나를 선택하라. 그리고 이 일이 얼마나 오래 당신의 감정에 영향을 미칠지 한 시간, 하루, 석 달, 10년 가운데 하나를 선택하라.

사람들은 이런 사건들 대부분에 대한 데이터를 가지고 있다. 그래서 시험 점수가 낮거나 이혼했거나 실직했거나 치명적인 전염병 사태의 충격에서 회복하는 데 일반적으로 얼마나 걸리는지 알고 있다. 또한 왕가의 일원이 되는 경험을 대상으로 한 사례 연구도 나와 있다. 곧 알게 되겠지만 이 수치들은 정말이지 놀랍고 흥미롭다. 하지만 여기서 중요한 건 전형적인(typical) 것이 아니라 **비**전형적인

(atypical) 것이다. 위 사건 목록 중 가장 덜 충격적인 것부터 시작해보자. 시험을 봤는데 기대했던 것보다 점수가 형편없는 경우다.

생각의 되새김질과 우울증

○

만약 당신의 자녀가 아직 학생이라면 대부분 학생이 성적을 꽤 중요하게 여긴다는 사실을 잘 알 것이다. 그리고 만약 당신이 학생이라면 A학점을 받을 때 기쁠 것이고, F학점(또는 D학점이나 C학점)을 받을 때 비참할 것이다. 그런데 문제는 이런 감정이 얼마나 오래 지속되느냐다. 당신의 자녀(또는 당신)는 높거나 낮은 성적에 얼마나 오래 영향을 받을까?

마이애미대학교의 심리학 교수 에런 헬러(Aaron Heller)는 성적이 학생들의 기분에 미치는 영향을 측정했다.[2] 그는 실험에 참여할 학부생 수백 명을 모집했고 그들의 동의를 얻어 그들이 어떤 기분을 느끼는지 묻는 메시지를 학기 내내 보냈다. 그들은 어떤 날에는 기분이 좋았고(아마도 이날은 해변에서 하루를 보냈을 것이다), 어떤 날에는 조금 슬펐다(아마도 향수병에 시달리고 있었을 것이다). 에런은 각 학생의 기저선 기분(baseline mood)을 측정했다. 이 기분은 그 학생이 그 학기에 평균적으로 느끼는 기분이다.

---

2 A. S. Heller, N. I. Kraus, and W. J. Villano, "Depression Is Associated with Blunted Affective Responses to Naturalistic Reward Prediction Error" (in prep).

시험 기간에 학생들은 자기가 받은 점수를 확인했다. 어떤 학생들은 좋은 점수를 받았고 어떤 학생들은 기대한 것보다 낮은 점수를 받았다. 점수가 어떻든 학생들은 자기가 느끼는 기분을 에런이 설정한 척도에 따라 곧바로 보고했다. 그리고 이후 여덟 시간 동안 45분 간격으로 한 번씩 자기 기분을 보고했다.

마틴과 로널드는 에런의 이 실험에 참여한 학생이었는데 둘 다 85점이라는 점수를 받았다. 100점 만점에 85점이면 상당히 좋은 점수라고 생각할 수도 있지만 그들은 그렇게 생각하지 않았다. 에런의 실험에 참여한 학생들 대부분과 마찬가지로 두 사람은 목표가 높았다. 그들은 95점을 받았더라면 행복해했겠지만 85점을 받아서 실망했다. 기저선 기분 수준은 서로 달랐는데, 마틴이 로널드보다 조금 더 행복해하는 경향이 있었다. 그러나 점수를 확인한 뒤에 두 사람 모두 1~7점까지의 척도에서 정확하게 0.5점이 떨어졌다고 기분을 보고했다.

하지만 짐작하다시피 이 부정적인 영향은 오래 지속되지 않았다. 점수를 확인한 후 곧바로 습관화가 작동해서 두 사람의 기분은 다시 좋아지기 시작했다. 그런데 바로 이 시점에서 마틴과 로널드가 보이는 양상이 각각 달랐다. 마틴은 그로부터 세 시간이 지나자 통상적인 기저선 기분으로 돌아갔지만, 로널드는 평소의 기저선 기분으로 돌아가는 데 여덟 시간 넘게 걸렸다. 그렇다면 마틴이 로널드보다 더 빨리 '정상적인' 기분으로 돌아갈 수 있었던 이유는 무엇일까?

마틴과 로널드는 나이가 같았고 성장한 사회경제적 배경도 비슷했다. 그들을 응원하고 지지하는 가족과 친구가 있었으며 둘 다 의과대학에 진학하겠다는 목표가 있었고 그랬기에 학점에 똑같이 예민하게 반응했다. 그러나 두 사람 사이에 중요한 차이점이 하나 있었다. 마틴은 정신 건강 문제를 전혀 겪지 않았던 반면 로널드는 우울증을 앓고 있었다.

에런은 로널드처럼 우울증에 시달리는 학생들은 마틴처럼 정신적으로 건강한 학생들보다 기분이 회복되는 속도가 느리다는 사실을 발견했다. 습관화는 모든 사람에게 일어난다. 그러나 그 속도는 사람들마다 다르며, 특히 우울증에 시달린다고 보고하는 학생들에게서는 습관화에 걸리는 시간이 훨씬 길었다.[3] 흥미로운 사실은 처음에는 썩 좋지 않은 성적이 마틴보다 로널드에게 덜 영향을 미쳤다는 사실이다. 우울증이 미치는 효과는 시간이 지난 뒤에 서서히 드러났다. 이런 식으로 우울증은 회복 능력을 떨어뜨리는데, 그 이유는 무엇일까?

어쩌면 어떤 일에 대해 심사숙고하는 반추(反芻), 즉 정신적인 되새김질이 대답이 아닐까 싶다. 정신적인 되새김질이란 어떤 생각을 정신적으로 반복해서 '씹는다'는 말이다. 즉 소가 한번 삼켜서 위로 보냈던 먹이를 게워내서 다시 씹듯이, 부정적인 결과를 빚어낸 어떤 일(예를 들면 어그러진 인간관계, 망쳐버린 취업 면접, 스포츠 경기에서 저지른 실수 등)을 시간이 지난 뒤에도 몇 번이고 끄집어내서 다시 생각

---

3 우울증은 전부 아니면 전무라는 OX 척도 조건으로 평가되지 않았고, 우울증 증상이 많고 심각한 학생일수록 습관화에 많은 시간이 걸렸다.

하며 집착하는 현상이다.

로널드는 자기가 받은 성적과 관련된 생각을 도저히 중단할 수 없었다. 그 성적 때문에 의과대학에 진학하지 못할지도 모른다는 걱정에서 헤어나지 못했다. 어쩌면 의과대학에 갈 만큼 자기가 똑똑하지 않을 수도 있다는 생각이 그를 괴롭혔다. 그는 성적 관련 생각을 마틴보다 더 오래 되새김질했을 뿐만 아니라 그런 생각을 할 때마다 상황의 심각성을 과장했다. 그 바람에 그가 평소의 기분으로 돌아가기까지는 시간이 더 많이 걸렸다.

생각의 되새김질은 우울증을 앓는 사람들이 보이는 전형적인 모습이다.[4] 많은 심리학자가 이 되새김질이 우울증을 유발한다고 생각한다. 즉 실패나 마음의 상처, 사소한 실망에 대한 나쁜 생각을 떨쳐내지 못해 결국 우울증을 앓게 된다는 말이다. 마틴도 로널드와 마찬가지로 자기가 왜 좋은 점수를 받지 못했는지, 다음에는 어떻게 해야 더 잘할 수 있을지 생각했지만 곧바로 관심을 다른 데로(여자 친구인 로런과의 데이트 계획, 다음 주에 있을 화학 수업 프로젝트, 수영 팀 등으로) 돌렸다. 이런 생각들 덕분에 나쁜 성적에서 비롯되는 영향력은 소멸되었다.

언젠가 우리 저자 중 한 사람이 감정철학자에게 잘못된 사람과 사랑에 빠지지 않는 방법이 무엇인지 물었는데, 그는 이렇게 대답했다. "한 가지 방법밖에 없습니다. 그건 다른 사람과 사랑에 빠지는 겁니다."

---

4   S. Nolen-Hoeksema, B. E. Wisco, and S. Lyubomirsky, "Rethinking Rumination," *Perspectives on Psychological Science* 3 (5) (2008): 400-424.

새와 벌레의 눈으로 보는 세상

○

지금부터는 사소한 수준의 실망이 아니라 엄청나게 큰 좌절에 관해 생각해보자. 2020년 3월이 어땠는지 기억하는가? 많은 사람이 그런 경험을 했겠지만 우리 저자들의 메일함에는 코로나19 때문에 일시적으로 휴업한다거나 행사를 취소한다거나 하는 메일이 무더기로 쏟아졌다. 많은 사람이 그랬듯이 우리도 스트레스와 불안감을 느꼈다. 대학교 행정본부에서는 교수들에게 짐을 챙겨서 연구실을 나가라고 통고했다(캐스의 연구실에 있던 조교는 이 조치가 단기적인 조치로 끝날 것이냐고 물었고, 캐스는 아마 그럴 것이라고 장담했다. 하지만 잘못된 예측이었다).

우리가 참석하기로 예정되어 있던 회의나 행사는 모두 취소되었다. 우리는 모두 자녀가 둘인데 이들이 다니는 학교도 문을 닫았다. 우리는 마트에 가서 통조림 식품을 최대한 사재기했다. 많지는 않지만 화장지도 사재기했다.

우리는 봉쇄와 고립이 사람들을 비참하게 만들지 않을까 궁금했다. 만약 이 일로 사람들의 정신 건강이 상당한 수준으로 손상된다면 특정 정책들은 재고해서 취소해야 할 수도 있었다. 탈리와 로라 글로빅(Laura Globig), 바스티안 블레인은 이런 조치들이 사람들에게 미치는 영향을 수치로 드러내서 계량화하고자 했다. 그런 조치들에서 비롯되는 잠재적인 피해를 정책입안자를 포함해 많은 사람에게 알리기 위함이었다.

설문조사 문안을 작성하는 데는 몇 주가 걸렸고, 2020년 3월 말까지 미국 인구를 대표하는 대규모 표본에서 얻은 데이터를 확보했다. 당연한 결과지만 이 데이터는 사람들 사이에서 스트레스가 두드러지게 늘어나고 행복감이 줄어들었음을 보여주었다. 그런데 이런 변화의 폭은 애초에 예상하던 것보다 작았다. 그리고 몇 달 뒤 그들이 똑같은 응답자를 대상으로 다시 설문조사를 했을 때는 놀라운 결과가 나타났다. 사람들이 느끼는 행복감의 수준이 팬데믹 이전 수준으로 회복되었던 것이다![5]

이 연구에서만 그런 결과가 나온 게 아니었다. 여러 연구가 인간 정신의 놀라운 회복력을 입증했다.[6] 사람들이 나빠진 기분을 회복하는 데 걸리는 시간은 표본집단마다 조금씩 달랐지만, 모든 표본집단에서 일정한 형태의 습관화가 관찰되었다. 사람들이 사는 세상을 아무리 거꾸로 뒤집어도, 아무리 사람들을 집 바깥으로 나오지 못하게 가둬도, 아무리 질병과 죽음으로 위협해도 사람들은 그렇게 바뀐 상황에 익숙해졌다. 하늘을 나는 **새의 시각**으로 본다면 인간은 그 끔찍한 팬데믹의 와중에서도 무척이나 잘 지내는 것으로 보였으리라.

하지만 우리는 새의 시각으로 보고 싶지 않다. 우리는 **벌레의 시각**으로 보고 싶다. 뒤처지지 않은 주류가 아닌 뒤처진 비주류 사람들에게 초점을 맞추고 싶다. 로널드처럼 정신 건강과 관련된 문제를

---

5 L. K. Globig, B. Blain, and T. Sharot, "When Private Optimism Meets Public Despair: Dissociable Effects on Behavior and Well-Being," *Journal of Risk & Uncertainty* 64 (2022): 1-22.

6 Lara Aknin, Jamil Zaki, and Elizabeth Dunn, "The Pandemic Did Not Affect Mental Health the Way You Think," *Atlantic*, 2021.

이미 가지고 있던 사람들은 팬데믹에 어떻게 대처했을까?

이 질문에 대답하기 위해 영국의 심리학자 데이지 팬코트(Daisy Fancourt)가 했던 연구를 살펴보자. 2020년 3월 코로나19 바이러스가 처음 폭발적으로 확산될 때 데이지는 곧바로 연구에 착수했다. 전 세계 수백 명의 행동과학자가 그랬던 것처럼 그녀도 설문조사 목록을 만들어 팬데믹에 대한 사람들의 반응을 측정했다.[7] 그녀는 사람들이 지금의 상황에 대해 어떻게 느끼는지 알고 싶었다. 사람들이 정부의 지시에 따를까? 정부 정책에 동의할까? 또한 그녀는 사람들이 내놓는 응답 내용이 그들의 정치, 인구통계, 정신 건강, 신체 건강, 가족이 처한 상황 등에 따라 달라지는지, 달라진다면 얼마나 달라지는지 알고 싶었다.

데이지는 대부분의 다른 연구원들과 달리 영국에서 약 7만 명을 대상으로 설문조사를 했고 팬데믹 기간 내내 매주 조사를 이어갔다.[8] 그리고 여러 해가 지난 뒤에도 그 작업을 계속 이어갔다. 그래서 그녀는 '정신 건강에 문제가 있는 사람들은 새로운 세상에 얼마나 잘 적응했을까?'라는 우리 저자들의 연구에 필요한 데이터를 가지고 있었다.

데이지의 데이터는 에런의 데이터와 놀라울 정도로 비슷했다. 한 예로 데이지의 설문조사에 응답했던 셜리와 베로니카의 경우를 살펴보자. 2020년 3월 23일에 보리스 존슨(Boris Johnson) 영국 총리는

---

7   D. Fancourt et al., "COVID-19 Social Study," *Results Release* 10 (2021): 25.

8   각주 7과 같은 자료.

영국에서 첫 번째 봉쇄 조치를 발표했다. 그는 치명적인 바이러스와 싸우기 위해 시민들의 바깥출입을 금지하고 집에만 머무르도록 했다. 미혼모였던 셜리와 베로니카는 각각 1,000평방피트(약 28평)밖에 되지 않는 공동주택 주거지 안에서 홈스쿨링, 바깥으로 나가지 못해서 지루해하는 아이들 돌보기, 줌(Zoom)을 이용한 화상회의 및 재택근무 등을 힘겹게 해나가야 했다. 그들이 응답한 데이지의 설문조사를 보면 그들이 느끼는 삶의 만족도가 크게 감소했음을 알 수 있다.

그런데 2주 뒤 다시 두 사람을 조사하자 두 사람 모두 생활을 잘 꾸려나가고 있었다. 다만 베로니카는 조금씩 적응하고 있었던 반면 셜리는 매우 잘하고 있었다. 두 사람이 어떤 점에서 달랐기에 그런 차이가 나타났을까? 짐작했겠지만 그 차이는 두 사람의 정신 건강 이력이었다. 베로니카는 팬데믹이 닥치기 훨씬 전에 정신 건강에 문제가 있다는 진단을 받았었다. 반면에 셜리에게는 그런 문제가 없었다.

데이지의 데이터에 따르면 정신 건강에 문제가 있는 사람들은 팬데믹에서의 삶에 적응하는 데 어려움을 겪었다. 팬데믹이 막 시작되었을 때는 팬데믹 상황이 삶의 만족도에 미치는 영향이 정신 건강 이력과 상관없이 동일하게 작용했다. 그러나 가장 큰 차이는 봉쇄 조치가 내려진 직후에 나타났다. 셜리처럼 정신 건강에 문제가 없던 사람들은 처음 국가 비상사태가 선포되고 2주 만에 삶의 만족도가 크게 상승했지만, 베로니카처럼 정신 건강에 문제가 있던 사람들은 아주 작은 수준의 개선밖에 경험하지 못했다.

셜리가 느꼈던 행복감이 왜 그리고 어떻게 2주 만에 그렇게 증가

했는지는 확실하게 알 수 없다. 그러나 주어진 정보를 토대로 추측할 수는 있다. 아마도 셜리는 자기의 환경을 '팬데믹에 친화적인' 방향으로 바꿨을 것이다. 그녀는 자신과 아이들이 조금이라도 편하게 생활할 수 있도록 집의 가구나 동선을 조정했을 것이다. 탈리와 동료들이 확인한 바에 따르면 팬데믹 이후 대부분 사람은 자신에게 주어진 물리적인 환경에 적응하는 쪽으로 변화를 시도해서 생활 조건을 개선했다.

아마도 셜리는 자기에게 맞는 새로운 일정을 만들고, 줌이나 구글 클래스룸을 비롯해 재택학습과 재택근무에 필요한 도구들을 사용하는 방법을 배웠을 것이다. 또 그녀는 가족이 집에서 함께할 수 있는 여러 가지 재미있는 활동들을 생각해냈을 것이다(팬데믹 기간에 인터넷에서는 '바나나 빵 만드는 방법'이나 '칵테일 만드는 방법' 같은 내용의 검색량이 급증했다). 이런 변화를 시도한 덕분에 셜리는 최악의 시나리오에 더는 사로잡히지 않았을 것이다.

이런 유형의 적응적 반응(adaptive reaction)이 셜리에게는 특이하거나 색다른 일이 아니었다. 그녀는 이혼했을 때나 몇 년 전 직장에서 해고되었을 때도 비슷하게 반응했다. 이혼과 같은 커다란 삶의 변화에 적응하는 데는 평균적으로 2년이 걸리는데, 이 시간이 지나고 나면 사람들은 흔히 예전의 행복 수준에 도달한다.[9]

---

9   R. E. Lucas, A. E. Clark, Y. Georgellis, and E. Diener, "Reexamining Adaptation and the Set Point Model of Happiness: Reactions to Changes in Marital Status," *Journal of Personality and Social Psychology* 84 (3) (2003): 527.

베로니카도 정부의 봉쇄 조치에 적응하기 위해 기존의 생활 방식을 조금 바꾸기는 했지만, 이 변화의 속도가 느리게 이뤄졌고 그만큼 더 오래 고통을 겪었다. 그녀는 2020년 6월이 되어서야 비로소 행복감을 상당한 수준으로 회복했는데, 이 시점은 학교와 상점이 마침내 다시 문을 열어서 잿빛 구름 뒤에서 햇살이 비치기 시작하던 때였다.

우리 저자들은 베로니카가 어쩌다 정신 건강에 문제가 생겼는지 모른다. 그러나 또다시 위험을 무릅쓰고 추측해보고자 한다. 여러 연구에 따르면 사람이 어떤 상태로 되는 것은 자연(nature)과 양육(nurture)의 조합 결과라고 지적한다.[10] 즉 어떤 사람들은 다른 사람들과 달리 스트레스 요인(예를 들어 팬데믹, 이혼, 좋지 않은 성적 등)에 유전적으로 한층 민감하게 반응하는데, 이들이 역경(예를 들면 사랑하는 사람의 죽음)을 경험하면 강력한 반응이 촉발되어서 다양한 증상을 보이게 된다.

격동의 시기에 베로니카나 정신 건강에 문제가 있는 사람들을 지원하는 방법 하나는, 정신 건강에 문제가 없는 사람들보다 더 큰 파이를 얻도록 자원 배분의 할당량을 조정하는 것이다. 팬데믹 기간에 세계 각국의 정부는 시민들에게 재난지원금 형식으로 경기부양금을 지급하고, 세금 감면 혜택을 주고, 자녀 돌봄 프로그램을 지원했다. 그리고 자원을 할당할 때는 소득이나 결혼 여부 같은 다양한

---

10 K. S. Kendler et al., "A Swedish National Twin Study of Lifetime Major Depression," *American Journal of Psychiatry* 163 (1) (2006): 109–14.

요인을 고려해서 결정했다. 예를 들어 영국에서는 필수노동자(국민의 생명과 안전을 보호하고 사회의 기능을 유지하는 데 필요한 서비스를 제공하는 노동자-옮긴이)의 자녀가 다니는 학교는 봉쇄 조치가 내려진 기간에도 문을 닫지 않았다.

데이지와 다른 연구자들의 데이터를 보면 정신 건강에 문제가 있는 사람들은 부정적인 사건에 습관화되고 적응하는 데 어려움을 겪는다는 걸 알 수 있다. 따라서 사람들에게 자원을 할당할 때는 각 개인의 정신 건강 이력을 중요하게 고려해야 한다.

불행이 끝나도 불안은 끝나지 않았다

○

팬데믹이 서서히 끝나갈 무렵 사람들은 자신이 기쁨을 느끼지 못한다는 사실에 당황스러워했다. 놀랍게도 사람들은 기쁨이 아니라 불안감을 느꼈다. 이 불안감이 얼마나 광범위하게 퍼져 있었던지 정신과 의사들은 **포스트 팬데믹 불안**(post-pandemic anxiety)이라는 용어를 따로 만들어냈을 정도다. 이는 '정상적인 삶'이 재개된다는 전망에서 비롯된 불안을 뜻한다.[11] 팬데믹 이전, 사무실에서 일하는 것에 습관화되어 있었던 사람들은 집에서 그렇게나 많은 시간을 보내는 것을 상상하지 못했다. 그랬던 사람들이 이제는 사무실에서 일하는 것을

11　D. Cannizzaro, "Return to Normalcy Causing Post-Pandemic Anxiety," Wilx.com, 2021, https://www.wilx.com/2021/06/02/return-to-normalcy-causing-post-pandemic-anxiety/.

상상할 수 없게 된 것이다.

팬데믹 기간에 사람들은 날마다 똑같은 좁은 공간에서 시간을 보내면서 소수의 사람을 상대로만 교류하는 것에 익숙해졌다. 출퇴근, 파티, 여행, 외식 등은 모두 과거의 일이 되었다. 아침마다 편안한 옷에서 군청색 정장으로 갈아입는 것과 같이 예전에는 전혀 힘들지 않았던 행동들이 이제는 스트레스를 유발했다. 휴가 여행이나 콘서트 관람처럼 예전에는 커다란 기대를 품고 손꼽아 기다리던 행사들이 이제는 너무도 큰 부담으로 다가왔다.

우리는 오랜 기간 팬데믹 생활에 습관화되어 있었다. 자신의 일상과 기대에 습관화되어 있었던 건 말할 필요도 없다. 하지만 언제 또다시 그런 엄청난 변화가 닥칠지도 모른다는 생각은 사람들에게 두려움을 심어주었다. 변화는 두렵고 어려울 뿐 아니라 통제력을 발휘할 수 없게 한다. 겉으로 보기에 바람직한 변화가 일어날 때도 마찬가지다.

일본의 마사코 왕후를 아는가?[12] 1986년 23세의 평범한 법대생이었던 마사코 오와다는 스페인 출신의 루고 공작부인을 기리는 다과회에 참석했다. 그런데 이 한 번의 사건이 그녀의 인생을 영원히 바꿔놓았다. 그 자리에는 일본의 나루히토 왕자도 참석했는데 왕자가 쾌활한 성격의 마사코에게 반했던 것이다. 그리고 두 사람은 결혼했다.

평민이 왕족과 결혼해서 왕실의 일원이 되면 인생이 완전히 바뀌

---

12 Upasana Bhat and Tae-jun Kang, "Empress Masako: The Japanese Princess Who Struggles with Royal Life," BBC, 2019.

는데, 마사코도 확실히 그랬다. 외교관의 딸이었던 마사코는 도쿄에 있는 대학교에 진학해 법학을 공부하기 전에는 매사추세츠주에서 고등학교와 칼리지를 다녔다. 미국에서 현대적인 생활을 하다 갑자기 고대 왕실 전통에 적응하는 일은 무척 어려웠을 것이다. 대중 앞에 서는 공식적인 활동은 말할 것도 없었다.

마사코와 같은 상황에 놓이는 사람들 중 일부는 결국 그런 상황에 습관화되지만 마사코는 그렇지 않았다. 그녀는 적응 장애 진단을 받았다. 약 12퍼센트의 사람들이 이 장애로 고통을 받는데, 이들은 좋은 것이든 나쁜 것이든 간에 인생의 중대한 변화에 압도되며 슬픔과 절망을 경험한다.[13] 역설적이지만 꿈에 그리던 직장에 취업했거나 오랜 투병 끝에 암에서 완쾌되는 등 좋은 일을 경험하는 사람에게도 적응 장애 현상이 일어날 수 있다. 마사코 황후는 수십 년 동안 왕실의 일원으로 살면서도 그 장애를 끝내 극복하지 못했다.

습관화에 실패하는 것은 적응 장애를 규정하는 특징이지만 거의 모든 정신 건강 문제의 특징처럼 보이기도 한다. 이 장애는 가면을 쓰고서 다양한 증상을 유발하지만 기본적인 문제는 정신 건강 상태 전반에서 나타난다.

---

13 "Adjustment Disorders," Mayo Clinic, 2019, https://www.mayoclinic.org/diseases-conditions/adjustment-disorders/symptoms-causes/syc-20355224.

공포증을 극복하는 습관화

○

지금까지 로널드나 베로니카, 마사코처럼 정신 건강 문제가 있는 사람들이 좋은 것이든 나쁜 것이든 간에 인생의 중대한 변화(글로벌 팬데믹, 왕실 결혼 등)와 중요한 사건(나쁜 시험 성적 등)에 적응하는 것을 더 힘들어한다는 사실을 살펴봤다. 그러나 정신 건강 문제로 장애가 일어나는 건 긍정적이거나 부정적인 사건에 대한 정서적인 습관화만이 아니다. 다른 형태의 습관화들도 실패한다.

다음 사례를 생각해보자. 앞서도 잠깐 언급했지만 우리의 뇌는 어떤 자극을 계속 감지할 때 시간이 지나면서 그 자극에 점점 덜 반응한다. 일반적으로만 보면 좋은 일이다. 왜냐하면 변하지 않는 것들을 무시하면 잠재적인 새로운 사건에 집중할 자원을 그만큼 아낄 수 있기 때문이다.

사람의 얼굴을 한번 생각해보자. 겁에 질린 누군가의 얼굴을 볼 때 우리의 뇌는 거기에 반응한다. 일반적으로 얼굴, 특히 감정적인 온갖 표현을 전달하는 얼굴은 두드러지게 눈에 띄는 대상이다. 얼굴에는 흔히 중요한 정보가 담겨 있다. 저 사람은 화가 났을까? 행복할까? 슬플까? 무관심할까? 이처럼 얼굴은 '이 사람은 왜 이렇게 겁에 질려 있을까? 그렇다면 나도 지금 위험한 상태에 놓인 게 아닐까?' 같은 질문들을 제기한다.

따라서 당신의 뇌가 그런 자극에 강하게 반응해서 당신 앞에 놓인 상황이나 사물이 중요하다는 신호를 보내는 것은 합당하다. 그런데 만약 몇 초 뒤에도 상대방의 얼굴에 아까와 똑같은 표정이 나타나면 신경 활동이 줄어들고, 그다음에 또 그럴 때는 더 그렇다.[14] 이는 어떤 자극에 대한 정보가 일단 처리되고 나면 똑같은 정보에 또다시 반응할 이유가 없기 때문이다. 그러나 조현병이 있는 사람은 이런 습관화가 일어나지 않는다. 이들은 똑같은 감정 표현을 반복해서 관찰할 때마다 똑같이 강렬하게 반응한다.[15] 그들의 뇌는 그 정보를 접할 때마다 처음 처리할 때처럼 작동한다.

표정만 그런 게 아니다. 이와 비슷한 현상이 다른 자극들에 대한 반응에서도 관찰된다.[16] 조현병이 있는 사람들은 길거리 소음이나 사무실 소음처럼 일정하게 반복되는 소리도 쉽게 무시하지 못한다. 이들은 대부분의 일반적인 사람과 다르게 청각 피질에 있는 뉴런이 사람들이 수다를 떠는 소리나 사이렌 소리처럼 단순하게 반복되는 청각 자극에 대응하는 반응을 시간이 지나도 줄이지 못하며, 그래서 어떤 일에든 쉽게 집중하지 못한다.

이 모든 사실은 습관화가 바람직한 정신 기능에 얼마나 중요한 역할을 하는지 잘 보여준다. 사람들은 뇌 속 뉴런의 이런 기능에 대해 굳이 자세하게 알려고 하지 않지만, 만약 이런 능력이 손상되기라도

14 A. Ishai, "Repetition Suppression of Faces Is Modulated by Emotion," *Proceedings of the National Academy of Sciences of the USA* 101 (2004): 9827-32.

15 L. E. Williams et al., "Reduced Habituation in Patients with Schizophrenia," *Schizophrenia Research* 151 (1-3) (2013): 124-32.

16 G. N. Andrade et al., "Atypical Visual and Somatosensory Adaptation in Schizophrenia-Spectrum Disorders," *Translational Psychiatry* 6 (5) (2016): e804.

하면 우울증에서부터 조현병, 공포증에 이르기까지 온갖 문제가 나타날 수 있다.

한 예로 우리 저자들의 동료인 리나는 새를 무서워한다. 비둘기든, 파랑새든, 벌새든 간에 모든 새는 그녀에게 공포의 대상이다. 그래서 만일 이 조그마한 생명체가 자기 앞에 나타나기라도 하면 깜짝 놀라 비명을 지르며 도망친다. 새를 무서워하는 것이 그녀의 유일한 공포증이지만 바로 이것이 그녀에게는 문제다. 리나는 자기가 이렇게 된 게 히치콕 감독의 고전적인 영화 〈새(The Birds)〉 때문이 아닐까 의심한다. 이 영화에서 사람들을 무섭게 공격하는 새들의 이미지가 어린 시절 그녀의 정신에 깊이 그리고 영원히 각인되어 있기 때문이다.

새를 무서워하는 현상은 상대적으로 드물긴 하지만 그래도 조류 공포증이라는 이름이 붙을 만큼은 흔하다. 루실 볼, 잉마르 베리만, 스칼렛 요한슨, 데이비드 베컴 등 유명하고 재능이 넘치는 사람들도 조류 공포증에 시달린다.[17] 다른 모든 정신 건강 문제도 마찬가지지만, 아무리 명성이 높고 재산이 많은 사람이라도 공포증을 피해 가지는 못한다.

리나는 공포증이 있는 사람들이 대부분 하는 행동을 한다. 공포증의 근원을 최선을 다해 피하는 것이다. 그녀는 런던에 살고 있지만 비둘기 수백 마리가 먹이를 찾아다니는 트래펄가 광장 근처에는 얼씬도 하지 않는다. 새를 어떻게 한다거나 하는 행동도 하지 않으

---

17 Wikipedia, s.v. "Ornithophobia."

며 히치콕 감독의 그 끔찍한 영화도 두 번 다시 보지 않는다.

그런데 이게 문제다. 리나는 새와 가까이 마주치는 것을 피하기 때문에 습관화의 기회가 거의 주어지지 않는다는 것이다. 습관화가 작동하려면 공포의 대상이 새든, 거미든, 높은 곳이든, 대중 앞이든 그런 것들과 반복해서 마주쳐야 한다. 어떤 끔찍한 일이나 재앙 같은 일이(새가 자기를 공격해서 눈을 쫀다거나 사람들 앞에서 연설할 때 누군가 달걀을 던진다거나 하는 일이) 일어나지 않는 한 공포는 시간이 지나면서 가라앉고, 나중에 공포의 대상을 생각하거나 실제로 마주친다고 하더라도 스트레스를 덜 받는다.

문제는 공포증이 있는 사람들이 공포의 근원을 일부러 피하려 한다는 점이다(우울증이 있는 사람들도 마찬가지다. 그들은 사람들을 새롭게 만나서 교류하거나 취업 지원을 하는 등 실망을 초래하거나 불안을 유발할 수 있는 일을 회피하는 경향이 있다). 그런데 이런 행동은 그들이 수행해야 할 일상 활동을 방해한다. 바로 이런 까닭에 노출 치료법이 필요하다.[18]

노출 치료법은 공포증이나 강박증(흔히 세균 공포증과 관련된 강박증)을 치료하는 데 가장 일반적으로 사용되는 치료법이다. 이 치료법의 목표는 공포감을 주는 대상에 환자를 노출시켜 습관화가 이뤄지도록 만드는 것이다. 노출을 점진적으로 강화하는 방식으로 통제하는데, 예를 들어 새 공포증이라면 새를 한 번에 한 마리씩만 노출

---

18 J. S. Abramowitz, B. J. Deacon, and S. P. Whiteside, *Exposure Therapy for Anxiety: Principles and Practice* (New York: Guilford, 2019).

시켜 그런 환경이 안전하다고 느끼도록 만든다.

이 접근법을 리나에게 적용하려면 어떻게 해야 할까? 우선 새가 나오는 동영상을 보게 한다. 이 경험이 더는 무섭지 않게 느껴질 때까지 동영상을 계속 보게 한다. 다음에는 새장 안에 들어 있는 새와 같은 방에 함께 있게 한다. 이 과정을 넘어서면 그다음에는 다른 사람이 쥐고 있는 새 곁으로 가까이 다가가게 한다. 이런 식으로 한 단계씩 자극을 강화하면 마침내 리나는 새와 직접 접촉해도 두려움을 느끼지 않을 것이다.

리나의 경우 습관화는 공포증을 극복하는 데 필수적이다. 그리고 로널드의 경우는 습관화가 우울증을 극복하는 데 필수적이다. 리나나 로널드와 비슷한 문제를 가진 많은 사람은 다른 사람이나 소리, 사물에 빠르게 습관화되지 못할 때 공포에 사로잡히거나 무력감을 느낄 수 있다. 그러나 습관화 실패의 긍정적인 측면도 있다. 이제 곧 살펴보겠지만 습관화에 실패할 때 어떤 사람들은 정신 건강 문제에 시달릴 수 있지만 어떤 사람들은 창의성을 발휘하고 놀라울 정도로 혁신적인 발상을 떠올릴 수 있다.

2부

생각과 믿음

:진실과 거짓 프레임

5장

창의성
사고의 습관화를 극복하는 방법

변화가 없이는 혁신과 창의성도 없고, 개선하겠다는 동기도 없다.
_C. 윌리엄 폴라드(C. William Pollard), 미국 기업 서비스마스터의 전 CEO[1]

육상 선수였던 딕 포스베리(Dick Fosbury)는 10대 시절에 자신이 낙오자라고 느꼈다. 오리건주 메드퍼드 고등학교에 다녔던 그는 스포츠를 좋아했지만 특별히 잘하지는 못했다. 축구부에 들어가고 싶었으나 키가 작다고 퇴짜를 맞았고, 농구부에 들어가려고 했으나 기술이 부족하다며 받아주지 않았다. 그래서 그는 육상부에 들어갔다. 거기서도 자리를 잡기가 쉽지 않았지만 온갖 노력을 다했고, 마침내 높이뛰기 종목으로 자리를 잡았다. 그러나 고등학생 경기에 선

---

1   C. W. Pollard, *The Soul of the Firm* (Grand Rapids: HarperCollins, 1996), 116.

수로 뛰려면 최소 5피트(약 1.5미터)를 넘어야 했고 그는 이 기준을 통과하지 못했다. 그는 "무엇보다도 더는 패배자가 되지 않고 육상부에 계속 남아 있으려면" 어떤 식으로든 간에 변화를 꾀해야 한다는 걸 깨달았다.[2]

오늘날 높이뛰기 경기에서는 선수들이 J자 모양의 경로를 따라 바를 향해 달려간 다음 등이 지면을 향하고 배가 하늘을 향하는 자세로 뛰어올라서 바를 넘는다. 이 기술을 포스베리 플롭(fosbury flop, 배면뛰기)이라고 부르는데, 바로 이 기술을 발명한 딕 포스베리의 이름을 딴 것이다. 그렇지만 포스베리가 고등학생이었던 1960년대 초에는 모든 높이뛰기 선수가 전방을 바라보면서 바를 향해 뛰어올랐다.[3] 누구나 그렇게 뛰었고, 그 누구도 다른 방식으로 바를 향해 뛰어오를 생각을 하지 않았다. 그런데 포스베리가 그걸 바꿔놓았다.

처음에 사람들은 그를 비웃었다. 그가 뛰는 방식이 터무니없다고 생각했으며 결국에는 목이 부러지고 말 것이라 여겼다. 동료였던 프랭크 테이브즈도 "내가 생각하기에는 많은 사람이 그의 시도를 진지하게 받아들이지 않았던 것 같다"라고 말했다.[4] 아무도 그런 방식으로는 뛰려 하지 않았다. 그러나 결국 마지막에 웃은 사람은 포스베리였다. 1968년 멕시코 올림픽에서 그는 금메달을 땄다. 그의 동

2 T. Goldman, "High Jumper Dick Fosbury, Who Revolutionized the Sport, with His 'Flop,' Dies at 76," NPR, 2023.

3 Wikipedia, s.v. "Richard Douglas Fosbury."

4 Welch, *The Wizard of Foz: Dick Fosbury's One-Man High-Jump Revolution* (New York: Simon & Schuster, 2018). 이후 이 책의 여러 부분을 인용할 것이다.

료 한 사람은 이렇게 말했다.

"모두가 혁명이라고 말했다. 그러나 거기에는 모방자들의 군중심리가 작동하고 있었다. 어떤 사람이 머리를 길게 기르면 사람들이 모두 따라서 머리를 기르는 심리 말이다. 그러나 딕 포스베리는 정말 달랐다. 그는 내가 유일하게 만나본 진정한 혁명가였다."[5]

똑같은 일을 똑같은 방식으로 끊임없이 반복하는 사람들을 관찰한다고 해보자. 시간이 얼마쯤 지나면 그 사람들이 하는 행동에 관심을 기울이거나 반응하지 않을 것이다. 어떤 의미에서 보면 습관화되기 때문에 그렇다. 당신은 사람들이 자동차를 운전할 때는 앞자리에 앉을 것이라고 기대하고 운전하지 않을 때는 뒷자리에 앉을 것이라고 기대한다. 발에는 신발을 신을 것이라고 기대하고 손에는 장갑을 낄 것이라고 기대한다. 아이스크림을 먹을 때는 포크가 아니라 숟가락으로 먹는다고 기대한다. 그래서 사람들이 이런 행동들을 할 때는 당신의 머릿속 인지 과정에서 처리할 과제가 따로 생기지 않는다. 이런 경우 당신의 관심을 끌어 '아니 잠깐, 그렇게 할 게 아니라 다른 방식으로 시도할 수 있지 않을까?'라고 생각하게 되는 놀라운 신호 따위는 어디에도 없다.

하지만 가끔 누군가는 사람들이 늘 해오던 방식이 유일한 방법이자 최선의 방법이 아닐지도 모른다고 의문을 제기하기도 한다. 그래서 "어쩌면 사람도 걸어 다니기만 하지 않고 하늘을 날 수 있지 않

---

5   각주 4와 같은 책.

을까?"라고 말하는 사람도 있고, "어쩌면 책을 동네 상점에서만 팔게 아니라 온라인에서도 팔 수 있지 않을까?"라고 말하는 사람도 있고, "어쩌면 등이 아니라 배를 하늘로 향하게 해서 뛰면 더 높이 뛸 수 있지 않을까?"라고 말하는 사람도 있다. 그렇게 해서 다음과 같은 질문이 나온다. 어떤 사람들은 어떻게 현재의 상태에서 탈습관화해서 혁신을 이뤘을까?

이 질문에는 온전한 대답이 아니라고 해도 어떤 대답이든 대답이 필요하다. 만약 포스베리가 전통적인 방식으로 높이뛰기를 잘했다면 그는 아마 그 방식의 기술을 의심하지 않았을 것이다. 하지만 그는 그 방식을 자신의 기준으로 삼을 수 없었다. 이 좌절감이 약간의 야망과 결합되어 그는 사람들과 다른 방식으로 뛸 방법이 있을지, 어떻게 하면 그렇게 할 수 있을지 생각하게 되었다. 어떤 의미에서 보면 포스베리의 실패가 포스베리 플롭(배면뛰기)이라는 성공으로 안내하는 길잡이가 되었다. 그러나 필요성은 필요조건일 뿐 충분조건은 아니다.

높이뛰기의 세계에서 1960년대 초반은 포스베리가 혁명적인 방식을 제기하기 전에도 이미 변화의 시기였다. 첫째, 모든 선수가 앞을 바라보며 뛰어오르긴 했지만 이 기술도 스트래들(straddle) 방식과 가위뛰기(scissors) 방식이라는 두 가지 방식으로 나뉘었다. 이 둘은 서로 상당히 다르다.[6] 이런 다양성이 존재한다는 것은 또 다른 방식도 얼마

---

6 Tower, "Trial and Error: How Dick Fosbury Revolutionized the High Jump," Globalsports-matters.com, 2018; and "How One Man Changed the High Jump Forever," Olympics, 2018, https://www.youtube.com/watch?v=CZsH46Ek2ao.

든지 가능하다는 신호를 사람들에게 보내고 있었다. 둘째, 높이뛰기 선수들을 둘러싼 물리적 환경이 바뀌고 있었다. 기존에는 착지점에 톱밥이나 모래, 나무 칩이 깔려 있었지만 이제는 부드러운 발포 고무가 3피트(약 90센티미터) 높이로 깔린다. 따라서 선수들이 배면뛰기로 바를 뛰어넘어 머리가 착지점에 먼저 닿아도 부상 위험이 없었다.

포스베리에게는 바로 그것이 필요했다. 그러나 착지점 표면화의 변화는 그런 실용적인 측면에 영향을 주는 데서 그치지 않았다. 그 변화 덕분에 포스베리는 전혀 다른 발상을 할 수 있었다.

창의성을 촉진하는 탈습관화

○

착지점에 부드러운 매트리스를 까는 것 같은 작은 변화가 어떻게 혁신적인 발상을 촉진할까? 여러 실험의 결과를 보면 아무리 사소한 변화라고 해도 새로운 상황을 탐색할 필요가 있다는 신호를 발산함으로써 탈습관화를 촉발할 수 있다. 그래서 사람들은 사소한 변화를 통해 현재 상황을 다시 생각하게 된다. 예를 들어 다른 나라로 거주지를 옮긴 사람은 창의적으로 해결해야 할 어려운 문제를 더 잘 푼다.[7] 추측하건대 새로운 환경에 대처해야 할 필요성이 사람들

---

7   W. W. Maddux and A. D. Galinsky, "Cultural Borders and Mental Barriers: The Relationship between Living Abroad and Creativity," *Journal of Personality and Social Psychology* 96 (5) (2009): 1047.

의 생각을 유연하게 만들어주는 게 아닐까 싶다. 이런 정신적인 전환은 복잡한 문제를 풀어야 하는 상황을 포함해 삶의 모든 측면에서 일반화될 수 있다.

그러나 창의성을 촉진하기 위해 굳이 다른 나라까지 가서 살 필요는 없다. 컴퓨터 앞에 오래 앉은 뒤 잠깐 짬을 내서 달리기하는 것과 같은 약간의 변화도 도움이 된다. 많은 문헌이 신체 활동이 창의적인 사고로 이어진다고 판단한다.[8] 사람들은 대부분 신체 운동이 기분을 좋게 하므로 창의력이 올라간다고 가정하지만 그게 전부는 아니다.

켈리 메인(Kelly Main)이 했던 실험에 따르면 어떤 행동의 변화 자체가(앉아 있다가 걷거나 걷다가 앉는 식의 행동 변화가) 사람들의 마음이 변화를 받아들이도록 준비하게 해줌으로써 창의적인 생각을 촉진한다.[9] 켈리는 창의적인 생각을 측정하기 위해 실험 참여자들에게 두 가지 과제 가운데 하나를 완수하라고 했다. 한 과제에서는 사람들에게 단어 세 개를 제시한 다음 이 단어들과 어울려서 복합어를 만들 네 번째 단어를 찾으라고 했다. 예를 들어 'cup'과 'fingers'와 'peanut'을 제시했을 때 'buttercup'과 'butterfingers'와 'peanut butter'를 만들 수 있도록 'butter'를 찾으면 되었다.

---

8 관련 문헌에 대한 메타분석 결과는 둘 사이의 관계가 존재하긴 하지만 그 효과가 그다지 크지 않음을 암시한다. E. Frith et al., "Systematic Review of the Proposed Associations between Physical Exercise and Creative Thinking," *Europe's Journal of Psychology* 15 (4) (2019): 858.

9 K. J. Main et al., "Change It Up: Inactivity and Repetitive Activity Reduce Creative Thinking," *Journal of Creative Behavior* 54 (2) (2020): 395-406.

당신도 해볼 수 있는 몇 가지 예시를 소개하면 다음과 같다.

1. sense, courtesy, place

2. political, surprise, line

3. dream, break, light

4. flake, mobile, cone

5. river, note, account[10]

이 과제를 잘 수행하는 사람들은 창의성을 측정하는 다른 과제에서도 높은 점수를 받는 경향이 있었다. 그러나 켈리와 그녀의 팀은 이 과제에만 의존해서 사람들의 창의성을 측정하지 않았다. 그들은 또한 실험 참여자들에게 가정용품을 전과 다르게 특이한 용도로 사용하는 방법을 생각해보라고 했다. 예를 들어 두루마리 휴지의 심을 부츠 안에 넣어 부츠의 형태가 바뀌지 않도록 잡아주거나 고무 밴드를 모아놓는 용도로 사용할 수 있다. 실험 결과 특이한 사용법을 고안하는 사람일수록 다른 창의적인 작업에서도 높은 점수를 받는 경향이 있었다.

켈리가 했던 실험의 핵심은 한 집단의 사람들에게는 과제를 수행하는 내내 자리에 앉아 있게 하고, 다른 집단의 사람들에게는 과제를 수행하는 동안 앉아 있다가 긷고 다시 앉게 하는 것이었다. 계속

---

10 이 세 단어 집합에 어울리는 네 번째 단어가 궁금한가? 1은 'common', 2는 'party', 3은 'day', 4는 'snow', 5는 'bank'다.

앉아 있기만 했던 집단은 가정용품을 사용하는 특이한 방법을 알아내거나 복합어 단어를 떠올리는 과제에서 상대적으로 낮은 점수를 기록했다. 켈리는 다른 세 집단의 실험 참여자들에게도 똑같은 과제를 반복하게 했다. 흥미롭게도, 사람들이 앉아 있다가 걷기 시작한 직후에, 그리고 걷다가 앉은 직후에 모두 창의력이 가장 두드러지게 높아졌다. 이는 **변화** 그 자체가 창의적인 생각을 높일 수 있음을 암시한다.[11]

그런데 이 실험에서도 시간이 지나 실험 참여자들이 바뀐 상태에 습관화될수록 창의성이 강화되는 경향은 줄어들었다. 즉 걷기가 처음에는 창의성을 높였지만 사람들이 계속 걸어서 익숙해지자 창의성은 가라앉았다. 평균적으로 볼 때 창의성이 커지는 현상은 사람들이 걷기 시작한 뒤부터 약 6분 동안만 지속되었다. 그러다 앉으면 창의성이 다시 올라갔지만, 앉아 있는 동작에 습관화가 시작되면 창의성이 다시 내려갔다.[12]

그런데 이게 다가 아니었다. 변화를 예상하는 것만으로도 창의성은 올라갔다. 연구자들이 실험 참여자들에게 지금 하는 동작을 조금 뒤에 바꿀 것이라고 말했을 때도 그런 변화가 나타났다. 사람들이 어떤 변화를 예상할 때 그들의 마음은 정보를 다르게 처리할 필요성을 준비하는데, 바로 이런 심리적인 변화가 유연한 발상과 생각

---

11 각주 9와 같은 자료.

12 각주 9와 같은 자료.

으로 이어지기 때문이라고 켈리와 그녀의 팀은 믿는다.[13]

여기서 켈리의 팀이 발견한 효과가 상대적으로 작았다는 점에 주의하자. 창의성이 아주 조금만 올라가도 사람들은 그 어려운 유레카의 순간에 조금이라도 더 가까이 다가갈 수 있다. 그러니 앉아 있던 의자에서 일어나 산책하거나 뛰도록 하라. 작업 환경을 바꾸는 것도 좋은 생각이다. 서재에 있다가 부엌으로 자리를 옮기고, 커피숍으로 자리를 옮겨라. 이런 변화가 효과를 발휘할 수 있다.

빠른 습관화 vs. 느린 습관화

○

켈리가 했던 연구는 변화가 창의적인 발상을 강화하는 반면 습관화는 창의성을 줄인다는 사실을 보여준다. 그렇다면 습관화가 느리게 일어나는 사람들이 상대적으로 더 창의적이라는 추론도 가능할까? 창의성에 대해 폭넓은 저술 활동을 해온 심리학자 셸리 카슨(Shelley Carson)은[14] 느리게 진행되는 습관화가 다른 사람들이 보지 못한 것을 볼 수 있게 하고, 따라서 개선의 기회를 더 잘 인지하게 된다고 생각했다.

사람들은 대부분 다음에 무슨 일이, 언제, 왜, 어떻게 일어날까 하

---

13 각주 9와 같은 자료.

14 S. H. Carson, J. B. Peterson, and D. M. Higgins, "Decreased Latent Inhibition Is Associated with Increased Creative Achievement in High-Functioning Individuals," *Journal of Personality and Social Psychology* 85 (3) (2003): 499.

는 기대를 빠르게 만들어낸다. 그들은 주변 세상에 대한 정신적 모델을 빠르게 형성한다. 반면에 현재 상황이 앞으로 이러저러하게 진행될 것이라는 가정을 적게 하는 사람일수록 그에게 새로운 상황이 진행될 가능성은 더 크다. 이런 발상의 다른 형태를 과거 연구자들이 제안했지만 적절하게 검증되지 않았다. 그래서 셸리와 동료들은 그 검증을 하기로 했다.

그들이 고안한 첫 단계는 (셸리가 붙인 이름 그대로 부르면) '뛰어난 창의적 성취자' 집단을 따로 만드는 것이었다. 이 집단에 속한 사람은 창의적인 분야에서 중요한 성취를 이룬 사람들이다. 예를 들어 특허를 받은 발명품을 만들었거나 책을 저술했거나 미술 전시회를 열었거나 음악을 작곡해서 팔았거나 과학적인 발견을 했거나 그 밖의 다른 업적을 세워 국가로부터 상을 받은 사람들이다. 그리고 다른 집단은 그들처럼 분류될 만한 자격을 갖추지 못한 사람들로 구성했다.

셸리는 두 집단에 그들의 습관화가 얼마나 빠르게 일어나는지 연구자들이 측정할 수 있는 과제를 주었다. 이 과제를 쉽게 이해하기 위해 다음을 상상해보자. 당신은 조깅을 하고 있다. 그리고 당신은 조깅을 하는 동안 음악을 듣는 것을 좋아한다. 그래서 헤드폰을 끼고는 '일어나 신나게 뛰기 좋은(get up and move)' 노래 목록을 재생한다. 이때 당신은 달리는 속도와 거리를 관찰하기 위해 달리기 앱을 사용한다.

앱은 5분에 한 번씩 낮고 단조로운 목소리로 "지금까지 총 4.6마일(약 7.4킬로미터)을 달렸습니다. 평균 속도는 1마일당 9분 32초입니다"와 같이 일러준다. 그런데 이게 계속해서 반복된다. 총거리는 5분마다 바뀌고 평균 속도도 바뀔 수 있지만 목소리와 톤, 문장의 구조는 똑같다. 이렇게 단조롭게 반복되는 특성 때문에 많은 사람이 그렇게 전달되는 정보에 관한 관심이 점점 줄어든다. 뇌는 예측 가능성이 큰 목소리를 걸러내는데, 그래서 사람들은 자기가 달린 정확한 거리와 속도에 충분한 관심을 기울이지 못한다.

셸리는 실험 집단 사람들에게 달리기 앱을 사용하라고 하지 않았지만 실험에 동원한 과제는 방금 예시한 시나리오와 근본적으로 비슷했다.

첫째, 그녀는 실험 참여자들에게 똑같은 소리를 계속 반복해서 들려주었다. 이 소리가 몇 차례 반복되자 습관화 때문에 사람들은 대부분 그 소리를 신경 쓰지 않게 되었다. 이는 사람들이 달리기 앱에서 나오는 소리에 신경을 쓰지 않게 되는 것과 같다. 그런데 그다음에 셸리는 반전의 사실을 소개했다. 이 반전을 온전하게 이해하려면 우선 이런 상상을 해봐야 한다. 당신이 조깅하는 동안 친구인 졸린을 만난다는 상상이다. 그런데 졸린도 조깅을 하고 있고 두 사람은 함께 달리기로 한다.

졸린은 달리기 앱을 깔아두지 않아서 당신이 5분마다 한 번씩 그녀에게 달리기 속도를 일러주기로 약속한다. 그런데 습관화가 작동해서 당신의 뇌는 그 앱에서 나오는 목소리를 걸러내고, 그래서 당신은 졸린에게 현재의 속도를 일러주겠다는 약속을 지키지 못한다. 만일 당신이 '빠르게 습관화되는 사람'이라면 그 약속은 훨씬 더 일찍 깨질 것이고, '느리게 습관화되는 사람'이라면 그나마 조금 더 약속을 지킬 것이다.

셸리가 소개한 반전도 이와 비슷했다. 그녀는 실험 참여자들에게 단순한 이미지(예를 들어 노란색 원)와 함께 소리를 제시한 뒤에, 그들이 이미지와 소리 사이의 연관성을 학습하는지 관찰했다. 즉 실험 참여자들이 어떤 소리가 어떤 이미지와 짝을 이루며 그 짝이 어떤 순서로 이뤄지는지를 얼마나 잘 알아차리는지 관찰했다.

셸리는 일부 실험 참여자들이(이 집단에는 '창의적인 사람들'과 '창의적이지 않은 사람들'이 섞여 있다) 그 소리에 습관화되기 전에 연관성 문제를 풀도록 했고, 다른 실험 참여자들은(이 집단에도 '창의적인 사람들'과 '창의적이지 않은 사람들'이 섞여 있다) 습관화가 진행된 다음에 문제를 풀도록 했다. 이런 방식으로 셸리는 창의적인 사람들로 구성된 두 집단을 대상으로 해서도 습관화 조건을 다르게 해서 문제를 풀게 했다. 그런 다음 두 집단의 성적을 비교함으로써 습관화가 창의적인 집단에 미치는 영향을 측정했다. 그리고 창의적이지 않은 사람들을 대상으로 해서도 똑같이 그 영향을 측정했다.

측정 결과 창의적인 사람들이 창의적이지 않은 사람들보다 반복에 따른 영향을 덜 받는 것으로 나왔다. 즉 창의적인 사람들은 똑같은 소리를 반복해서 들었음에도 여전히 그 소리에 주의를 기울이고 특징을 포착해서 연상 문제를 잘 풀었다.[15]

---

15 각주 14와 같은 자료.

이런 사실은 창의적인 사람에게는 습관화가 느리게 일어난다는 뜻일까? 아니면 필요한 경우 탈습관화가 빠르게 일어난다는 뜻일까? 아니면 둘 다일까? 셸리가 했던 연구는 이런 질문에 직접적으로 대답하지는 않는다. 그러나 다른 연구에서 생리적인 습관화를 직접적으로 조사한 끝에[피부전도반응(skin conductance response)으로 측정하는 방식을 동원했다] 창의적인 사람일수록 실제로 소리에 대해 생리적인 습관화가 덜 일어난다는 사실을 발견했다.[16] 정말로 습관화의 **실패**는 혁신적인 생각과 관련이 있는 것 같다.

앞서 4장에서 우리는 정신 건강에 문제가 있는 사람들이 습관화되는 경우를 살펴봤다. 예를 들어 조현병을 앓는 사람들은 소리에 대해 습관화가 느리게 진행되기도 한다. 셸리는 어떤 사람들에게는 단점일 수도 있는 것이 다른 사람들에게는 장점이 될 수도 있다고 믿는다. 겉으로 보기에는 관련이 없어 보이는 정보를 걸러내지 못하면 집중력 부족을 비롯해 여러 가지 어려움을 겪을 수 있다. 그러나 이런 조건 아래 뇌가 더 많은 정보를 제공받으면서 특이하고 독창적인 생각을 만들어낼 수도 있다.

후자 같은 경우는 지능지수(IQ)가 높은 사람들에게 특히 잘 나타난다고 셸리는 생각한다.[17] 겉보기에는 아무런 관련이 없어 보이는 정보들을 무작위로 섞어서 지능이 높은 사람에게 제공하면 그 사람

16 C. Martindale et al., "Creativity, Oversensitivity, and Rate of Habituation," *Personality and Individual Differences* 20 (4) (1996): 423-27.

17 Carson, Peterson, and Higgins, "Decreased Latent Inhibition Is Associated with Increased Creative Achievement in High-Functioning Individuals."

은 언젠가 그런 정보를 바탕으로 매우 독특하고 기발한 발상을 떠올릴 수 있다는 것이다.

판에 박힌 틀에서 벗어나려면

○

포스베리가 습관화가 느린 사람이었는지 어떤지 우리는 모른다. 그러나 포스베리 플롭이라는 혁신을 이루는 데 결정적으로 중요했던 특이한 정보 조합에 그가 남다르게 접근할 수 있었다는 사실은 알고 있다. 포스베리가 거두었던 성공의 열쇠는 그가 운동선수였을 뿐만 아니라 공학도이기도 했다는 점이다. 그는 역학 지식을 활용해 배면뛰기를 완성할 수 있었다.

포스베리는 공학 이론을 신체 훈련과 결합해 자신만의 특이한 높이뛰기 방식을 2년에 걸쳐 천천히 발전시켰다. 그는 등을 아치형으로 구부림으로써 자신의 몸이 바 위를 넘어갈 때 무게중심이 바 아래쪽에 머무른다는 사실을 발견했다. 이에 그는 바에 접근하는 방식을 완전히 바꿨다. 다른 선수들은 모두 바를 향해 정면으로 달려갔지만 그는 바를 향해 비스듬한 방향으로 달려갔다. 그리고 다른 선수들은 바의 높이와 상관없이 일정한 지점에서 뛰어올랐지만, 포스베리는 바의 높이가 올라갈수록 뛰어오르는 지점을 바에서 조금씩 멀리 잡았다. 이렇게 함으로써 체공시간을 늘릴 수 있었고 이는 그가 성공을 거두는 데 결정적으로 중요했다.

포스베리의 시도는 일반적인 통례에서 엄청나게 벗어나는 것이었다. 높이뛰기 선수들은 대부분 바에서 약 1피트(약 30센티미터) 떨어진 지점에서 뛰어올랐지만, 포스베리는 같은 높이의 바에서 무려 4피트(약 122센티미터)나 떨어진 지점에서 뛰어올랐다. 많은 코치가 포스베리가 미쳤다고 생각했다. 그의 고등학교 육상부 코치 한 명은 다른 코치에게 이렇게 말했다.

"뭐라고 부르든 간에 저 끔찍하기 짝이 없는 방식을 포기하지 않는 한 그는 절대로 높이뛰기 선수가 될 수 없어. 그래도 스트래들 방식을 배우기만 한다면 어느 정도 수준의 기록을 세울 테지만 저런 식으로 해서는 가망이 없지."[18]

흔히 새로운 사고와 진정한 독창성은 어떤 의미에서는 외부자라고 부를 수 있는 사람, 즉 그 분야에 있는 사람들과는 전혀 다른 지식이나 기술을 가진 사람에게서 나타난다. 지난 50년 동안 법학 분야에서 가장 창의적인 업적 몇몇은 경제학 분야에서 나왔다. 경제학 훈련을 받은 변호사들이나 법학에 관심이 있는 경제학자들은 '만약 법률을 경제학 관점에서 본다면 우리는 어떤 다른 생각을 할 수 있을까?'라는 질문을 끊임없이 해왔다. 이런 발상 덕분에 경제학자 로널드 코스(Ronald Coase)는 1991년에 노벨상을 받았다. 그가 세운 업적이 또 하나의 포스베리 플롭이었던 셈이다.

또한 경제학에서 지난 50년 동안 가장 창의적인 업적 일부는 심

---

18 Welch, *The Wizard of Foz.*

리학 분야에서 나왔다. 심리학에 관심이 있는 경제학자들과 경제학에 관심이 있는 심리학자들은 '만약 경제학을 심리학 관점에서 본다면 우리는 어떤 다른 생각을 할 수 있을까?'라는 질문을 줄곧 해왔다. 이런 질문은 2002년에 심리학자 대니얼 카너먼(Daniel Kahneman)에게, 2013년에는 로버트 실러(Robert Shiller) 그리고 2017년에는 리처드 탈러(Richard H. Thaler)에게 각각 노벨상을 안겨주었다.

행동경제학의 선구자라고 할 수 있는 탈러는 사회과학계의 딕 포스베리라고 할 수 있다. 그는 수학에 특별한 재능을 가지고 있지 않았던 탓에 학문적으로 두각을 나타낼 전망도 그다지 밝지 않았다. 그의 말을 빌리면 "나는 학자로서의 전망이 그저 그런 수준이었던 평균적인 경제학자일 뿐"이었다. 서른두 살에 그는 "나는 앞으로 어떤 어려움이 있더라도 심리학과 경제학을 결합할 가능성이 있는 어떤 것을 추구하기로 했다"라고 말했다.[19] 이런 결심이 그를 새로운 것을 만들어내는 위치에 올려놓았다. 사람들 속 수많은 포스베리와 탈러는 많은 분야에서 교착 상태에 빠져 있는 영역, 즉 판에 박힌 틀처럼 발전이 없는 영역에 전혀 예상치 못한 영역에 존재하는 발상을 주입한다.

우리 모두에겐 그런 경험이 있다. 우리의 마음은 오래되고 똑같은 일을 날마다 한다. 시인, 소설가, 화가, 생물학자, 공학자, 건축가, 연주자도 모두 마찬가지다. 역사가, 시나리오 작가, 운동선수, 사업가,

---

19 Richard H. Thaler, convocation address, University of Chicago Graduate School of Business, June 15, 2003.

정부의 정책 전문가도 마찬가지다.

캐스가 보고하는 내용에 따르면 정부 관료들은 종종 판에 박힌 틀에서 벗어나지 못하고 있음을 스스로 인정한다. 똑같은 업무를 날마다 하면서 오랜 세월을 보내온 공무원은 자신의 직무를 매우 훌륭하게 처리하며 해당 분야의 전문성을 가지고 있지만, 기존의 방식과 다른 방식으로 일을 처리한다는 것은 잘 상상하지 못한다. 그들은 특정한 방식의 업무 처리에 습관화되어 있어서 기존의 업무 패턴과 관행을 당연하게 생각한다. 이는 위험을 회피하려고 하기 때문이기도 하지만, 어떤 위험을 감수해야 할지 전혀 고려하지 않기 때문이기도 하다.

이런 일은 산업계에서도 자주 일어난다. 크게 성공한 회사는 한동안 걸어왔던 바로 그 길을 계속 걸어가다가 매너리즘에 빠진다. 이런 경우 이 회사를 위기에서 구하는 탈습관화는 흔히 신입사원에게서 시작되곤 한다. 그 신입사원이 천성적으로 똑똑하거나 창의적이라서가 아니라, 아직 일반적인 관행에 익숙해지지 않아서 조직에 새로운 생각을 주입하기 때문이다. 신입사원은 회사에서 늘 진행되던 방식으로 일을 하지 않고 멀리 떨어져서 또는 전혀 다른 출발점이나 관점에서 바라본다.

그러나 유연한 생각이 반드시 신입사원들에게서만 나오는 건 아니다. 켈리 메인과 동료들이 그랬던 것처럼 판에 박힌 일상과 환경에 작은 변화들을 유도함으로써 창의적인 사고를 늘릴 수도 있다. 예를 들어 직원들이 일하는 물리적인 환경을 바꾸거나, 직원들이 자기 전공 분야와 전혀 다른 분야에서 훈련하도록 격려하거나, 다양한 전문성을 갖춘 팀 조직을 만들거나, 직원들에게 다양한 직무 경험을 하도록 순환 근무를 시키는 것으로 창의성 수준을 높일 수 있다. 이렇게 할 때 누군가는 기존의 방식과는 전혀 다른 방식으로 바를 향해 뛰어오르게 된다.

그런데 문제는 해당 조직이나 분야에 있는 나머지 사람들이 때때로 혁신을 수용할 준비가 되어 있지 않다는 데 있다. 높이뛰기 선수들은 대부분 처음에 포스베리의 배면뛰기 방식에 회의적이었고, 그래서 포스베리가 표준적인 방식에 맞춰 뛰도록 설득했다. 하지만 1968년의 멕시코 올림픽 때 높이뛰기 미국 대표팀 선발전에서 모든 것이 바뀌었다.

대표팀 선발전에서 포스베리는 자기만의 독특한 기술로 비교적 잘했다. 하지만 그의 기록은 4위였고 바의 높이는 2.2미터로 높아졌다. 대표팀의 일원이 되려면 적어도 3위를 해야 했다. 포스베리의 경쟁자였던 에드 캐러더스는 첫 번째 시도에서 그 높이를 통과했다. 레날도 브라운도 통과했다. 하지만 그때까지 경쟁에서 선두를 달리던 존 하트필드가 세 번의 시도에서 모두 실패했다. 포스베리가 1968년 멕시코 올림픽에 출전하려면 그 높이를 뛰어넘어야 했고 그는 성공했다.[20]

그 뒤의 이야기는 역사로 남아 있다. 포스베리는 1968년 멕시코

---

20 Wikipedia, s.v. "Richard Douglas Fosbury."

올림픽에 출전해 뛰었는데 금메달을 땄을 뿐만 아니라 무려 2.24미터를 기록해 올림픽 기록을 세웠다(현재 높이뛰기 세계 신기록은 1993년 쿠바의 하비에르 소토마요르가 세운 2.45미터다-옮긴이). 그는 단지 더 잘 뛰어서가 아니라 남들과 다르게 뜀으로써 그 신기록을 세웠다. 포스베리가 그의 기술이 얼마나 우수한지를 세상에 증명하자, 마침내 다른 사람들도 그를 따라 뛰기 시작했다. 다음 1972년 뮌헨 올림픽에서는 높이뛰기 종목에 출전한 40명 가운데 28명이 포스베리 플롭 방식으로 뛰었다.[21]

이렇게 되자 포스베리는 그만의 강점을 잃게 되었다. 그의 성공 비밀은 근육이나 속도가 아니었다. 관행을 뛰어넘어 모험을 시도한 그의 마음이었다. 그러나 그의 혁신이 세상에 공개되고 나자 포스베리보다 신체 능력이 뛰어난 선수들이 시상대를 차지했고 그가 설 자리는 없었다. 포스베리는 멕시코 올림픽 이후 두 번 다시 올림픽 무대에 서지 못했지만 그의 발명품은 확실히 성공했다. 오늘날에는 포스베리 플롭이 표준 방식이 되었고 스포츠 팬들은 모두 이 방식에 습관화되어 있다.

포스베리가 올림픽 금메달을 딴 지 20년이 지난 뒤인 1988년에 한 고등학교 코치가 순전히 재미 삼아 오랜 세월 높이뛰기 종목을 지배했던 스트래들 방식을 선수들에게 시연해 보였다. 그러자 선수들 중 한 명이 "저게 도대체 뭐야?"라고 반응했고 다른 한 명은 "진

---

21 각주 20과 같은 자료.

짜 바보 같아!"라고 소리쳤다.[22] 높이뛰기의 세계에서든, 다른 분야에서든 간에 지금 가장 흥미로운 질문은 '다음번 포스베리 플롭은 무엇일까?'다.

22 Welch, *The Wizard of Foz.*

6장

거짓말
자녀가 거짓말쟁이가 되지 않게 하려면

그것은 아주 약간의 돈을 챙기는 데서부터 시작한다.

처음엔 수백 달러나 수천 달러 정도다.

하지만 곧 익숙해지고, 금액은 어느새 눈덩이처럼 불어나서 거액이 된다.

_버나드 메이도프(Bernard Madoff), 전 나스닥 증권거래소 위원장이자 희대의 금융사기범[1]

탈리에게는 리오라는 이름의 아들이 있다. 리오가 태어나고 3주가 지났을 때 탈리는 리오를 업고 응급실로 달려갔다.

"아이가 울지 않고 밤에는 계속 잠만 자요!"

탈리는 의사에게 설명했지만 의사는 전혀 놀라는 눈치가 아니었다. 하지만 탈리는 의사에게 매달렸다.

"아이가 그렇게 차분하면 안 되잖아요! 이 아이의 누나는 밤새 빽빽거리며 울었거든요."

---

1 Bonnie Kirchner, *The Bernard Madoff Investment Scam* (Upper Saddle River, NJ: FT Press, 2010).

의사는 급하게 처리해야 할 다른 환자들도 있었지만, 탈리를 안심시키기 위해 리오를 살펴봤다. 우선 리오의 체온을 재고 심장 소리를 들었다. 모두 정상이었다. 그다음에는 동공을 검사했다. 동공은 크기나 형태 모두 완벽하게 정상이었다. 이어서 의사는 청력을 검사했고 모로 반사(신생아의 대표적인 반사행동으로 큰 소리나 밝은 빛, 머리나 몸의 위치 변화 등 주변의 자극에 팔다리를 쫙 폈다가 오므리는 동작-옮긴이)도 확인했다. 모두 정상이었다.

"아기는 행복한 상태입니다. 잠도 잘 자네요. 이런 축복이 또 어디 있겠습니까?"

의사의 말대로 탈리는 축복에 감사했다. 그로부터 6년이 지난 지금도 리오는 밤마다 행복하게 잠자리에 들고 잘 잔다. 그러나 누나인 리비아가 잘 때만 그렇다. 리오는 자기가 잠든 사이에 리비아 혼자 재미있게 놀 것이라 여기며 도저히 잠들지 못한다. 하지만 리오는 누나보다 어린 만큼 누나보다 잠을 더 많이 자야 한다. 어떻게 해야 할까?

한 가지 방법은 리비아에게 자는 척한 뒤에 동생이 잠들고 나면 일어나서 더 놀다가 자라고 하는 것이다. 하지만 밤마다 그 작은 거짓말을 반복해야 하는 리비아의 마음은 과연 평온할까? 어쩌면 그 일이 리비아의 마음에 깊은 심리적인 자극을 유발해서 훗날 제2의 엘리자베스 홈즈(Elizabeth Holmes, 실리콘밸리 최악의 사기꾼으로 일컬어지는 여성 기업인-옮긴이)가 될 가능성이 조금이나마 커지면 어떻게 할까? 만일 탈리가 리비아를 정직한 아이로 키우고 싶다면 겉으로 보기에 전혀 해롭지 않은 사소한 거짓말도 절대로 하게 해선 안 되는 걸까?[2]

이 질문에 대답하기 위해 탈리의 어린 시절 친구인 조나를 예로 들까 한다. 조나는 재능 있고 똑똑하고 인기 많고 자신감이 넘치는 아이였다. 그러나 딱 한 가지 자신 없는 게 있었다. 태어날 때부터 그에게는 오른발의 새끼발가락이 없었다. 조나는 친구들이 발가락이 아홉 개밖에 없다고 놀릴까 봐 이런 사실을 숨겼다.

하지만 비밀을 숨기기란 쉽지 않았다. 탈리가 성장했던 네게브사막의 중심부에서는 사람들이 1년에 250일 정도만 신발을 신었다. 4월부터 10월까지 아이들에게 가장 인기가 좋은 방과 후 나들이 장소는 커뮤니티 수영장이었다. 조나는 그 수영장에서 자기가 신발을 신고 있을 수밖에 없는 이유를 끊임없이 만들어냈다. 코감기에 걸려서 수영장에 들어갈 수 없다고도 했고, 고양이가 자기 발가락을 먹어버렸다고도 했다.

이렇게 해서 거짓말은 조나에게 제2의 천성이 되었다. 시간이 지나면서 그는 자신의 오른발 새끼발가락과 아무런 관련이 없는 상황에서도 거짓말을 점점 더 많이 했다. 그는 불편한 상황을 벗어날 핑계를 생각해낼 수 있다면 언제든 그렇게 했다. 세련된 방식의 어떤 진실이 그를 더 나은 사람으로 만들 때는 그것을 채택했다. 사람들은 대부분 가끔 거짓말을 하지만 조나는 작은 거짓말이 무의식적인 습관이 되어버렸다.

---

2 Tali Sharot, "The Danger of Small Lies," Thrive Global, 2022, https://community.thriveglobal.com/the-danger-of-small-lies/.

뇌가 부정직함에 습관화될 때

○

그렇다면 조나는 특별히 부도덕하거나 특별한 결점이 있는 걸까? 어쩌면 그럴지도 모른다. 또는 그저 남들과 다른 독특한 상황에 놓여 있어서 굴욕을 피할 유일한 방법이 거짓말이라고 잘못 생각한 것일 수도 있다. 하나의 거짓말이 다른 거짓말로 이어졌고, 이것이 또 다른 거짓말로 이어졌다. 탈리는 조나를 바라보면서 다른 사람들도 그와 별로 다를 게 없지 않을까 하고 생각했다. 누구든 조나와 똑같은 상황에 놓인다면 거짓말의 미끄러운 언덕길에서 쉽게 미끄러지지 않을까? 이 진실을 확인하기 위해 탈리와 동료들은 정직한 시민 100명을 미끄러운 언덕길에 올려놓고 그들의 등을 뒤에서 살짝 떠미는 실험을 했다.

연구자들은 시민 100명을 런던 중심부에 있는 탈리의 실험실로 부른 다음 두 명씩 짝을 지어 실험에 참여하도록 했다.[3] 그 50쌍 가운데 한 쌍이 바로 리어노라와 리나였다. 두 사람이 도착하자마자 수석 연구원인 닐이 그들을 맞이했다. 닐은 실험이 진행되는 동안 동전이 들어 있는 항아리들을 스크린으로 관찰하게 될 텐데 참여자들이 할 일은 각각의 항아리에 동전이 얼마나 들어 있는지 추측하는 것이라고 설명했다. 리어노라는 뇌 영상 스캐너 장치를 부착한 상태로 주어진 과제를 수행했으며, 리나는 인접한 방에서 그 과제를

3　N. Garrett et al., "The Brain Adapts to Dishonesty," *Nature Neuroscience* 19 (12) (2016): 1727-32.

수행했다.

그런데 작은 반전이 하나 있었다. 연구자들은 리어노라에겐 항아리의 커다란 이미지들을 보여주었고, 리나에게는 작고 흐릿한 이미지들만 보여주었다. 그리고 리어노라는 와이파이 통신을 통해 각각의 항아리에 동전이 얼마나 들어 있는지 리나에게 가르쳐줄 수 있었다. 그러면 리나는 자기 나름대로 추측하고, 이 추측을 닐에게 전달하는 방식으로 실험이 진행되었다. 리나가 정확한 답을 말할수록 리나와 리어노라 둘 다 더 많은 돈을 연구자들로부터 받을 수 있었다.

그런데 닐은 리나를 실험이 진행되는 방에 보낸 뒤 리어노라에게 반전의 사실을 일러주었다.

"리나는 지금 우리가 만나서 이런 대화를 나누는 줄 모릅니다. 당신에게만 살짝 알려주는 사실인데, 리나는 항아리에 있는 동전이 얼마나 되는지 정확하게 추측하면 돈을 더 많이 받지만 당신(리어노라)은 리나가 병 안의 있는 돈을 실제보다 더 많이 있다고 잘못 추측할 때 돈을 더 많이 받을 수 있습니다."

닐은 리어노라에게 거짓말을 하라고 직접적으로 말하지 않았다. 하지만 닐의 말대로라면 리어노라는 거짓말을 하기만 하면 리나를 희생시켜 돈을 더 많이 받을 수 있었다. 리어노라로서는 이해관계가 충돌하는 상황이었다. 마치 부동산 중개인이 구매자를 대리하는 상황과도 같다. 중개인의 임무는 구매자가 최대한 좋은 거래를 하도록 도와주는 것이지만, 주택 가격의 일정 비율을 수수료로 받는다면 구매자가 지불하는 가격이 높을수록 수수료를 그만큼 많이 챙길 수 있다. 그렇다면 리어노라는 어떻게 했을까?

실험의 참여자 대부분이 그랬던 것처럼 리어노라는 불과 몇 펜스라는 아주 적은 금액이긴 하지만 항아리에 든 돈을 부풀려서 리나에게 말해주는 식으로 거짓말을 했다. 그리고 실험이 진행될수록 거짓말의 정도는 점점 커졌다. 실험이 끝나갈 무렵에는 항아리에 든 동전의 수를 엄청나게 부풀려서 말했다.

우리는 리어노라가 진짜로 거짓말을 했는지, 아니면 항아리 안에 든 동전의 수를 잘못 셌는지 궁금했다. 그래서 어떤 실험에서는 리어노라에게 리나가 정확하게 추정하면 돈을 더 많이 받을 것이라고 했다. 그러자 리어노라는 거짓말을 하지 않고 정확하게 알려주었다. 그녀는 항아리에 동전이 얼마나 들어 있는지 정확하게 추정할 수 있었지만, 자기에게 이득이 되지 않을 때는 정확한 금액을 리나에게 일러주지 않았던 것이다.

리어노라가 자기에게 주어진 과제를 그런 식으로 수행하는 동안 우리는 리어노라의 뇌 활동을 기록했다. 처음에는 편도체라고 불리는 뇌 깊은 곳의 작은 아몬드 모양 부위처럼 감정을 나타내는 뇌의 몇몇 부위들이 그녀가 거짓말을 할 때 강하게 반응했다. 리어노라의 편도체는 왜 활성화되었을까? 대부분 사람이 그렇듯 그녀도 거짓말은 나쁜 것이라고 믿었기 때문에[4] 거짓말을 할 때마다 부정적인 감

---

4   D. T. Welsh et al., "The Slippery Slope: How Small Ethical Transgressions Pave the Way for Larger Future Transgressions," *Journal of Applied Psychology*, 100 (1) (2015): 114.

정을 느꼈다.[5] 편도체 반응은 그녀가 한 거짓말의 규모에 영향을 받았으며, 이 반응은 그녀의 감정 네트워크(emotion network)에서만 감지되었을 뿐 뇌의 다른 영역에서는 감지되지 않았다.

바로 이 지점에서 아주 흥미로운 사실이 발견되었다. 리어노라가 거짓말을 한 번씩 더 할 때마다 그녀의 편도체 반응이 줄어들었던 것이다. 자기가 하는 거짓말에 습관화가 진행되고 있다는 뜻이었다. 자기가 하는 거짓말에 대한 뇌의 민감성이 떨어질수록 그녀는 다음 번 기회가 있을 때 거짓말을 더 많이, 더 크게 했다. 사람들이 보통 비도덕적으로 행동할 때 겪는 불안한 감정이 없는 상태에서 그녀의 부정직함을 억제할 수 있는 건 아무것도 없었다.

리어노라가 보여준 행동은 보통 사람의 전형적인 모습이었다. 우리는 참여자들의 데이터를 분석한 끝에 일반적으로 나타나는 어떤 효과 하나를 발견했다. 바로 거짓말에 대한 뇌의 편도체 반응이 줄어들수록 사람들이 거짓말을 하는 양이 늘어나는 효과였다. 연구가 끝날 때 우리는 리어노라에게 왜 거짓말을 했느냐고 물었는데, 그녀는 자기가 한 거짓말이 눈덩이처럼 불어나고 있다는 걸 까맣게 몰랐다고 말했다. 그녀는 주변에서 무슨 일이 일어나는지조차 모를 정도로 자기가 한 거짓말에 습관화되어 있었다.

---

5 이런 부정적인 감정 때문에 우리는 거짓말을 하지 못하게 되는데, 바로 이런 이유로 부정적인 감정은 진화론적으로 유리할 수도 있다. 거짓말은 단기적으로는 이득이 되지만 장기적으로는 자신의 평판을 망칠 수 있고, 또 더 나아가 이런 일들이 많이 일어나면 심각한 사회적 비용이 발생하기 때문이다.

감정을 지우는 마법의 약

○

앞서 서문에서 제시한 사나운 개와 맞닥뜨리는 상황을 다시 생각해보자. 어느 날 당신이 집으로 걸어가는데, 거대한 덩치의 갈색 개가 화가 많이 난 듯 날카로운 이빨을 드러내며 맹렬하게 짖어댄다. 아마 당신은 상당한 공포감을 느낄 것이다. 다음 날에도 그 개 옆을 지나가는데 개가 또 짖어대며 으르렁거린다. 하지만 이때 당신이 느끼는 공포감은 전날만큼 심하지 않을 것이다. 이런 일이 한 주 내내 반복된다고 하자. 그러면 나중에는 그 개가 아무리 사납게 짖어도 당신은 감정적인 반응을 거의 느끼지 못할 것이다.

여러 연구에 따르면 총을 난사하는 사람이나 사나운 개 같은 무서운 이미지를 처음에 접할 때 사람들은 감정적인 반응을 강하게 보인다. 심박수가 증가하고 동공이 확장되며 편도체의 뉴런들이 폭발하듯 불을 뿜는다. 그러나 똑같은 이미지에 반복해서 노출되면 반응이 서서히 줄어들고 나중에는 완전히 사라진다.[6]

일반적으로 말해서 이런 습관화는(이를 '감정적 적응' 또는 '감정적 습관화'라고 한다) 두뇌가 가지고 있는 영리한 특징이다. 감정은 '이것은 중요하다. 그러므로 주의하라. 당신은 여기에 반응할 필요가 있

---

6 H. C. Breiter et al., "Response and Habituation of the Human Amygdala during Visual Processing of Facial Expression," *Neuron* 17 (1996): 875-87; A. Ishai et al., "Repetition Suppression of Faces Is Modulated by Emotion," *Proceedings of the National Academy of Sciences of the USA* 101 (2004): 9827-32; and B. T. Denny et al., "Insula-Amygdala Functional Connectivity Is Correlated with Habituation to Repeated Negative Images," *Social Cognitive and Affective Neuroscience* 9 (2014): 1660-67.

을지도 모른다'라고 방송하는 일종의 신호다. 하지만 만약 어떤 것이 우리에게 심각한 영향을 미치지 않으면서 계속해서 나타난다면 이는 그다지 중요하지 않은 것으로 인식되고 감정은 가라앉는다. 감정적인 습관화는 두려움에만 한정되지 않는다. 사랑, 흥분, 수치심 등 좋은 것이든 나쁜 것이든 상관없이 어떤 감정에도 습관화될 수 있다.

리어노라는 이런 감정적인 습관화를 경험했다. 거짓말을 한 번씩 더 할 때마다 감정적인 반응이 점점 더 줄어들었던 것이다. 반복되는 부정직함은 몇 번이고 계속해서 뿌려대는 샤넬 향수와도 같다. 처음에는 특유의 향을 단서 삼아 그 향수를 감지할 수 있다. 그러나 제법 긴 시간에 걸쳐 여러 번 반복해서 향을 맡다 보면 나중엔 거의 감지하지 못하게 되고, 그래서 더 많이 뿌리게 된다. 그러다 보면 출퇴근하는 버스나 지하철에서 당신 옆자리에 앉으려 하는 사람은 아무도 없고 그 이유를 당신만 모른다. 이런 일은 당신의 후각신경구에 있는 뉴런이 향수 냄새에 둔감해지기 때문에 나타난다.[7]

이와 비슷하게, 자신의 부정직함에 대한 감정적 반응도 처음에는 강하게 나타나지만 시간이 지나면서 점점 줄어든다. 그래서 자기가 하는 거짓말에 대해 부정적인 감정 반응을 전혀 느끼지 않은 채 거짓말을 하게 된다.

만약 감정을 느끼는 능력을 마법처럼 지워버리는 알약을 먹을 수

---

7   P. Dalton, "Olfaction," in *Steven's Handbook of Experimental Psychology: Sensation and Perception*, ed. H. Pashler and S. Yantis (Hoboken, NJ: John Wiley & Sons, 2002), 691-746.

있다면 거짓말을 더 많이 할 것이다. 그리고 이는 가상의 사례가 아니다. 한 실험에서 시험을 앞둔 학생들에게 감정적인 흥분을 줄여주는 약인 베타 차단제(교감신경계 질환이나 그 조절에 쓰이는 합성약-옮긴이) 알약을 먹였는데, 이 학생들은 가짜 베타 차단제를 먹은 학생들보다 부정행위를 두 배나 많이 저질렀다![8] 이 약은 부정행위를 억제하는 부정적인 감정을 인위적으로 줄여주었는데, 이는 반복되는 거짓말로 인한 습관화와 비슷한 현상이다. 이런 실험을 보면 자신이 어떤 사람인지 깊이 통찰한 내용이 반영된 것이라고 볼 수 있는 우리의 도덕적 본성도 작은 알약 하나로 생물학적 기능을 조절할 수 있는 것처럼 보인다.

거짓말의 정치학

○

새끼발가락이 없다는 사실을 감추려고 거짓말을 반복했던 조나의 행동은 위 실험의 베타 차단제와 비슷한 효과를 유발했다. 그는 거짓말을 하면서도 더는 기분이 나빠지지 않았고, 이런 현상은 점점 더 강화되었다.

어쩌면 당신은 조나와 비슷한 상황에 놓인 친구나 가족을 머리에

---

8   S. Schachter and B. Latané, "Crime, Cognition, and the Autonomic Nervous System," in *Nebraska Symposium on Motivation 12*, ed. D. Levine (Lincoln: University of Nebraska, 1964), 221-75.

떠올릴지도 모른다. 바람을 피우면서 처음에는 자기가 하는 행동을 고민하지만, 여러 해 동안 바람을 피우다 보니 아무런 죄의식도 느끼지 않게 된 사람들이 그렇다. 또는 소셜미디어나 데이트 사이트에서 사회적 편익을 누릴 생각으로 반복해서 거짓말을 하는 사람들도 그렇다. 자기 경력을 튼튼하게 이어가려고 습관적으로 거짓말을 하는 사람들도 있다. 이들은 모두 자신이 하는 거짓말에 습관화된 것이다.

탈리의 연구가 나온 시점은 미국에서 2016년 대통령 선거를 불과 몇 주 앞두고 있을 때였다. 많은 사람이 반복된 거짓말로 기소된 범죄 용의자이자 대통령 후보였던(그리고 나중에 대통령이 된) 도널드 트럼프의 행동과 이 연구 사이에 연관성이 있음을 알아봤다. 팩트 체크한 결과 흥미롭게도 트럼프는 재임 이후 첫 100일 동안 하루에 평균 다섯 번씩 거짓말을 했다. 그리고 이 수치는 나중에 거의 두 배로 늘어나서 하루에 아홉 번이나 거짓말을 했고 임기가 끝나갈 무렵에는 열아홉 번으로 늘어났다.[9]

거짓말 횟수가 이처럼 계속해서 늘어난 이면에는 많은 요인이 있을 수 있다. 우선 보도 편향을 들 수 있다. 즉 시간이 지남에 따라 트럼프가 실제로 말한 내용보다 더 많은 거짓말이 보도되었을 수 있다. 또 다른 가능성은 과거의 거짓말을 더 많은 거짓말로 가려야 했기에 거짓말이 점점 더 늘어났을 수 있다. 또는 거짓말이 자기에게

---

9 Tali Sharot and Neil Garrett, "Trump's Lying Seems to Be Getting Worse. Psychology Suggests There's a Reason Why," MSNBC, May 23, 2018.

이득이 된다는 이유로 갈수록 거짓말을 더 많이 했을 수도 있다. 한 연구에 따르면 정치계에서는 정직하지 않을수록 유리하다. 거리낌이 없이 거짓말을 하는 정치인일수록 재선에 성공할 가능성이 크다는 것이다.[10]

이 모든 요인이 거짓말을 늘릴 수 있지만 우리 저자들은 다른 분야에서와 마찬가지로 정치에서도 반복되는 거짓말이 점점 더 많은 거짓말을 낳는 감정적 습관화를 유발하는 게 아닐까 의심한다. 그런데 문제는 자신의 부정직함뿐만 아니라 다른 사람들의 부정직함에도 습관화될 수 있다는 점이다. 정치적으로 말하면 이는 유권자와 정치적인 조언자 둘 다 정치인의 허위 사실에 둔감해져서(배우자가 샤넬 향수를 너무 자주 사용한 나머지 그 냄새에 무감각해지는 경우와 마찬가지로) 결국에는 정치인의 부정직한 행동을 처벌하거나 중단시킬 가능성이 줄어든다는 뜻이다. 이런 상황에서 정치인은 부정직함을 제재하는 조치가 없는 것을 '청신호'로 해석할 수도 있다. 따라서 거짓말이나 거짓 행동이 늘어날수록 그만큼 대중의 분노는 점점 사그라들 수 있다.

바로 이런 일이 미국에서 일어났다. 탈진실의 시대(post-truth era, 이 단어는 2016년 영국에서 벌어진 EU 탈퇴 국민투표와 미국의 도널드 트럼프 선거 승리를 설명하기 위해 처음 사용되었다-옮긴이)를 거쳐오면서, 어떤 이야기를 한층 흥미롭게 만들 목적이라면 사실을 과장해도 괜찮

---

10 K. A. Janezic and A. Gallego, "Eliciting Preferences for Truth-Telling in a Survey of Politicians," *Proceedings of the National Academy of Sciences of the USA* 117 (36) (2020): 22002-8.

다고 응답하는 미국인의 비율이 크게 늘어났다. 이 비율은 2004년 44퍼센트에서 2018년에 66퍼센트로 증가했다.[11]

다른 사람들의 거짓말에 습관화되는 문제는 정치뿐만 아니라 우리 주변의 모든 영역, 즉 사업, 과학, 개인적인 인간관계, 소셜미디어에서도 나타난다. 예를 들어 당신이 벨이라는 이름의 웰빙 전문가에게 콘텐츠 편집자로 고용되어 일한다고 치자. 당신이 하는 일은 벨이 써준 콘텐츠를 교열해서 그녀의 인기 있는 웹사이트와 소셜미디어 계정에 올리는 것이다. 이 계정들은 팔로워를 수백만 명씩 거느리고 있어 당신은 이 새로운 일에 흥분한다.

당신이 벨에게서 처음 건네받은 원고는 가지라는 보라색 채소의 놀라운 치유 효과를 설명하는 내용이다. 가지가 그렇게나 특별한 치료 효과를 발휘한다는 사실을 누가 알았겠는가! 당신은 호기심에 이끌려 이런 주장을 뒷받침할 만한 증거를 구글에서 찾아보지만 그런 증거는 전혀 없다. 그래서 벨에게 물었더니 벨은 그런 증거가 지금 당장은 없지만 미래에는 나타날 수 있다고 설명한다. 당신은 바바 가누쉬(가지 퓌레)를 맛있게 먹는다. 그리고 벨의 원고를 꼼꼼하게 살펴서 교열 작업을 한 다음 웹사이트와 소셜미디어 계정에 올린다.

다음 날 벨의 웹사이트에서 판매하는 타조알이 새가 아닌 인간의 생식력을 높여준다고 주장하는 원고를 받는다. 어쩐지 이상하세

---

11 Jennifer Graham, "Americans Are Increasingly Comfortable with Many White Lies, New Poll Reveals," *Deseret News*, March 28, 2018.

들리긴 하지만 당신은 이 원고도 교열을 본 다음에 게시한다. 알 게 뭐야? 뭔가 있겠지, 뭐. 이런 일이 날마다 반복된다.

이렇게 해서 당신이 일을 시작한 지 두 달이 지났다. 이제 당신은 클린 이팅(clean eating, 영양소가 풍부한 자연식품을 섭취하면서 가공되거나 정제된 식품을 피하는 식습관—옮긴이)이 암을 치료하는 데 화학요법보다 더 효과적이라고 주장하는 원고를 받는다. 벨은 암 환자들에게 화학요법을 받지 말라고 촉구한다. 그런데 이 기사는 가지나 타조알을 다룬 기사와는 다르게 환자들에게 심각한 결과를 초래할수도 있다. 만약 당신이 이 일을 시작한 지 두 달이 지나서가 아니라 첫날에 이 원고를 받았다고 상상해보라. 과연 당신은 이 원고를 편집해서 웹사이트와 소셜미디어 계정에 올렸을까?

사람들은 그런 일을 갑작스럽게 맡을 때보다 오랜 시간에 걸쳐 그런 일이 점점 늘어나던 중에 맡을 경우 비윤리적인 행동을 할 가능성이 훨씬 크다.[12] 건강한 윤리가 점진적으로 침식될 때 사람들은 주의를 덜 기울이거나 범죄에 연루될 가능성이 커진다. 반면에 그런 침식이 갑작스럽게 일어날 때는 잘못된 사실을 분명하게 인식하고, 철저하게 그 인식에 따라 대응한다.

치료용 가지나 생식력을 촉진하는 타조알을 다루는 원고는 진실과 거짓 사이의 경계, 허용되는 것과 허용되지 않는 것 사이의 경계를 모호하게 만들고 이렇게 해서 새로운 규범이 생겨난다. 그렇게 되

---

12 Welsh et al., "The Slippery Slope."

면 훨씬 골치 아픈 상황이라도 거리낌이 없이 수용하게 된다. 일반적인 경우라면 곧바로 거부하겠지만 이미 습관화가 되어버렸기 때문에 그렇다.

방금 제시한 사례는 순수하게 우리 저자들의 상상력에서 나온 게 아니다. 오스트레일리아의 전 웰빙 전문가 벨 깁슨(Belle Gibson)의 사례를 토대로 한 것이다.[13] 깁슨은 스타 인플루언서였다. 그녀는 애플의 지원을 받는 인기 건강식 앱을 출시했고, 펭귄출판사에서 요리책을 발간했으며, 인스타그램과 페이스북 및 여러 소셜미디어 플랫폼에서 대규모 온라인 팔로워를 거느리고 있었다.

깁슨은 자신의 책과 여러 미디어 계정을 통해 팔로워들에게 자기가 암에 걸렸는데 건강한 식단, 신체 운동, 명상, 그 외 대체요법들을 동원해 병마와 싸우고 있다고 알렸다. 그녀가 인터넷에 올린 글들은 그녀가 암에 걸린 이유와 투병 과정을 자세하게 설명했는데, 여기서 그녀는 자기가 걸린 암이 자궁경부암 백신 때문이라고 주장했다. 그리고 암세포가 뇌, 비장, 자궁, 간, 신장 등으로 전이되었다고도 했다.

그녀는 화학요법 대신 자연요법을 사용해서 암을 잘 관리하고 있다고 말했다. 그러면서 건강하고 균형 잡혀 보이는 자신의 신체 사진들을 게시했다. 이에 많은 사람이 감동받았고 그녀의 일상을 따라 했다. 심지어 암 환자 중에서도 그녀를 따라 하려고 전통적인 방식의 치료약을 끊어버린 사람들도 있었다.

---

13 Clair Weaver, "Belle Gibson: The Girl Who Conned Us All," *Australian Women's Weekly*, June 25, 2015.

집슨은 여러 해에 걸쳐 기하급수적인 규모로 성공했다. 하지만 한 탐사보도 기자가 그 모든 것이 거대한 사기극이었음을 밝혀냈다. 그녀는 뇌암에 걸린 적이 없었고 간암이나 신장암에도 걸린 적도 없었다. 그녀가 암에 걸렸다고 진단받았다는 기록은 어디에도 없었다. 그녀는 자기의 건강 상태와 나이, 재정 상태에 대해 거짓말을 했다. 또 회사가 거둔 수익을 자선단체에 기부해왔다고 주장했지만 그것도 새빨간 거짓말이었다.

놀랍지도 않은 사실이지만 깁슨의 거짓말 역사는 그녀의 어린 시절까지 거슬러 올라간다. 10대 때 그녀는 심장 수술을 받다가 수술대에서 잠깐이지만 죽은 적이 있다고 거짓말을 했다. 그녀는 심장 수술을 받은 적이 없었다. 어린 시절 그녀의 친구들은 그녀가 끊임없이 거짓말을 했던 사실을 기억한다. 겉보기에 전혀 해롭지 않은 어린 시절의 사소한 거짓말들은 세월이 지난 뒤 수백만 달러를 부정하게 벌어들이는 온갖 거짓말로 성장했고, 이 거짓말들은 그녀를 따르는 사람들의 건강을 위험하게 만들었다.[14]

깁슨과 같은 사례는 여러 해 동안 언론사의 머리기사로 등장하는 위대한 사기 사건들에서 찾아볼 수 있다. 자신이 흑인이라고 거짓 주장했던 레이첼 돌레잘(Rachel Dolezal), 생명공학 제국을 건설한다면서 온갖 거짓 주장을 했던 엘리자베스 홈즈, 학력과 직업 등을 거짓으로 신고했던 미국 공화당의 조지 샌토스(George Santos) 의

---

14 Melissa Davey, "'None of It's True': Wellness Blogger Belle Gibson Admits She Never Had Cancer," *Guardian*, April 22, 2015.

원, 연구 데이터를 조작했던 행동과학자 디데리크 알렉산더 스타펠(Diederik Alexander Stapel) 등.[15]

이들에게는 공통점이 하나 있었다. 이들이 저지른 정직하지 못한 행동들은 오래전에 했던 사소한 거짓말로 거슬러 올라가며, 그것이 점차 크고 심각하게 확대되었다는 점이다.

하지만 그렇다고 해서 조나처럼 어떤 필요성에 의해 반복적으로 거짓말을 하는 사람들이 결국에는 모두 심각한 범죄를 저지른다는 말은 아니다. 조나는 성장해서 (비록 거짓말을 하는 버릇은 끝내 고치지 못했지만) 훌륭한 아버지가 되었고 사회의 일원으로 존경받는 사람이 되었다. 또한 어린 동생이 평온한 마음으로 잠자리에 들 수 있도록 밤마다 일찍 잠자리에 드는 척 연기하는 행위가 나중에 커다란 사기 행위로 이어지지도 않는다. 누군가가 세계적인 규모로 사기 행각을 벌이거나 암에 걸리지 않았으면서도 암에 걸린 척하기까지는 사실 여러 가지 복잡한 요인들이 작용한다. 그리고 이런 사람들의 다수는 습관화와 아무런 상관이 없다.

우리 저자들이 말하고자 하는 건 작은 거짓말이라도 큰 거짓말로 이어질 수 있고 자주 거짓말하는 습관으로 이어질 수 있다는 것이다. 다단계 사기꾼이었던 버나드 메이도프의 말을 빌리면 "그것은 아주 약간의 돈을 챙기는 데서부터 시작한다. 처음엔 수백 달러나 수천 달러일 수 있다. 하지만 그러다 보면 곧 익숙해지고, 금액은 어

---

15 부정직함을 연구하는 일부 행동과학자들도 연구 데이터를 조작했다는 강력한 증거가 있다는 사실에 우리 저자들은 주목한다.

느새 눈덩이처럼 불어나서 거액이 된다."[16] 홈즈도 그랬고 깁슨도 그랬다. 이는 당신에게도 똑같이 적용될 수 있다.

이타적인 거짓말과 사기꾼의 마음

○

그렇다면 정직한 행동은 반드시 그 규모나 횟수가 점점 늘어날까? 그리고 '선의로 하는 거짓말'도 문제가 될까? 순수하게 다른 사람의 이익을 위한 이타적인 거짓말을 생각해보자. 직장에서 동료를 감싼다거나 동생이 잘못한 일을 자기가 했다고 하는 것 등이 이타적인 거짓말의 예다. 흔히 사람들은 이런 거짓말을 그다지 나쁘게 여기지 않는다. 그래서 이런 거짓말을 하는 사람들은 자기가 도덕적이라고 느낄 수 있으며, 따라서 이들에게는 습관화할 대상이 없다.

항아리 속에 들어 있는 동전 실험을 하면서 우리 저자들은 조언자(리어노라)가 자기에게 아무런 이득도 생기지 않음에도 불구하고 조언을 받는 사람(리나)을 도우려고 거짓말을 할 수 있는 상황을 의도적으로 만들었다. 이 실험을 통해 우리는 사람들은 다른 사람의 이익을 위해, 심지어 전혀 모르는 사람이라고 하더라도 그 사람에게 도움이 되기만 한다면 얼마든지 거짓말을 할 수 있지만 이 거짓말은 크게 확장되지 않는다는 사실을 발견했다. 또한 어떤 거짓말이

---

16 Kirchner, *The Bernard Madoff Investment Scam.*

거짓말을 하는 사람과 그 거짓말을 듣는 상대방 양쪽에 모두 이익이 될 경우는, 순전히 이기적인 이유로 거짓말을 할 때만큼 극적이지는 않지만 거짓말이 확장된다는 사실을 발견했다.

이런 사실에 우리는 실험 참여자들이 자기의 이익을 위해 거짓말을 하는 것에 마음이 조금은 불편했지만, 이런 거짓말이 상대방에게도 이익이 될 때는 그런 감정이 누그러졌다.

깁슨이나 홈즈를 비롯해 최근에 세상을 떠들썩하게 만들었던 거짓말쟁이들 중 몇몇은 다른 사람들에게도 이익을 안겨주었다. 그들이 했던 거짓말은 자기 가족과 직원에게 이익이 되었다. 깁슨에게는 어린 아들이 있었고, 홈즈는 자기 회사 직원들에게 일자리를 제공했다. 그들이 했던 거짓말은 팔로워와 고객에게 희망을 주었다. 그러나 그 희망의 토대는 사기 행각이었다.

자신의 부정직함이 다른 사람들에게 도움을 준다고 믿으면 그런 부정직함이 정당하게 보일 수 있다. 하지만 그렇다고 해서 죄책감, 수치심, 두려움 등이 완전히 사라지지는 않는다. 적어도 사기 행각이 처음 시작될 때는 확실히 그렇다. 메이도프도 자기가 했던 사기 행각을 말하면서 "점점 거기에 익숙해진다"라고 말하지 않았던가.[17] 이 말은 메이도프가 어느 시점부터는 거짓말을 하면서 마음이 편치 않았음을 암시한다. 그러다 시간이 지나고 사기 행각이 길게 이어지면서 거기에 익숙해진 것이다.

---

17 각주 16과 같은 책.

바로 이 점을 두고 우리 사회의 수많은 메이도프를 사이코패스와 구별할 수 있을지도 모른다. 아마도 이 메이도프들은 처음에는 마음이 편치 않았을 것이다. 반면에 사이코패스는 그렇지 않다. 사이코패스는 아무리 거짓말을 하고 나쁜 짓을 해도 처음부터 마음이 편하다.

애초에 싹을 자르는 방법

○

습관화 때문에 부정직함이 확장된다면 가정과 직장에서 부정직함을 줄이기 위해 어떻게 해야 하는지가 분명해진다. 부정직함의 싹은 애초부터 잘라내야 한다. 어떤 잘못이 사소하다고 해서 무시하면 결국 눈덩이처럼 서서히 불어나서 나중에는 감당하기 어려울 정도로 심각한 결과가 빚어진다. 사람들은 부정직함에 익숙해져서 더 이상 잘못된 것이라고 생각하지 않게 된다.

가정에서 자녀가 거짓말을 할 때 따끔하게 혼을 내면 아이들이 부정직함에 습관화될 가능성은 줄어든다. 이런 개입은 용납할 수 있는 것은 무엇이고, 그렇지 않은 것은 무엇인지 명확한 규범을 세우게 해주어 상황이 걷잡을 수 없이 나빠지는 것을 막아준다. 직장에서도 마찬가지다. 기껏 몇 달러밖에 되지 않는 공금을 자기 주머니에 넣는 자잘한 거짓말도 용납되지 않는 분위기를 조성함으로써, 훨씬 더 나은 직장 생활을 할 수 있고 더 큰 문제를 예방할 수도 있다.

우리 저자들도 바로 이런 방식으로 연구팀을 운영한다. 아무리 사소한 규정 위반이라고 해도 즉시 바로잡음으로써 구성원들에게 명확한 메시지를 전달한다. 우리가 이렇게 하는 이유는 다른 데 있지 않다. 부정한 짓을 저지른 사람뿐만 아니라 팀 안팎의 다른 사람들에게까지 나쁜 영향을 미칠 수 있는 더 큰 잘못된 행동(예를 들면 연구 데이터를 조작하는 행위 등)이 나중에라도 나타날 가능성을 애초부터 차단하기 위함이다.

규범은 보통 엄격하기 마련이다. 예를 들면 이런 식이다. (절대로) 거짓말을 하지 마라, (절대로) 도둑질을 하지 마라, (절대로) 부모에게 불손하게 굴지 마라, (절대로) 기밀 정보를 밖으로 빼돌리지 마라, (절대로) 약속을 어기지 마라 등. 규범의 이런 엄격함은 다소 극단적으로 보일 수 있지만 바로 이 점이 중요하다. 규범은 사람들에게 강렬한 감정적 반응을 일으켜 사람들이 아무렇지도 않은 편안한 마음으로 잘못된 행위를 하기 어렵게 만든다.

평범한 일상 속에서는 도덕적으로 심각하게 문제가 있다고 생각하는 일들이 많이 일어나지만, 우리는 그런 행위를 통해 이익을 얻는다고 하더라도 그렇게 하지 않으려 한다. 나쁜 길로는 애초부터 발을 들여놓지 않으려고 한다. 다음 예를 보자.[18]

---

18 J. Graham, J. Haidt, and B. A. Nosek, "Liberals and Conservatives Rely on Different Sets of Moral Foundations," *Journal of Personality and Social Psychology* 96 (5) (2009): 1029.

- 당신은 돈을 얼마나 받으면 국기를 불태우겠는가?
- 당신은 돈을 얼마나 받으면 당신이 키우는 반려견의 머리를 발로 세게 차겠는가?
- 당신은 돈을 얼마나 받으면 당신 어머니의 뺨을 때리겠는가?
- 당신은 돈을 얼마나 받으면 과체중인 사람에게 외모와 관련된 잔인한 말을 퍼붓겠는가?

많은 사람이 아무리 많은 돈을 받아도 그렇게 할 수 없다고 말할 것이다. 그런데 어떻게 보면 이게 정말 터무니없긴 하다. 만약 누군가가 당신에게 국기를 태우면 엄청나게 많은 돈을 주겠다고 했다고 하자. 이때 당신은 그 제안을 받아들인 다음 국기를 불태우고 받은 돈으로 어려운 사람을 도울 수도 있고 애국심 고취 사업을 벌일 수도 있다(예를 들면 국기를 엄청나게 많이 제작해서 사람들에게 나눠 줄 수도 있다).

우리는 누군가 개의 머리를 발로 세게 차는 모습을 상상만 해도 몸서리를 친다. 도저히 그런 짓을 할 수 없을 것 같다. 설령 자기가 그런 행위를 하는 것을 아무도 보지 못하고 또 알지 못한다고 해도 그렇다. 하지만 만약 그렇게 해서 받은 돈으로 개 100마리 또는 1만 마리의 생명을 구할 수 있다면 어떨까? 당신이라면 어떨까? 그 제안을 받아들이지 않을까?

사람들은 어떤 거래는 금기 사항이라고 생각한다. 또 어떤 가치관은 '보호되어야' 하거나 '신성하다'고 생각한다. 이는 사람들이 그런 거래에 대한 보상이 아무리 크고 처벌 수준이 아무리 낮다고 하더라도 규범에 어긋나는 행동을 꺼린다는 뜻이다.[19] 아닌 게 아니라 보고에 따르면 사람들은 특정한 가치관을 포기하는 대가로 어떤 이득을 주겠다는 제안을 받을 때 부정적인 감정을 강렬하게 느낀다고 한다. 의약품 실험에서처럼 많은 사람에게 닥칠 수 있는 위험을 줄이겠다는 명분으로 일부 사람들이 목숨을 잃을 수도 있는 위험을 높이라는 요구를 받을 때가 그런 경우다.

예를 들어 코로나19 팬데믹 속에서 어떤 나라의 정부가 유명한 행동경제학자를 고용해서 전염병의 확산을 방지하는 방법과 관련된 조언을 구했다. 그러자 이 학자는 이례적인 권고 사항들을 담은 보고서를 제출했다. 정부가 그 전염병의 확산 방식을 면밀히 연구하고, 전염병이 유발하는 여러 증상을 검사하고, 이런저런 조치의 효과를 계량적으로 측정하기 위해 부대 하나를 지정해 그 부대의 군인들을 코로나19 바이러스에 노출시킨 뒤 그 병에 감염시키라는 조언이었다.

이 학자는 이런 권고안을 언론에도 발표했다.[20] 그가 내세운 논리는 비록 몇 명이 목숨을 잃긴 하겠지만, 해당 연구를 통해 확보하는 지식으로 죽는 사람보다 훨씬 많은 사람이 목숨을 구할 수 있다는

19 J. Baron and M. Spranca, "Protected Values," *Organizational Behavior and Human Decision Processes* 70 (1) (1997): 1-16; and A. P. McGraw and P. E. Tetlock, "Taboo Trade-Offs, Relational Framing, and the Acceptability of Exchanges," *Journal of Consumer Psychology* 15 (1) (2005): 2-15.

20 *Haaretz*, https://www.haaretz.co.il/gallery/galleryfriday/2022-06-09/ty-article-magazine/.highlight/00000181-3e90-d207-a795-7ef0418c0000.

것이었다. 이 제안에 정부와 시민 모두가 분노했다.

경제학자들은 대(大)를 위해 소(小)를 희생하는 특정한 방식의 거래를 금기시하는 경향을 도무지 이해할 수 없는 수수께끼 또는 기본적인 합리성에 위배되는 것으로 생각하는 경향이 있다. 하지만 습관화에 초점을 맞춰 바라보면 그 수수께끼는 쉽게 풀린다.

X나 Y나 Z를 절대로 하지 말라고 규정해서 사람들이 그런 행위를 할 때 부끄러움이나 참혹함을 느끼게 만드는 사회적 규범은 사람들이 해로움과 공포를 낳는 길로 들어서는 것을 애초부터 막을 수 있다. 어떤 사회의 문화가 거짓말이나 부정행위를 금지하는 강력한 규범을 가지고 있어서 사람들이 그런 것들을 생각만 해도 부정적 감정이 유발된다면, 그 사회는 거짓말이나 부정행위에서 파생되는 끔찍한 일들로부터 스스로를 보호할 수 있다.

철학자 버나드 윌리엄스(Bernard Williams)는 이런저런 도덕적 딜레마(예를 들어 사랑하는 사람을 구하기 위해 거리로 뛰어들지 여부) 속에서 효용을 극대화하는 방법을 생각한다면 "생각을 너무 많이 하는 것"이라고 주장했다. 그의 견해로는 굳이 거기에 대해 많이 생각하지 말고 그냥 옳은 일을 하기만 하면 된다.[21]

윌리엄스는 도덕의 토대에 대해 철학적인 주장을 하고자 그렇게 주장했다. 그가 옳은지 어떤지 우리 저자들은 모른다. 그러나 그의 주장은 심리적으로는 분명 어느 정도 일리가 있다. 사람들이 "관련

---

21 Bernard Williams, *Moral Luck: Philosophical Papers, 1973-1980* (Cambridge: Cambridge University Press, 1981), 18.

된 모든 비용과 편익을 고려할 때 거짓말하는 것이 특정한 상황에서 가치가 없다"라고 생각하는 게 아니라 "나는 거짓말하지 않겠다"라고 생각하기만 하면 되지 않겠느냐는 말이다.

이 세상에서 거짓말이 사라진다면

○

아직 어린 아들이 저녁 8시에 졸려서 눈꺼풀이 눈을 자꾸 덮는데도 누나가 자기 전에는 자지 않겠다고 떼를 쓴다고 하자. 이런 상황에서 부모는 어떻게 해야 할까? 어떤 부모는 아무리 자잘한 거짓말이라고 해도 전혀 해롭지 않을 수는 없다고 생각한다. 만일 작은 거짓말을 너그럽게 받아들여 방치하면 점점 더 마음의 불편함 없이 거짓말을 하게 될 것이고, 더 자주 할 것이다. 게다가 어린아이들의 경우는 더 심각하다. 왜냐하면 그 시기에는 평생 달고 다닐 습관이 형성되기 때문이다. 애초부터 부정직함의 싹을 잘라내면 부정직함이 커질 수 없다. 따라서 부모는 아무리 사소한 것이라도 부정직한 행위를 그냥 넘기지 않으려 한다. 하지만 솔직히 말해서 이렇게 하는 게 쉽지만은 않다.

사람들이 그 어떤 거짓말도 할 수 없는 세상에 산다고 상상해보자. 당신은 사랑하는 사람과 데이트를 하고 있다. 그런데 상대방이 어울리지도 않는 우스꽝스러운 옷을 입고 있다면 당신은 왜 그런 이상한 옷을 입고 있느냐고 대놓고 말할 것이다. 취업 면접을 볼 때

도 자기의 장점뿐만 아니라 단점까지도 시시콜콜 다 말할 것이다. 중
고차를 팔 때는 눈에 띄지도 않는 흠집까지도 다 들춰내서 말하고,
인스타그램에 사진을 올릴 때도 전혀 보정되지 않은 사진을 올릴 것
이다.

이런 것들을 긍정적으로만 보면 가볍든 무겁든 간에 '가짜'는 전
혀 없다. 그러나 허구도 없고, 스토리텔링도 없고, 산타클로스도 없
고, 이빨 요정도 없다. 이런 세상은 과연 어떻게 보일까?[22]

리키 저베이스(Ricky Gervais)가 각본을 쓰고 출연한 영화 〈거짓말
의 발명(The Invention of Lying)〉은 거짓말이 존재하지 않는 세상이
어떤지 보여준다. 이 영화에서 저베이스는 인간 최초로 거짓말을
하면서 자기가 방금 한 행동을 어떻게 묘사해야 할지 확신하지 못
한다. **거짓말**이라는 단어가 아예 존재하지도 않기 때문에 굳이 **진실**
이라는 단어도 따로 있지 않다. 그래서 그는 "나는 그러니까, 세상
에 있지 않았던…, 어떤 것을 말했다"라면서 자기 행동을 설명하려
고 애를 쓴다.

이 영화는 크게 성공한 영화는 아니지만 기발한 영화임에는 분명
하다. 안정적인 사회적 환경을 유지하기 위해서는 작은 거짓말(예를
들면 친구와 했던 약속을 취소하면서 더 중요하고 좋은 일이 생겨서라고 말
하지 않고 감기 때문에 어쩔 수 없이 그런다고 말하는 거짓말)이 필요하다
는 사실, 그리고 대규모 파괴를 유발하는 거대한 거짓말(예를 들면 전

---

22 Sharot, Garrett, and Lazzaro, 미출간 원고.

쟁의 도화선이 되는 의도적인 거짓말)이 엄청나게 위험하다는 사실 사이에 정교한 균형이 필요함을 보여준다.

오늘날에는 진실과 거짓의 구분이 점점 희미해지는 것 같다. 단한 번의 클릭만으로 자기와 거의 닮은 페르소나를 만들 수 있는 현대 생활에서 거짓말은 당연히 허용되는 것으로 자리를 잡았다. 그결과 사람들은 온라인 공간에서 자주 허위 사실을 접하게 되었는데, 이는 현대 세계에서 거짓 정보라는 심각한 문제를 일으킨다.

7장

(거짓) 정보
가짜 뉴스도 믿게 만드는 반복의 힘

어떤 구호든 간에 마지막 한 사람이 믿을 때까지 끈질기게 반복해야 한다.
_아돌프 히틀러(Adolf Hitler)[1]

인구수로만 따지면 뉴욕은 미국에서 가장 큰 주(州)다. 뉴욕에는 전 세계에서 가장 인구가 많은 도시인 뉴욕시를 필두로 버펄로, 로체스터, 용커스, 시러큐스, 올버니, 마운트버넌, 유티카, 화이트 플레인스 등 인구가 많은 도시가 있다. 인구수로는 뉴욕이 미국에서 가장 큰 주지만 면적으로 따지면 캘리포니아가 가장 큰 주다. 그런데 놀랍게

---

1 히틀러의 말을 인용해서는 안 된다고 생각하는 사람들도 있을 것이다. 우리 저자들은 이런 견해를 충분히 이해한다. 그러나 히틀러가 그의 추종자들을 흔들어놓을 의도로 도입한 심리적 원리들이 무엇인지 이해하는 것은 유용한 일이다. 그가 했던 일을 기억하고, 그가 구사했던 전술이 얼마나 위험한 것인지 드러내는 작업은 나쁜 역사가 반복되지 않도록 하는 데 도움이 된다. 이에 우리는 제랄딘 슈바르츠(Géraldine Schwarz)의 《망각하는 사람들(Those Who Forget)》을 추천한다. Adolf Hitler, *Mein Kampf: Zwei Bände in einem Band* (Berlin: Franz Eher Nachfolger, 1943).

도 인구가 가장 많은 주인 뉴욕이 면적 기준으로는 캘리포니아, 알래스카, 텍사스, 몬태나, 뉴멕시코, 오리건, 뉴햄프셔 다음으로 겨우 여덟 번째다.

그런데 당신이 방금 읽은 이 문단은 거짓말로 가득 차 있다. 우선 뉴욕은 미국에서 가장 인구가 많은 주가 아니다. 캘리포니아가 인구가 가장 많다. 그다음으로 텍사스와 플로리다가 뒤를 잇고 뉴욕은 4위다. 그러나 위에서 우리가 뉴욕이 미국에서 가장 인구가 많은 주라고(그것도 세 번이나!) 말했기 때문에 당신은 사실이라고 믿은 것이다.

어떤 거짓말이 반복될 때 사람들은 그게 사실이라고 생각하는 경향이 있다. 뒤에서 곧 설명하겠지만 이렇게 되는 이유는 어떤 진술이나 명제가 더는 놀랍거나 새롭지 않아서, 당신의 뇌가 거기에 점점 더 적은 자원만을 투입해 정보를 처리하기 때문이다. 그 결과 당신은 그 진술이나 명제를 진짜라고 받아들이게 된다.

이 지점에서 당신은 '좋아, 방금 뉴욕이 미국에서 가장 인구가 많은 주가 아니라고 했으니까, 이제 앞으로는 절대로 그렇게 생각하지 말아야지!'라고 생각할지도 모른다. 하지만 너무 자신하지 마라. 여기에 대해서는 나중에 다시 살펴볼 것이다.

심리학자들은 반복되는 진술을 신뢰하는 경향을 가리켜 **'진실 착각 효과(illusory truth effect)'**라고 부른다.[2] 많은 사람이 인간은 뇌의 10퍼센트만 사용한다든가, 비타민C가 감기를 예방한다고 믿는 것

---

[2] L. Hasher, D. Goldstein, and T. Toppino, "Frequency and the Conference of Referential Validity," *Journal of Verbal Learning and Verbal Behavior* 16 (1) (1977): 107–12.

도 그래서 그렇다(탈리는 비타민C가 감기를 예방한다는 믿음을 도저히 떨쳐내지 못하고 있다). 진실 착각 효과라는 현상은 1977년에 발견되었는데, 이때 심리학자들은 실험 참여자들에게 60개의 그럴듯한(그러나 반드시 진실은 아닌) 명제를 제시하고 얼마나 확신하느냐고 물었다.[3] 미심쩍으면 당신도 다음 명제들을 읽어보자. 이 명제들이 참이라고 생각하는가, 아니면 거짓이라고 생각하는가?

· 중화인민공화국은 1947년에 건국되었다.
· 파리의 루브르박물관은 세계에서 가장 큰 박물관이다.
· 이집트의 카이로는 일리노이주의 시카고보다 인구가 더 많다.
· 대퇴골은 인체에서 길이가 가장 긴 뼈다.
· 미국에서는 이혼한 사람이 남편과 사별한 사람보다 많다.
· 리튬은 모든 금속 가운데서 가장 가볍다.

실험 참여자들은 2주일 간격으로 세 차례에 걸쳐 주어진 명제를 평가했다. 그런데 전체 60개 명제 가운데 20개는(여기에는 참인 명제와 거짓인 명제가 섞여 있었다) 매번 반복해서 제시되었고, 나머지 40개는 새롭게 제시되는 것들이었다. 그런데 반복해서 제시되는 명제를 사람들이 참이라고 믿은 비율이 훨씬 높았다! 만약 누군가가 당신에게 어떤 명제(예를 들면 '추운 날씨에 젖은 머리로 밖에 나가면 감기

---

3 각주 2와 같은 자료.

에 걸린다' 또는 '1940년대에 뉴멕시코주 로스웰에 외계인이 착륙했다' 같은 명제)를 충분히 많이 반복해서 말하면 당신은 이 명제를 참이라고 믿기 시작한다는 말이다.

과학자들이 이 특정한 명제를 수없이 많은 경우에 반복해왔고, 그래서 우리가 그 명제를 진짜라고 생각하는 것일 수도 있다. 그리고 실제로 그렇다. 1977년 이후 진실 착각 효과는 수많은 독립적인 연구를 통해서 확인되었다. 이런 사실은 또한 심리실험실이 아닌 실제 현실 속 일반 대중에게서도 확인되었다.[4] 심지어 그 반복 구간이 길지 않고 짧은 조건에서도 마찬가지였다.[5] 또한 역사적 사건, 지리, 과학, 정치, 미술, 문학 등의 분야에서 전혀 다른 유형의 사실적 명제에서도 확인되었다.[6]

그런데 모든 사람이 다 이 진실 착각 효과에 취약할까? 어쩌면 일부 사람 또는 특정 직업에 종사하는 사람은 예외에 해당하지 않을까? 설마 교수, 과학자, 공학자, 교사, 언론인, 곡예사, 우주비행사까지도 모두가 다 그럴까? 맞다. 모두가 다 그렇다.[7]

어쩌면 직관적인 사고보다는 분석적인 사고에 의존하는 사람, 그

---

4 A. Hassan and S. J. Barber, "The Effects of Repetition Frequency on the Illusory Truth Effect," *Cognitive Research: Principles and Implications* 6 (1) (2021): 1-12.

5 G. Pennycook, T. D. Cannon, and D. G. Rand, "Prior Exposure Increases Perceived Accuracy of Fake News," *Journal of Experimental Psychology: General* 147 (12) (2018): 1865.

6 L. K. Fazio et al., "Knowledge Does Not Protect against Illusory Truth," *Journal of Experimental Psychology: General* 144 (5) (2015): 993.

7 J. De Keersmaecker et al., "Investigating the Robustness of the Illusory Truth Effect across Individual Differences in Cognitive Ability, Need for Cognitive Closure, and Cognitive Style," *Personality and Social Psychology Bulletin* 46 (2) (2020): 204-15.

리고 숫자와 데이터를 중심으로 사고하는 사람 사이에서는 그 효과가 적게 나타나지 않을까? 하지만 이런 생각은 틀렸다. 분석적으로 생각하는 사람이라고 해서 이런 효과에 영향을 덜 받지는 않는다. 또 청년일수록 진실 착각 효과에 취약할 것이라고 생각할 수도 있고, 반대로 노인일수록 취약할 것이라고 생각할 수도 있다. 하지만 이것들도 모두 틀렸다. 청년이나 노인이나 이런 효과에 영향을 받을 가능성은 동일했다.

또는 인지능력이 탁월한 사람들(예를 들어 일반 지능검사에서 높은 점수를 받는 사람이나 정보를 쉽고 빠르게 잘 처리하는 사람들)이 그 효과의 먹잇감이 될 가능성이 작다고 생각할 수도 있다. 하지만 이것도 틀린 예측이다. 또는 인지 종결(cognitive closure, 주어진 정보의 내용과 판단이 애매한 상황에서 이성적 분석에 근거하지 않고 직관적, 감정적으로 결론을 내리는 것-옮긴이)에 대한 욕구가 높은 사람들, 즉 어떤 질문에든 확실하고 명확한 답을 원하는 사람들에게서 특히 그 효과가 강하게 나타나리라고 생각할 수도 있다. 하지만 이런 예측도 틀린 것이다.

진실 착각 효과는 똑똑한 사람이든 무딘 사람이든, 청년이든 노인이든 가리지 않고 모든 사람에게 나타나는 특성인 것 같다.[8] 그런데 딱 하나 예외가 있다. 알츠하이머병을 앓는 사람은 반복에 그다지 영향을 받지 않는 듯하다.[9] 아마도 그들은 조금 전에 들었던 내용을

---

8 각주 7과 같은 자료.

9 J. P. Mitchell et al., "Misattribution Errors in Alzheimer's Disease: The Illusory Truth Effect," *Neuropsychology* 20 (2) (2006): 185.

기억하지 못하기 때문일 것이다.

반복되는 것은 모두 진실할까?

○

이런 발견들을 과장하지는 말자. 어떤 진술이나 명제를 거짓이라고 확신하는 경우 그것을 믿을 가능성은 거의 없다. 예를 들어 지구가 평평하다는 말이나 홀로코스트라는 사건은 애초부터 존재하지도 않았다는 말은 아무리 반복해서 듣는다고 하더라도, 당신은 그 두 명제 중 어떤 것도 믿지 않을 것이다(물론 그렇게 믿는 사람들도 분명 있긴 하다).

여기서 핵심은 어떤 명제가 반복될 때 사람들은 그 명제가 참일 가능성이 크다고(실제로 참이든 거짓이든 상관없이) 생각하게 된다는 것이다. 그러므로 어떤 거짓말을 상대방이 진실이라고 믿게 만들고 싶을 때는 바로 이 속임수를 쓸 수 있다(히틀러는 이런 사실을 알고 있었고, 텔레비전에 나오는 논평가나 소셜미디어의 인플루언서도 마찬가지다). 이때 흥미로운 질문은 '왜 그럴까?'다.

이는 반복이 친숙한 느낌을 만들어내기 때문이다. 어떤 것이 친숙하게 들릴 때 사람들은 그것을 참이라고 생각한다. 왜냐하면 인생을 살아가는 데서 친숙함이라는 감정은 흔히(그리고 정확하게도) 진실과 연관되고, 반면에 낯섦이라는 감정은 흔히(그리고 정확하게도) 의심스러움과 연관되기 때문이다.

예를 들어보자. 누군가 당신에게 스웨덴어를 할 줄 아는 무지개 색깔의 고양이를 집에서 기른다고 당신에게 말했다. 아마도 당신은 깜짝 놀랄 것이다. 이 감정은 무언가가 잘못되었음을 가리키는 훌륭한 지표로, 이때 당신은 침착하게 집중해서 그 말을 찬찬히 뜯어보게 된다.[10] 그렇게 해서 당신은 그 말을 기존에 가지고 있던 지식(즉 이 세상에 무지개 색깔 고양이는 없으며 고양이는 사람의 말을 할 줄 모른다는 지식)에 근거해 분석하고, 마침내 그 말이 거짓일 가능성이 크다는 결론을 내릴 것이다!

이 모든 일이 순식간에 일어난다. 당신은 이런 일이 일어나는지 의식조차 하지 못한다. 그런데 만약 누군가 당신에게 갈색 고양이를 키우고 있는데 고양이가 배고프면 '야옹' 하며 시끄럽게 울어댄다고 말하면 어떨까? 당신은 분명 친숙한 느낌을 받고 "그래, 정말 그런 것 같아"라고 말할 것이다.

당신이 어떤 명제를 과거에 여러 번 들었다면 이런 명제를 다시 접한다고 해도 이를 당연하게 여기고 그다지 크게 반응하지 않을 것이다. 그 명제에 습관화되어 있기 때문이다. 그러나 낯선 명제를 들을 때 당신은 신경에 거슬리는 것을 느끼고, 그래서 그 명제의 진실성을 의심하게 된다. 친숙하게 들리는 명제를 참이라고 믿고 낯설거나 놀랍게 들리는 명제를 의심하는 것은 당연하다.

일반적으로 말해 친숙하게 들리는 명제가 사실일 가능성은 상대

---

10 T. R. Levine et al., "Norms, Expectations, and Deception: A Norm Violation Model of Veracity Judgments," *Communications Monographs* 67 (2) (2000): 123-37.

적으로 더 크다. 왜냐하면 당신은 이 명제를 다른 여러 사람에게서 들었기 때문이다. 엄마에게서 들었을 수도 있고 친구나 뉴스 방송에서 들었을 수도 있다. 만약 이들이 그 명제가 참이라는 데 모두 동의한다면 그 명제가 참일 가능성이 크다.

이런 식으로 당신은 합리적으로 결론을 내릴 것이다. 그래서 '친숙하고 사실 같은' 직감은 나쁘지 않다. 그런데 사람들이 잘못된 생각을 하거나 거짓된 정보를 퍼뜨리려고 하는 바람에 거짓 명제가 반복되면 이 또한 친숙하게 들릴 수 있다.

문제의 뿌리는 당신의 뇌가 '나는 전에 이것을 들었다'는 사실을 떠올리는 것, 즉 친숙함을 발견하는 것은 능숙하게 잘하지만 과거에 그것을 어디서 누구로부터 어떤 맥락에서 들었는지는 잘 기억하지 못한다는 데 있다.[11] 관련된 그 모든 추가 정보를 저장하는 데는 노력이 필요하고, 한정된(그래서 귀중한) 인지 자원을 추가로 소모해야 하기 때문이다.

"비타민C는 감기 치료에 도움이 된다"라는 말을 들을 때 당신은 이런 말을 예전에도 들은 적이 있음을 떠올린다. 그러나 이 말을 민간 속설이라면 무조건 믿는 동네 할머니에게서 들었는지, 전문적인 식견이 풍부한 과학자에게서 들었는지는 기억하지 못한다. 그럼에도 친숙하고 사실 같은 것을 좇는 직감이 발동해서 그 말이 참이라고 믿는다.

---

11 D. L. Schacter, "The Seven Sins of Memory: Insights from Psychology and Cognitive Neuroscience," *American Psychologist* 54 (3) (1999): 182.

그래서 당신은 '집쥐는 빠르게 달릴 수 있다'처럼 전체 명제의 일부를 듣는 것만으로도 '집쥐는 시속 40마일(약 64킬로미터)로 달릴 수 있다'라는 전체 명제를 참이라고 믿을 가능성이 크다. 처음 몇 개의 단어에 노출되는 경험만으로도 당신은 전체 명제를 들은 것처럼 느끼게 된다. 이 느낌은 친숙함을 불러일으키고, 이는 다시 사실 같은 직감을 촉발한다.[12]

바로 이것이 어떤 명제가 틀렸음을 입증하기 위해 그 명제를 반복하는 것이 오히려 역효과를 내는 이유다. 예를 들어 당신의 페이스북 친구인 '피노키오'가 '미국에서 수감자는 대부분 이민자다'라는 글을 올린다고 하자. 당신은 이것을 보고는 관련 자료를 검색해 본다. 그리고 그 명제가 사실이 아님을 발견하고는 '미국에서 수감자는 대부분 이민자라는 말은 사실이 아니다'라는 글을 올린다. 그러자 당신의 다른 친구인 '제페토'가 페이스북을 둘러보다가 이 두 개의 게시물을 모두 본다. 그런데 제페토는 '미국에서 수감자는 대부분 이민자다'라는 명제가 친숙하게 느껴진다. 왜냐하면 반복되었기 때문이다. 그래서 그 명제가 참이라고 느낀다. 제페토는 당신이 그 명제를 부정한 사실은 기억하지 못하고 애초에 피노키오가 했던 주장만 기억한다.

사람들이 대부분 그렇듯이 제페토는 1차 정보에는 초점이 매우 잘 맞춰져 있다. 예를 들면 라디오 일기예보에서 오늘 날씨가 추울 것이

---

12 I. Begg, V. Armour, and T. Kerr, "On Believing What We Remember," *Canadian Journal of Behavioural Science / Revue canadienne des sciences du comportement* 17 (3) (1985): 199.

라고 말하는지, 어떤 공직 후보자가 예전에 자기가 전쟁 영웅이었다고 주장하는지, 지역 신문에서 유명한 텔레비전 스타가 마약 범죄를 저질렀다고 보도하는지 같은 것들이다. 그러나 제페토는 1차 정보가 정확한지를 따지는 정보인 '메타 정보'에는 초점이 덜 맞춰져 있다.

만약 당신이 그 일기예보가 라디오 프로그램 진행자가 농담한 것이라는 사실을 들었거나 그 공직 후보자가 표를 얻을 목적으로 학력과 경력을 왜곡했다는 사실을 들었다면, 이 정보를 무시하지 않을 것이다. 그러나 만약 당신이 제페토와 같은 사람이라면, 그래서 대부분 사람과 다르지 않다면 그 정보에 투입해야 할 상당한 양의 인지 자원을 투입하지 않는다. 이런 현상을 심리학 용어로 '**메타인지적 근시(metacognitive myopia)**'라고 부른다.[13]

이 모든 것이 말해주는 교훈은 비록 거짓말을 밝히려는 의도가 있다고 하더라도 거짓말을 반복하지 않도록 주의해야 한다는 것이다. 거짓말이 설득력을 갖지 않도록 애초부터 거짓말을 완전히 무시해버리는 것이 가장 좋다. 물론 거짓말에 정면으로 맞서 해결해야 할 때도 있다. 하지만 이런 상황에서도 잘못된 정보를 반복하지 않도록 하고 오로지 사실만이 사람들에게(그리고 자신에게) 노출되도록 해야 한다.

예를 들어 '미국에서 수감자는 대부분 이민자다'라고 피노키오가

---

13 K. Fiedler, "Metacognitive Myopia—Gullibility as a Major Obstacle in the Way of Irrational Behavior," in *The Social Psychology of Gullibility: Fake News, Conspiracy Theories, and Irrational Beliefs,* ed. Joseph P. Forgas and Roy Baumeister (New York: Routledge, 2019), 123-39.

올린 글을 반박하려고 한다면 다음 둘 가운데 어떤 글을 올리는 게 나을까?

A. 미국 전체 수감자(inmate) 가운데 이민자(immigrant)는 10퍼센트도 되지 않는다.
B. 미국 전체 수감자 가운데 91퍼센트가 미국에서 태어났다.

두 명제의 내용은 동일하다. 그러나 A 명제는 이민자(immigrant)라는 단어와 수감자(inmate)라는 단어를 듣는 사람들의 마음속에서 하나로 이어준다. 두 개념이 하나로 이어지면 사람들이 몇 주 뒤 '미국의 수감자 대부분은 이민자다'라는 말을 들을 때 의도치 않게 친숙함의 신호가 촉발되고, 그 명제가 타당한 것처럼 보일 수 있다. 그러나 B 명제는 '이민자'라는 단어의 반복을 피함으로써 이런 함정을 피한다.

쉽고 단순한 건 모두 옳을까?

○

어떤 말을 반복해서 들으면 익숙하게 느껴지고 그 말이 참이라고 믿을 수도 있다. 하지만 반복이 그 말을 받아들이게 되는 유일한 이유는 아니다. 예를 들어 '새우의 심장은 머리 안에 들어 있다'라는 정보를 처음 접했다고 하자. 만약 그렇다면 당신의 뇌는 이 정보를 처리하는 데 상당한 양의 에너지를 소비할 것이다. 머릿속에 들어 있는 심장의 이미지를 상상할 수도 있고, 가장 최근에 새우를 먹었던 때를 떠올리려 애쓸 수도 있다. 그러나 다음번에 이 정보를 접할 때 당신의 뇌는 이 정보를 처리하는 데 그다지 많은 일을 할 필요가 없기에 거기에 덜 반응한다. 세 번째로 그 정보를 접할 때는 양적으로나 시간적으로나 뇌의 반응이 훨씬 적고 짧다.[14]

이것은 습관화의 한 형태다. 당신의 뇌가 면도한 뒤에 바르는 스킨로션에 반복적으로 노출될 때 그 냄새에 더는 반응하지 않듯이, '새우의 심장은 머리 안에 들어 있다'라는 주장에 더는 반응하지 않는 것이다.

요약하면 스킨로션에 대한 민감성을 떨어뜨리는 것과 동일한 신경 메커니즘이 반복적으로 제시되는 정보를 믿게 만든다는 게 아니다. **반복되는 자극에 대한 신경 반응이 줄어든다**는 기본적인 원리가 두 경우에 모두 작동한다는 것이다. 어떤 명제의 자극이나 노출이 반복되면서 정보 처리가 수월할 때(즉 신경 반응이 줄어들 때) 그 명제를 사실로 받아들일 가능성은 상대적으로 커진다. 정보 처리가 수월하다는 것은 '놀라움의 신호'가 없다는 뜻이다. 즉 좀 더 생각하기 위해 멈춰 서지 않고 그냥 받아들인다는 뜻이다.

우리는 인지 에너지 소비를 줄여야 하므로 굳이 동일한 명제를 반복할 필요가 없다. 예를 들어 방금 이 책에서 '새우의 심장은 머리

---

14 A. J. Horner and R. N. Henson, "Priming, Response Learning and Repetition Suppression," *Neuropsychologia* 46 (7) (2008): 1979-91.

안에 들어 있다'라는 말을 여러 차례 반복했기 때문에 당신은 '새우의 심장은 머리 안에 들어 있고, 새우의 뇌는 직장 안에 들어 있다'라는 명제를 받아들일 가능성이 한층 커졌다. 당신은 이 명제의 전반부를 이미 들었기 때문에 '새우의 심장은 머리 안에 들어 있고, 새우의 뇌는 직장 안에 들어 있다'라는 전체 명제를 처리하는 데는 훨씬 적은 자원만 소비하면 된다.

전체 덩어리로서의 정보는 처리하기가 한층 쉬워지고 이는 친근감을 유발한다. 그리고 이 친근감은 바로 진실(참) 또는 믿음으로 번역된다(참고로 오해를 방지하기 위해 덧붙이면 새우는 심장이나 위 등의 중요한 기관들을 머리 안에 두고 있다. 왜냐하면 새우의 머리는 몸의 다른 부분보다 튼튼한 껍질로 보호받기 때문이다. 그러나 새우의 뇌는 직장 안에 있지 않다. 이것도 역시 머리 안에 들어 있다).

어떤 명제를 몇 번이고 반복하는 것은 정보를 처리하기 쉽게 만드는 한 가지 방법이긴 하지만(이것은 해당 정보에 대한 신경 반응이 줄어드는 것과 같다) 유일한 방법은 아니다. 다음 두 개의 명제를 보자. 당신은 어느 것이 참이라고 생각하는가?

A. 태아에게 클래식 음악을 들려주면 아이큐가 높아진다.

B. 임신했을 때 땅콩을 먹으면 아기에게 땅콩 알레르기가 생길 가능성이 커진다.

보통 사람이라면 대개는 A 명제를 참이라고 믿는다(그러나 사실은 둘 다 참이 아니다). A 명제가 B 명제보다 글꼴이 크고 진해서 머 릿속에서 정보를 처리하기가 상대적으로 더 쉽기 때문이다. 따라 서 빨간색처럼 두드러진 색상이나 읽기 쉽게 커다란 글꼴로 인쇄 되어 해당 정보를 처리하기 쉬울 때 참으로 인정받을 가능성이 크 다.[15] 사람들은 그 쉬움을 해당 정보의 진실성과 연관시킨다(쉬운 게 옳은 것이다!).

우리가 연관 또는 연상이라는 뜻의 'association'이라는 단어를 쓰 는 데는 이유가 있다. 사실 우리는 어떤 정보가 처리하기 쉽다고 해 서 그 정보가 참일 가능성이 더 크다는 식으로 **유추해서 생각하지 않 는다.** 여기에는 연상이라는 과정이 작동할 뿐이다. 사람은 쉽게 처리 될 수 있는 정보일수록 **자동으로 믿는** 경향이 있다는 말이다.

따라서 직장이나 소셜미디어에서 어떤 정보를 제시할 때 그 정보 가 작은 글꼴이거나 두드러지지 않은 색상으로 되어 있다면 사람들 이 그 정보를 참이라고 믿을 가능성은 적다. 또 그 명제가 처음 듣 는 내용으로 낯설게 들린다면 더욱 그렇다.

자기가 주장하거나 제시하는 정보를 다른 사람이 쉽게 믿게 하 려면 그 정보의 내용이 쉽게 처리될 수 있도록 하라. 사진이나 그림 을 넣는다든지, 글자를 굵고 크게 한다든지 해서 시각적으로 눈에 띄게 하고, 해당 내용을 상대방이 친숙하게 여기는 개념과 연결한 다거나 그 내용을 곧바로 받아들일 준비가 되도록 만들어라. 그리

---

15 R. Reber and N. Schwarz, "Effects of Perceptual Fluency on Judgments of Truth," *Consciousness and Cognition* 8 (3) (1999): 338-42.

고 반복해서 말하라! 요컨대 사람들이 당신이 제시하는 정보가 처리하기 어렵다는 이유로 그 정보를 미심쩍은 눈으로 바라보게 하지 마라.

마지막 한 사람이 믿을 때까지

○

진실 착각 효과를 정확하게 알고 있으면 중요한 정보를 다른 사람과 소통하고 공유하는 데 도움이 된다. 이때 모든 사람이 다 정확하고 올바른 정보를 공유한다면 아무런 문제가 없다. 하지만 정치인과 마케팅 담당자 등 많은 사람이 으레 거짓이나 입증되지 않은 주장을 반복한다.

많은 광고가 해당 제품에 대한 불확실한 주장(예를 들면 '우주복 소재로 만든 착용식 스티커는 치유 효과를 증진한다' 같은 주장)을 반복한다. 이는 단순 반복으로 잠재적인 구매자가 참이라고 믿게 하거나 다른 믿을 만한 곳에서 들은 적이 있다고 생각하게 하려는 것이다. 그래야 매출을 높일 수 있다고 마케팅 담당자는 생각한다.

정치인도 마찬가지다. 그들은 충분히 반복해서 말하기만 하면 사람들이 그 주장을 진실이라고 받아들일 것임을 잘 알고 있기에, 근거가 부족하거나 아무런 근거도 없는 주장을 반복해서 말한다. 아돌프 히틀러도 이 개념을 잘 알고서 활용했다. 그는 《나의 투쟁》에서 "어떤 구호든 간에 마지막 한 사람이 그 내용을 믿을 때까지 끈

질기게 반복해야 한다"라고 썼다.[16]

정부의 규제 당국은 시장을 보호하기 위해 거짓 광고를 금지하지만, 정부의 이런 조치들도 반복의 영향력을 통제하지는 못한다. 거짓 명제가 자주 반복될 때는 훨씬 더 엄중한 처벌이 내려져야 한다. 소셜미디어를 놓고 생각해보자. 메타, X, 유튜브 등을 운영하는 사람들은 반복 행위에서 비롯되는 잠재적 파괴력에 대해 아직도 동의하지 않고 있다.

그런데 사람들이 게시물을 반복적으로 접할 때 습관화가 작동해서 해당 게시물의 정확성에 대한 믿음이 과장되는 사실만이 문제가 아니라, 그 게시물이 더 많은 사람에게 공유될 가능성이 커진다는 사실도 심각한 문제가 되지 않을까? 탈리는 이 질문에 대한 답을 찾기 위해 실험을 진행했다.[17]

탈리는 공동 연구자인 발렌티나 벨라니(Valentina Vellani)와 함께 실험 참여자 수백 명에게 지리, 과학, 역사, 건강 등의 분야에 대한 명제 60개(예를 들면 '카페인 섭취는 어린이의 뼈 성장을 감소시킨다' 등)를 보여주었다. 먼저 사람들을 두 집단으로 나눠 한 집단에게는 그 명제들을 두 번씩 보여주었고, 다른 한 집단에게는 한 번씩만 보여주었다. 결과는 해당 명제를 두 번씩 본 집단이 그 명제가 참이라고 믿는 경향이 높았다. 진실 착각 효과가 작동한 것이다.

16 Hitler, *Mein Kampf.*

17 V. Vellani et al., "The Illusory Truth Effect Leads to the Spread of Misinformation," *Cognition* 236 (2023): 105421.

여기서 한 걸음 더 나아가 참여자들에게 어떤 명제를 자기 트위터 계정에 올리고 싶으냐고 물었다. 그러자 참여자들은 한 번만 본 명제보다 두 번 본 명제를 자기 계정에 올려서 다른 사람들과 공유하고 싶어 했다. 그들이 그렇게 하고 싶은 이유는 반복해서 본 명제가 참이라고 믿었기 때문이었을까?

발렌티나는 이 궁금증을 해결하기 위해 매개효과 모델링(mediation modeling)이라는 통계 분석 방법을 실행했다. 결과는 그녀가 직감적으로 떠올린 가설과 일치했다. 사람들은 반복되는 명제를 참이라고 믿었고, 그래서 더 자주 트위터 계정에 올려 다른 사람들과 공유하고자 했다.

이 실험 결과는 사람들이 해당 명제가 거짓인 줄 알면서도 나쁜 의도를 갖고 세상에 퍼트리는 게 아님을 보여준다. 오히려 반대다. 사람들은 그들이 참이라고 믿는 정보를 다른 사람들에게 공유하려고 한다. 문제는 단지 반복 때문에 사람들이 진실을 오해한다는 데 있다. 그런데 이 문제는 전혀 새로운 게 아니다. 아주 오래된 문제가 오늘날 그렇게 표현된 것일 뿐이다.

내가 들은 건 진실이다

○

1934년 가을, 건강을 염려하는 분위기가 사람들 사이에 퍼지면서 체스터필드 담배의 판매량이 급감했다. 사람들이 이 담배를 꺼리게 된 것은 폐암에 대한 두려움 때문이 아니었다. 1940년대까지는 흡연과 암의 상관성을 의심하는 사람은 아무도 없었다. 사람들이 무서워한 것은 나병(한센병)이었다. 그래서 체스터필드 담배를 사지 않았다.[18] 나병은 전신에 피부 손상을 유발하고 팔다리의 신경을 손상하는 전염병이다. 오늘날에는 이 병이 드물기도 하고 얼마든지 치료할 수 있지만 1930년대에는 그렇지 않았다. 그때만 하더라도 나병은 무시무시한 질병이었다.

그런데 왜 사람들은 체스터필드 담배를 피우면 나병에 걸린다고 생각했을까? 모든 건 어떤 소문 하나에서 시작되었다. 버지니아 리치먼드에 있던 체스터필드 공장에 나병 환자 한 명이 일한다는 소문이었다. 그래서 체스터필드 담배를 피우는 사람은 그 끔찍한 병에 걸릴 위험에 노출된다고 했다. 휴대전화, 이메일, 소셜미디어 등이 없었음에도 이 소문은 빠르게 퍼졌고, 사람들은 곧장 다른 브랜드의 담배를 사기 시작했다.

체스터필드 측에서는 소문을 잠재우려고 노력했다. 반짝반짝 빛나는 생산 현장의 기계를 강조하는 광고들을 냈다. 또 시민들로부터 신뢰를 받던 리치먼드 시장을 설득해 "체스터필드 공장을 철저하게 조사했지만 나병 환자는 발견되지 않았다"라는 내용의 공식 발표를 하게 했다. 하지만 이런 시도들은 아무런 효과가 없었다. 매출은 계속 줄어들었고 이 현상은 10년 동안 이어졌다. 그 헛소문이 처음에

18 Barbara Mikkelson, "Leper in Chesterfield Cigarette Factory," Snopes, December 17, 1999, https://www.snopes.com/fact-check/the-leper-who-changes-spots/.

어떻게 시작되었는지는 아무도 정확하게 알지 못한다. 그러나 체스터필드 측에서는 경쟁 업체가 시장점유율을 높이기 위해 그런 소문을 만들어냈다고 의심했다.

여러 면에서 체스터필드 사례는 거짓 정보 확산의 전형이다. 체스터필드 공장에 나병 환자가 있다는 소문은 사람들 사이에 호기심과 공포를 불러일으켰고, 그 소문을 전해 들은 많은 사람이 다른 사람들에게 소문을 옮겼다. 소문이 반복해서 언급되자 그 소문에 대한 사람들의 믿음이 커졌고(이렇게 된 데는 그 정보를 처리하기가 한층 쉬워졌다는 것도 부분적으로 작용했다), 그래서 다른 사람들에게 소문을 전할 가능성도 커졌다.

당시 사람들은 나병 환자 이야기를 또 다른 이유로 참이라고 믿었다. 그 이유는 바로 '진실 편향(truth bias)'이다.[19] 진실 편향은 자기가 들은 것을 진실이라고 믿고자 하는 인간의 기본적인 성향에서 비롯되는 오류다. 우리는 사람들이 진실을 말한다고 가정하는 경향이 있다. 예를 들어 낯선 곳에 가서 처음 본 사람에게 길을 묻는다고 하자. 이때 그 사람이 일부러 잘못된 길을 일러줄 것이라는 생각은 잘 하지 않을 것이다. 일반적으로 타인을 신뢰하는 것은 어떤 사회든 간에 그 사회가 제 기능을 하기 위한 필수 조건이다. 모든 사람이 거짓말을 한다고 모든 사람이 믿는 사회에서는 아무도 살아남지 못할 것이다.

---

19 I. Skurnik et al., "How Warnings about False Claims Become Recommendations," *Journal of Consumer Research* 31 (4) (2005): 713-24.

그러나 이 진실 편향은 때때로 우리를 곤란하게 만든다. 보이스피싱 같은 사기 사건으로 발생하는 피해 금액이 해마다 수십억 달러나 되는 것만 봐도 알 수 있다. 다시 말하지만 진실 편향으로 피해를 입는 사람은 기술 발전에 뒤처진 사람이나 노인, 10대 청소년만이 아니다. 온갖 거래 현장에서 잔뼈가 굵은 사업가나 박학다식한 학자조차도 이런 피해를 당하곤 한다.

대표적인 예로 안나 소로킨(Anna Sorokin)은 독일의 부유한 상속녀 행세를 하면서 뉴욕의 주요 투자자들과 은행 및 호텔들을 상대로 거액의 사기 행각을 벌였다. 〈뉴욕타임스〉의 베스트셀러 작가들은 한 출판사의 편집부 직원인 척하는 남자에게 속아서 곧 출판될 자기 원고를 보내기도 했다.

오래전 탈리도 진실 편향에 희생되었다. 당시 그녀는 런던 중심부에 거주하던 학생이었다. 그녀는 회의나 워크숍에 참석하기 위해 해외로 여행할 때는 살고 있던 아파트를 다른 사람에게 단기로 빌려주곤 했다.

어느 날 저녁 그녀는 일주일 동안의 여행을 마치고 집으로 돌아왔다. 너무도 지친 나머지 빨리 샤워를 하고 잠자리에 들어야겠다는 생각뿐이었다. 그런데 현관문을 열려고 열쇠를 집어넣었는데 문이 열리지 않았다. 열쇠가 맞지 않았다. 이상하다고 생각하면서 몇 번이나 시도해봤지만 소용없었다. 잠시 후 아파트 안에서 도무지 알아들을 수 없는 외국어가 들렸다. 곧 탈리의 당혹감은 놀라움으로 바뀌었다. 30대 여성이 문을 열고 나온 것이다. 그녀는 한 손에는 담배를, 다른 한 손에는 화이트와인이 담긴 잔을 들고 있었다.

"Sì?(네?)"

그 뒤에 일어났던 일은 기억이 희미하지만, 어쨌거나 탈리는 그 집은 자기 집이며 누군데 거기에 있느냐고 횡설수설하면서 물었다. 그러자 그녀는 강한 이탈리아어 억양으로 이렇게 말했다.

"아, 그래요? 우리는 당신이 오길 기다리고 있었어요."

배우자와 함께 있었던 그녀는 탈리가 단기로 아파트를 빌려준 사람에게 속아서 그 아파트를 빌렸다고 했다. 그 사기꾼이 아파트가 자기 소유라면서 6개월 기한으로 그들 부부에게 빌려주었고 첫 달 월세와 마지막 달 월세를 미리 받아 갔다는 것이었다. 또 그들이 그 아파트에 들어온 다음 날에는 50대의 스페인 남자가 여행 가방과 열쇠를 가지고 나타났는데, 그도 그 사기꾼에게 속아서 첫 달 월세와 마지막 달 월세를 미리 줬다고 했다.

이탈리아인 부부는 문제의 그 '주인'에게 전화를 하고 이메일을 보냈지만 전화도 받지 않았고 이메일에도 묵묵부답이었다. 그래서 세 사람이 함께 경찰서를 찾아갔는데, 거기서 그 '주인'이 사기꾼이며 자기들이 사기를 당했음을 알았다고 했다. 그들은 진짜 주인이 언제 돌아오는지, 과연 돌아오기나 하는지 알 수 없는 상황에서 또 다른 피해자가 아파트로 들어오려고 할지 모르므로 자물쇠를 바꾸고 당분간 거기에 머물기로 했고, 그러다 진짜 주인인 탈리가 돌아온 것이었다.

그날 밤 이탈리아인 부부는 짐을 챙겨서 나갔다. 탈리는 또 다른 피해자가 현관문을 밀고 들어올지 몰라 소파를 현관문 앞에 밀어놓고 잤다. 그런데 다음 날 아침 탈리는 자기 물건이 한두 개도 아니고 여러 개가 사라져버렸음을 깨달았다. 그 사기꾼은 노트북이나 카메라와 같은 귀중품은 그렇다 치더라도 옷과 DVD(그렇다, USB가 아닌 DVD가 있던 시절에 일어난 일이다), 책, 캔버스 그림 같은 개인적인 물품들까지 훔쳐 갔다.

돌이켜보면 그 사기꾼이 사기를 치겠다는 의도는 처음부터 분명했다. 그 사람은 아파트를 보러 오지도 않았다. "런던에서 회의가 몇 차례 있을 때 잠깐만 쓸 겁니다"라고 말했었다. 탈리가 샤워기가 잘 작동하지 않는다고 경고했을 때도 자기는 샤워를 할 일이 없다고 했다('특이하네'라고 탈리는 생각했다). 또 아파트를 빌리는 대금을 현금으로 지불했는데, 굳이 오후 아홉 시 반이라는 늦은 시간에 가로등도 켜져 있지 않은 골목에서 돈을 주겠다고 했다. 탈리는 어두운 골목에서 사기꾼의 얼굴이 어떤지 제대로 보지도 못했다.

이처럼 자기에게 제공되는 정보가 진실일 것이라는 기본 가정(default assumption)은 워낙 강력해서, 거짓말을 의심할 단서는 쉽게 무시되고 만다. 탈리도 가로등 없는 어두컴컴한 골목에서 현금과 열쇠를 주고받으며 이상하다는 느낌을 받긴 했지만, 진실 편향의 기본 가정에 휘둘려서 더는 의심하지 않았다.

여러 연구에 따르면 체스터필드 담배를 둘러싼 헛소문처럼 정보를 신뢰할 수 없거나 그 정보가 거짓이라는 해명이 명백하게 나왔음에도 불구하고, 사람들은 어떤 선택을 할 때 여전히 거짓 정보에 의존한다.[20] 그렇다면 혹시 진실을 밝히는 일이 직업인 사람에게도 이런 일이 일어날까?

이 질문의 해답을 알아내기 위해 연구자들이 나섰다. 사회심리학자 미르토 판타지(Myrto Pantazi)가 이끄는 연구진은 경험이 많은 판사들을 참여자로 모집하고, 그들에게 두 개의 형사 사건에서 피고로 지목된 사람들과 관련된 정보를 주었다.[21] 그리고 이 판사들에게 그들이 받은 정보 일부가 명백하게 허위임을 분명하게 일러주었다. 그런 다음 두 피고가 얼마나 위험한지 평가하라고 했고, 징역형을 얼마나 선고하는 것이 바람직할지 물었다. 이 과정에서 판사들은 일부는 명백한 거짓이라고 들었던 정보를 과연 적절하게 평가했을까?

결과는 그렇지 않았다. 피고를 나쁘게 평가하는 정보를 받았을 때 그들은 그 정보에 영향을 받았다. 그 정보가 가짜 정보라는 걸 명백하게 들었음에도 그랬다. 심지어 그게 다가 아니었다. 그들은 거짓 증거를 올바른 증거로 잘못 기억하는 경향이 있었는데, 올바른 증거를 거짓 증거로 기억하는 것보다 더 자주 그렇게 했다. 아무리 경험이 많은 노련한 판사들도 피고인에 대한 거짓 정보에 휘둘릴 수 있다. 심지어 그 정보가 거짓 정보라는 말을 명백하게 들은 경우에도 그렇다.

---

20 각주 19와 같은 자료.

21 M. Pantazi, O. Klein, and M. Kissine, "Is Justice Blind or Myopic? An Examination of the Effects of Meta-Cognitive Myopia and Truth Bias on Mock Jurors and Judges," *Judgment and Decision Making* 15 (2) (2020): 214.

'좋아요'보다 '신뢰해요'

○

진실 편향과 쉬운 게 옳은 것이라는 직감이 하나로 결합될 때 사람들은 거짓 정보와 가짜 뉴스 그리고 사기에 취약해진다. 그러나 이런 편향이나 직감에 대해 지식으로 무장하면 훨씬 덜 취약해질 수 있다. 우리는 이런 편향이나 직감에서 자유로울 수 없다. 이런 것들은 워낙 우리 뇌의 깊은 곳에 각인되어 있기 때문이다. 그러나 이런 편향을 제대로 인식하기만 하면 자신을 보호할 여러 가지 방법을 마련할 수 있다.

탈리는 아파트 사기 사건을 당한 뒤에는 단기로 임대 거래를 할 때마다 상대방의 신원을 철저하게 조사했다. 이렇게 개인뿐만 아니라 소셜미디어 플랫폼을 비롯해 기업들도 거짓말이나 사기에 대응하는 정책을 더 적극적으로 실행해서 개인과 사회를 보호하고 나서야 한다. 기술 및 미디어 플랫폼은 사람들이 진실만을 말한다고 설정하는 경향, 거짓임에도 불구하고 반복해서 제시되는 정보를 믿고 공유하려는 경향 같은 인간의 기본적인 성향을 증폭하는 경우가 많기 때문이다.

여기서 과학은 우리가 할 수 있는 일이 무엇인지 일러준다. 〈네이처(Nature)〉에 실린 한 연구에 따르면, 단 하나의 명제가 갖는 진실성을 충분히 고려하도록 사용자들을 유도하면 그들의 사고방식이 바뀌어 정확성에 훨씬 민감한 태도를 보인다.[22] 그리고 그렇게 한 결과

---

22 G. Pennycook et al., "Shifting Attention to Accuracy Can Reduce Misinformation Online," *Nature* 592 (7855) (2021): 590-95.

사람들이 공유한 신뢰할 수 있는 뉴스 링크의 수는 가짜 뉴스 링크 수의 세 배로 늘어났다.

신뢰성이 높은 사용자들에게 보상하는 것도 또 다른 접근법이 될 수 있다. 소셜미디어 플랫폼에 정확한 정보를 올린 사람은 온라인에서 보상을 받고, 가짜 정보를 올린 사람은 온라인에서 처벌을 받는다고 상상해보자.[23] 당근과 채찍의 이 시스템은 과연 가짜 정보가 확산되는 것을 줄일 수 있을까?

탈리와 로라 글로빅, 노라 홀츠(Nora Holtz)는 이 질문의 답을 찾는 실험을 했다.[24] 누구나 다 알고 있듯이 소셜미디어 플랫폼이 안고 있는 한 가지 문제는 '좋아요'나 리트윗 같은 방식으로 이뤄지는 보상이 해당 게시물의 정확성에 좌우되지 않는다는 점이다. 즉 명백한 가짜 정보를 담은 게시물이 '좋아요' 수천 개를 받을 수 있다는 뜻이다. 그래서 사람들은 가짜 정보를 게시하는 것이 사람들의 관심을 끄는 손쉬운 방법임을 배운다. 하지만 만일 소셜미디어 플랫폼의 인센티브 구조를 조금만 바꿔서, 신뢰할 수 있는 정보를 올리는 사용자들에게 가시적인 보상을 확실하게 제공하면 어떨까?

탈리와 동료들은 바로 이 질문에 초점을 맞춰 실험을 진행했다. 그들은 여러 면에서 트위터와 비슷하지만 전통적인 버튼 외에 '신뢰한다'와 '불신한다'라는 두 개의 버튼을 추가한 소셜미디어 플랫폼

23 T. Sharot, "To Quell Misinformation, Use Carrots—Not Just Sticks," *Nature* 591 (7850) (2021): 347.

24 L. K. Globig, N. Holtz, and T. Sharot, "Changing the Incentive Structure of Social Media Platforms to Halt the Spread of Misinformation," *eLife* 12 (2023): e85767.

을 만들었다. 그러자 세 가지 일이 일어났다. 첫째, 사용자들은 '신뢰한다'와 '불신한다'라는 버튼을 '좋아요' 버튼보다 세 배나 많이 클릭해서 진짜 정보를 담은 게시물과 가짜 정보를 담은 게시물을 구분했다. 이는 민주당과 공화당에 대해서뿐만 아니라 과학, 정치, 건강 등의 여러 영역에 걸쳐서 그랬다.

둘째, 사용자들은 가짜 정보를 담은 게시물보다 진짜 정보를 담은 게시물을 더 많이 올리기 시작했다. 이유가 뭘까? 신뢰의 '당근'을 될 수 있으면 많이 받고, 끔찍한 불신의 '채찍'을 될 수 있으면 피하고 싶었기 때문이다. 그 결과 거짓 정보의 확산은 절반으로 줄어들었다.

하지만 이게 다가 아니었다. 세 번째 변화도 있었다. 사용자들은 더 정확한 믿음을 갖게 되었다. 이유가 뭘까? 사용자들이 긍정적인 피드백을 받으려고 더 많은 시간과 노력을 들여서 무엇이 참이고 무엇이 거짓인지 곰곰이 생각했기 때문이 아닐까 싶다.

이 연구 실험은 실제 현실의 소셜미디어 플랫폼에서 진행되지 않았기 때문에(그렇게 되려면 이 실험에 머스크와 저커버그도 참여해야 한다) 이것이 정말 효과가 있을지는 장담할 수 없다. 그러나 시도해볼 가치는 충분하다고 생각한다. 우리의 목표가 진실 편향이 더는 편향이 아닌 사회를 만드는 것이기 때문이다.

3부

건강과 안전

: 생존과 도전 사이의 균형

8장

위험

스웨덴의 '우측통행으로 바뀌는 날'이 가르쳐주는 교훈

나의 안전지대(comfort zone)는 나를 감싸는 작은 거품과도 같다.
지금까지 나는 이 거품을 여러 가지 다른 방향으로 밀면서 점점 더 크게 만들었고,
그러다 보니 터무니없어 보이던 목표들이
마침내 얼마든지 달성 가능한 범위 안으로 들어왔다.

_알렉스 호놀드(Alex Honnold), 암벽 등반가[1]

마술사 조 버러스(Joe Burrus)가 몇 피트 지하의 나무 관 안에 누워 있었다. 이상한 일은 아니다. 사람은 누구나 결국 그렇게 되니까 말이다. 그런데 조는 지상의 가족과 친구들이 이야기하는 소리를 들을 수 있었다. 사실 그는 죽은 게 아니었다.

1989년 미국 오리건에서 있었던 일이다. '어메이징 조'라는 별명으로도 알려진 조 버러스는 위대한 마술사 해리 후디니(Harry Houdini)

---

1   Mark Synnott, "Legendary Climber Alex Honnold Shares His Closest Call," *National Geographic*, December 30, 2015, https://www.nationalgeographic.com/adventure/article/ropeless-climber-alex-honnolds-closest-call.

를 단번에 스타로 만들었던 묘기를 시도하고 있었다. 1915년에 후디니는 6피트(약 1.8미터) 지하에 산 채로 묻혔다. 그리고 그 누구의 도움도 받지 않고 혼자서 흙을 파헤치고 무사히 바깥으로 나오는 묘기를 시도했다. 그런데 이건 애초에 상상했던 것보다 훨씬 더 어려웠다. 1인치(2.54센티미터)씩 흙을 밀어내면서 올라올 때마다 후디니는 죽을힘을 다했다. 마침내 그의 손가락 끝이 지면 위로 올라왔고 그 순간 그는 의식을 잃었다. 운 좋게도 조수들이 늦지 않게 끌어올려 그는 겨우 목숨을 구했다.[2]

조는 자기가 후디니보다 더 잘할 수 있다고 믿었다.

"나는 마술의 달인이자 탈출 예술가입니다. 나는 제2의 후디니이며, 내가 후디니보다 더 잘할 거라고 믿습니다."[3]

오리건에서 그날 조는 손목을 묶은 수갑을 푼 다음 관에서 나와 지면까지 흙을 파고 나왔다. 묘기는 대성공이었다. 그래서 조는 1년 뒤에 이 묘기를 한 번 더 하기로 했다.

1990년 핼러윈데이 전야, 캘리포니아 프레즈노에 있는 블랙비어드 가족오락센터(Blackbeard's Family Entertainment Center)에서 그는 다시 지하에 묻힌 관 안에 누워 있었다. 그런데 이번에 그가 선택한 관은 플라스틱과 유리로 된 투명한 상자였다. 플라스틱은 나무만큼

---

2 "Magician Killed Attempting Coffin Escape Trick," *Los Angeles Times*, November 1, 1990; and "When Magic Kills the Magician," *Jon Finch* (blog), https://www.finchmagician.com/blog/when-magic-kills-the-magician.

3 "Magician Dies in Halloween Houdini-Type Stunt," United Press International, November 1, 1990, https://www.upi.com/Archives/1990/11/01/Magician-dies-in-Halloween-Houdini-type-stunt/2524657435600/.

튼튼하지 않았지만 속이 훤히 비쳐서 그가 관으로 들어가 눕는 모습을 관객이 지켜볼 수 있었다.

그 관은 지하 7피트(약 2.1미터) 아래에 있었는데, 이는 그가 1년 전에 탈출했던 관보다 더 깊은 곳이었으며 후디니의 목숨을 앗아갈 뻔했던 관보다도 더 깊었다. 그리고 1989년에는 관이 가벼운 흙으로 덮여 있었지만 이번에는 시멘트가 추가되었다. 조는 손을 묶은 수갑을 푼 다음 플라스틱으로 만든 관에서 탈출하고, 7피트 두께의 흙과 시멘트를 헤치고 지면 밖으로 나와야 했다.[4]

너무 위험했다. 그러나 조는 그 위험한 탈출에 성공할 수 있다고 믿었다. 가족과 친구와 언론, 심지어 동료 마술사들까지 나서서 말리고 경고했지만 그는 고집을 꺾지 않았다. 그는 자신만만했다. 그래서였을까. 조는 자기가 들어갈 상자의 한쪽 구석에 금이 가 있었음에도 상관하지 않았다. 금이 간 부분에 강력 접착테이프를 붙이기만 했을 뿐이다. 결국 이 이야기는 비극으로 끝났다. 9톤이나 되는 흙과 시멘트가 조가 누운 플라스틱 관 위로 쏟아지자 관은 깨졌고, 조는 산 채로 매장되고 말았다.

조가 자기 목숨을 앗아갈 결정을 내리게 된 데는 여러 가지 요인이 작용했다. 그런데 그중 한 가지 요인은 우리 모두를 이런 위험으로 이끌 수 있다. 바로 **위험 습관화(risk habituation)**다. 실제로 존재하는 위험의 수준은 예전과 다름없이 그대로임에도 불구하고 해당 행

---

4   각주 3과 같은 자료.

동을 하면 할수록 그 행동을 점점 덜 위험한 것으로 인식하는 심리적 경향이다. 이런 심리 상태에서는 점점 더 큰 위험을 감수하면서도[5] 그 위험을 점점 덜 위험하다고 느낀다.

뒤에서 곧 살펴보겠지만 위험 습관화는 정치인들이 자기 경력을 망치거나 나라에 해를 끼치는 결정을 내리게 하고, 운전자가 난폭 운전을 하게 만들며, 노동자가 작업 현장에서 불필요한 위험을 감수하게 한다. 이처럼 위험 습관화는 우리의 안전과 건강, 재정과 관련된 결정에 커다란 악영향을 끼친다.

잠깐 맛보기로 탈리가 하딜 하지 알리(Hadeel Haj Ali)와 함께 수행했던 연구 실험을 살펴보자.[6] 이 실험에서 연구자들은 실험 참여자들이 룰렛 게임을 20차례 반복하게 했다. 룰렛 게임에서 사람들은 자기가 이겼는지 졌는지 확인하려면 마지막까지 가봐야 했는데, 처음에는 약간의 위험만 감수했다. 그러나 시간이 지나자 사람들은 자기 앞에 닥친 위험을 점점 더 편안하게 받아들이고 도박의 규모를 점점 더 키웠다. 그리고 그들이 감당해야 하는 재정적 위험도 가파르게 상승했다.

이 연구에서 그들이 도박할 수 있는 최대 금액은 비교적 소액이었다. 그러나 이 실험에서 나타났던 것처럼, 주식 시장과 같은 실제 현실에서 위험 수준이 빠르게 올라갈 때 도박자들이(사실 따지고 보면

5   Donald S. Bosch, "Risk Habituation," Headington Institute, 2016, https://www.headington-institute.org/resource/risk-habituation/.

6   H. Haj Ali, M. Glickman, and T. Sharot, "Slippery Slope of Risk-Taking: The Role of Habituation in Risk-Taking Escalation," Computational Cognitive Neuroscience Annual Meeting, 2023.

주식 시장도 도박판이나 다름없다) 얼마나 많은 돈을 잃을지는 쉽게 상상할 수 있다. 바로 이것이 문제다.

그러나 위험 습관화의 긍정적인 측면도 있다. 그 덕분에 우리는 한계를 넘어설 수 있고, 더 풍요롭고 평온한 삶을 살 수 있으며, 개인과 인류가 발전하고 진보할 수 있다. 이런 장점과 단점의 균형을 맞추기 위해서라도 위험 습관화에 대해 잘 알아두어야 한다.

위험 습관화의 두 얼굴

○

이런 상상을 해보자. 당신은 숲에서 하이킹을 하고 있다. 푸른빛이 도는 고요한 연못 위에 걸린 아름다운 다리에 도달했다. 무척이나 더운 날이라서 몸이 뜨겁게 달궈져 있다. 당신은 몸의 열기를 식히려고 다리에서 연못으로 풍덩 뛰어들겠다고 마음먹는다. 위험이 없는 게 아니지만 어쨌거나 그렇게 하기로 마음먹는다. 심장이 쿵쾅거린다. 아무래도 그렇게 높은 위치에서 뛰어내리는 게 무섭다. 그래도 뛰어내린다. 다행히 다치거나 하지는 않는다. 기분 좋게 물에 들어갔던 당신은 한 번 더 뛰어내리기로 한다. 이번에는 심장이 덜 쿵쾅거린다. 그리고 아까처럼 조심하지도 않는다. 다리에서 수면으로 뛰어내리는 일이 완벽하게 안전해 보인다.

그렇게 아홉 번을 뛰어내렸고, 열 번째는 뒤로 공중제비를 넘는 걸 시도한다. 그런데 당신이 미처 모르는 점이 하나 있다. 그 다리에서 뛰어내리는 사람 100명 가운데 한 명꼴로 응급실에 간다는 사실이다. 이런 확률을 생각하면 당신이 다치지 않은 게 썩 놀라운 일은 아니지만, 점점 더 큰 위험을 무릅쓰면서 계속 뛰어내린다면 진짜 위험해질 수 있다.

위험을 평가할 때 사람들은 흔히 자기가 느끼는 감정을 평가의 잣대로 삼는다.[7] 위험한 어떤 일, 즉 정말 좋은 결과를 낼 수도 있고 정말 나쁜 결과를 낼 수도 있는 위험한 일을 하려고 할 때 사람들은 보통 두려움, 흥분, 각성 등의 온갖 감정이 폭발하는 심리 상태를 경험한다. 지금 당신이 비트코인에 거금을 투자하거나, 짝사랑하는 사람에게 데이트 신청을 하거나, 스카이다이빙을 하거나, 롤러코스터를 타거나, 코카인을 흡입한다고 상상해보라. 심장이 벌렁거리고 두 발이 후들거릴 것이다. 당신의 뇌는 그런 행동들이 상당히 위험하다는 뜻으로 그 신호들을 해석한다. 당신이 느끼는 그런 감정들은 내면의 브레이크 역할을 할 수 있으며, 그래서 다리에서 뛰어내리는 것 같은 위험한 행동을 자제할 수 있다.

그런데 만약 위험하다는 느낌을 전혀 느끼지 못한다면 당신은 위험한 행동을 하는 것을 막아줄 브레이크가 없는 것이다. 아마도 당신은 전 재산을 비트코인에 '몰빵'할 것이고, 짝사랑하는 사람에게 가서 다짜고짜 결혼하자고 할 것이며, 까마득한 절벽에서 무작정 뛰어내릴 것이다.

---

7 G. F. Loewenstein et al., "Risk as Feelings," *Psychological Bulletin* 127 (2) (2001): 267.

지금쯤이면 당신은 감정적인 습관화에 대해 어느 정도 이해했을 것이다. 만약 어떤 대상이 당신의 내면에서 감정적인 반응을 촉발한다고 하면, 나중에 똑같은 대상을 마주할 때마다 촉발되는 반응의 크기는 점점 줄어든다는 것이다. 따라서 다리에서 뛰어내리기 전처럼 어떤 위험을 무릅쓰기 전에 느끼는 두려움의 강도는 나중에 그 행동을 반복할 때마다 줄어든다. 그 위험한 행동이 재앙으로 이어지지 않는 한, 즉 다리에서 연못으로 뛰어내려도 머리가 깨지지 않는 한 그게 맞다. 그러나 만약 머리가 깨지거나 갈비뼈가 부러지거나 하면 곧바로 탈습관화가 일어난다.

　자, 지금 당신이 어떤 위험을 무릅쓴다고 가정해보자. 눈이 오는 밤에 도로를 무단횡단하거나, 높은 다리에서 수면을 향해 뛰어내리거나, 운전하면서 휴대폰으로 문자를 보내거나, 안전하지 않은 섹스를 하거나, 도로에서 운전하면서 제한속도를 초과하거나, 잘 알지 못하는 고위험 주식에 투자하거나, 스스로 산 채로 땅에 묻히거나 한다고 말이다. 이렇게 해도 나쁜 일이 일어나지 않으면 당신의 뇌는 그 행동의 위험성을 처음보다 낮다고 재평가할 것이다. 어쨌거나 나쁜 일은 일어나지 않았으므로 당신은 그 행동을 앞으로도 반복할 가능성이 크고, 나중에는 그보다 더 큰 위험을 감수하면서도 아무렇지 않다고 느낀다.

　그런데 이것이 반드시 비이성적이지만은 않다. 과거의 경험을 참고해서 현재의 위험을 추정하는 건 미친 짓이 아니다. 기존의 믿음을 업데이트하는 것일 뿐이다. 하지만 당신에게는 믿고 의지할 데이터가 많지 않다. 그래서 우연히 얻은 몇 안 되는 개인적인 경험에 의존하고, 이 의존이 종종 지나친 믿음으로 이어지기도 한다.

다시 조 버러스를 생각해보자. 조는 어느 날 갑자기 수십 톤 무게의 흙과 시멘트 아래의 플라스틱 관에 스스로 묻히기로 마음먹은 게 아니다. 그는 그동안 온갖 다양한 상황에서 다양한 상자를 탈출하는 경험을 쌓았다. 처음 지하에 묻히는 경험을 했을 때 마음이 평온했고, 그래서 다음번에도 마찬가지일 거라고 추정했다. 지하에서 흙을 헤치고 지면 밖으로 나오는 경험을 무사히 해냈기 때문에 그는 그 일을 한 번 더 한다는 것을(비록 이번에는 흙 위에 시멘트를 덮는 게 추가되었지만) 전혀 위험하다고 인식하지 않았다. 조는 한 차례씩 새로운 시도를 할 때마다 위험을 점점 더 많이 감수했고 그때마다 위험에 대한 그의 인식은 실제 현실과 점점 더 멀어졌다.

역사에는 위험을 점점 더 많이 감수하다가 끝내 무서운 일을 당했던 사람들이 넘쳐날 정도로 많다. 영국의 전 총리 데이비드 캐머런(David Cameron)을 예로 들어보자. 역사학자 앤서니 셀던(Anthony Seldon)은 다음과 같이 썼다.

"데이비드 캐머런은 앞으로 엄청난 도박사로 기억될 것이다. 그는 2011년에 영국을 리비아 내전에 개입시켰고, 2013년에도 그렇게 하려다가 실패했으며, 2014년에는 스코틀랜드의 독립 문제를 두고 국민투표를 실시했다. 또 2016년에는 유럽연합(EU) 탈퇴 문제를 두고 국민투표를 실시했다. (…) EU 탈퇴와 관련된 판단을 국민투표에 부치기로 한 그의 판단은 지금도 여전히 정치사에서 가장 큰 도박으로 꼽힌다."[8]

캐머런은 국민투표가 비록 도박이긴 해도 안전한 도박이라고 믿었다. 영국 국민은 영국이 EU의 일원으로 계속 남아야 한다는 쪽에 투표할 것이고, 그러면 자기를 반대하는 진영의 힘이 약해질 것이라고 믿었다. 하지만 결과는 그가 바라던 대로 나오지 않았다. 그는 이 도박 때문에 쉰 살이라는 젊은 나이에 정치 경력이 끝장났고, 영국 역사의 진행 방향은 완전히 틀어졌다.

사람들은 습관화 말고도 다른 여러 이유로 위험을 점점 더 많이 감수한다. 탈출 예술가들은 더 위험한 도전을 시도해서 성공할 때마다 경제적 보상을 더 많이 얻는다. 정치인들은 공직을 계속 이어가기 위해 위험을 더 많이 감수하기도 한다. 그러나 습관화가 위험을 더 많이 감수하게 하는 핵심 이유인 것만은 확실하다.

오래된 위험, 새로운 위험

○

대부분 사람에게는 정치적 위험이나 땅속의 관에 들어갈 때의 위험을 과소평가하느니 어쩌니 하는 게 문제가 되지 않는다. 하지만 데이비드 캐머런이나 조 버러스 같은 도박꾼이 가지고 있었던 모험 성

---

8   Ian Kershaw et al., "David Cameron's Legacy: The Historians' Verdict," *Guardian*, July 15, 2016, https://www.theguardian.com/politics/2016/jul/15/david-camerons-legacy-the-historians-verdict.

향은 우리 모두에게도 조금씩 있다.

코로나19 때를 생각해보자. 봉쇄 조치가 처음 시행되었을 때 탈리와 동료들은 한 집단을 대상으로 설문조사를 하면서 과연 자기가 그 질병에 걸릴 거라고 생각하는지, 코로나19 바이러스가 얼마나 위험하다고 생각하는지 물었다.[9] 사람들은 그럴 위험이 매우 크다고 생각했고, 그래서 두려워하고 조심스러워했다. 그로부터 몇 주가 지난 뒤 (그때는 백신이 도입되기 훨씬 전이었다) 탈리와 동료들은 그들에게 똑같은 질문을 한 번 더 했다. 그런데 이번에는 사람들이 느긋해져서 위험이 지난번에 생각했던 것만큼 크지 않다고 믿었다.

처음 몇 주 동안 위험은 크게 변하지 않았지만 사람들은 위험을 감수하는 경험을 쌓았고 질병 사례를 듣는 일에 익숙해졌다. 사망자 수가 계속 늘어났지만 사람들은 코로나19 바이러스를 대부분 가볍게 경험했다. 그러자 사람들은 감염 위험이 큰 행동을 하기 시작했다. 어떤 사람들은 감염의 위험을 과소평가했고, 어떤 사람들은 과대평가했으나, 전반적으로는 둔감화(desensitization)가 진행되었다.

오래되고 친숙한 위험보다 새롭고 낯선 위험에 경각심을 더 많이 가지는 것은 당연하며, 이를 두고 비이성적이라고 할 순 없다.[10] 앞에서도 언급했듯이 우리는 경험을 통해 학습한다. 하지만 그 경험은 제한되어 있고 지금 전개되고 있는 상황이 그 경험과 다를 수도 있

9   L. K. Globig, B. Blain, and T. Sharot, "Perceptions of Personal and Public Risk: Dissociable Effects on Behavior and Well-Being," *Journal of Risk and Uncertainty* 64 (2022): 213-34.

10 P. Slovic, "Perception of Risk," *Science* 236 (4799) (1987): 280-85.

다. 우리는 종종 그다지 큰 문제도 아닌 비교적 새로운 위험(예를 들면 유전자 조작 식품과 관련된 위험)은 엄청나게 두려워하면서도, 많은 사람의 생명을 앗아가는 오래된 위험(예를 들면 나쁜 운전 습관이나 건강하지 않은 식습관)은 신경도 쓰지 않는다.

"새로운 것에는 공포에 떨면서 오래된 것에는 대담하게 구는" 이런 전반적인 현상은 모두 위험 습관화의 결과다. 새롭고 낯선 위험이 오래된 위험으로 바뀌면 사람들은 그 위험성을 실제보다 작게 평가한다. 경험이 많은 투자자가 경험이 적은 투자자보다 투자 포트폴리오를 위험하게 운용하는 이유도 바로 습관화에 있다.[11]

이와 동일한 경향을 건설 현장이나 그 밖의 작업 현장에서도 관찰할 수 있다. 어떤 건설 사업이 진행되고 있을 때 안전사고는 대부분 사업 초반이 아니라 후반에 발생한다.[12] 이 역시 습관화 때문인데, 하루하루가 지날수록 작업자들에게서는 습관화가 일어난다. 그들은 두려움을 점점 덜 느끼게 되고 마땅히 해야 할 예방 조치에 소홀해진다.

저널리스트 닐 스위디(Neil Swidey)는 10년에 걸친 보스턴 항구 정화 작업에 담긴 놀라운 이야기를 들려주었다.[13] 오늘날 보스턴 항구

---

11 J. E. Corter and Y. J. Chen, "Do Investment Risk Tolerance Attitudes Predict Portfolio Risk?," *Journal of Business and Psychology* 20 (3) (2006): 369–81.

12 "Why Workplace Accidents Often Happen Late in Projects," ISHN, October 1, 2016, https://www.ishn.com/articles/104925-why-workplace-accidents-often-happen-late-in-projects.

13 Neil Swidey, *Trapped Under the Sea: One Engineering Marvel, Five Men, and a Disaster Ten Miles into the Darkness* (New York: Crown, 2014).

는 청명한 바다에 하얀색 범선들이 떠 있는 아름다운 풍경을 자랑한다. 수십 년 전만 하더라도 이 항구는 미국에서 가장 더러운 항구였다. 오염된 물은 쓰레기로 뒤덮여 있었다. 이 항구를 개조하는 사업은 수백 명의 노동자를 고용하고 40억 달러나 되는 거금을 투자해야 하는 복잡한 사업이었다. 게다가 이 사업을 진행하는 동안 두 사람이 희생되었는데, 모두 작업의 후반 기간에 일어났다.

10년이 걸린 사업이 거의 끝나갈 무렵이었다. 잠수부 다섯 명이 무거운 플러그를 제거하기 위해 수면에서 수백 피트 아래에 설치된 관(tube) 형태의 터널로 내려갔는데, 그 터널에는 산소도 없었고 조명도 없었다. 폭이 가장 좁은 곳은 직경은 겨우 1.5미터 정도밖에 되지 않았다. 잠수부들은 10마일(약 16킬로미터) 길이의 터널 끝까지 간 다음 직경이 30인치(약 76센티미터)밖에 되지 않는 파이프 안으로 이동해야 했다.

무척 복잡한 임무였지만 잠수부들은 단지 두 주 동안만 훈련했을 뿐이었다. 또 그들은 안전성이 검증되지 않은 실험적인 호흡 기구에 의존해 수중 작업을 했다. 그러다 결국 호흡 기구가 고장 났고, 잠수부 중 세 명만 무사하게 귀환했다. 그들에게 남아 있던 시간 여유도 30초밖에 없었기에 하마터면 그들도 목숨을 잃을 뻔했다.

스위디의 설명에 따르면 이 사업의 책임자와 해당 팀이 안전 기준을 낮게 설정했기 때문에 이런 비극이 발생했다. 그들은 지난 10년 동안 완벽한 판단력과 신중함을 보여주었지만 막판에 가서 그런 실수를 저질렀다. 길고 어렵던 사업이 막바지에 이르렀고 지금까지 나쁜 일이 일어나지 않았기에 그들은 작업자들에게 닥칠 위험을 왜곡되게 인지했던 것이다.

"목공소에서 톱날에 손가락이 잘린 사람들은 보통 목공소에서 오래 일한 사람들이다. 이런 사례를 우리는 많이 알고 있다. 이런 사고는 보통 오랜 세월 동안 경험을 쌓았지만 잠깐 방심해서 위험감수성(risk sensitivity)을 잃어버린 사람들에게서 일어난다."[14]

안전 전문가 주니 달만스(Juni Daalmans)의 말이다. 달만스가 설명했듯이 굳이 목공소의 톱질 작업을 하는 목공이나 잠수부나 마술사가 아니라고 해도 새로운 위험이 오래된 위험으로 전환되는 과정에서 이런 아찔한 상황을 얼마든지 경험할 수 있다. 심지어 집 안에서도 이런 일을 경험할 수 있다. 여기에 대해 달만스는 이렇게 설명한다.

"가정에서 위험감수성이 대체로 낮은 주된 이유는 바로 습관화 때문이다. 많은 사고가 집에서 일어나는데, 이는 집이라는 장소가 그 사람에게 너무도 익숙하고 편안한 공간이기 때문이다. (…) 심각한 사고의 50퍼센트가 집에서 일어나는데, 이는 습관화의 직접적인 결과다."[15]

위험 습관화는 우리 모두에게 영향을 미친다. 부엌, 운동장, 수영장, 도로에서 똑같이 일어난다. 이 장소들에서 해마다 3만 8,000명이

---

14 Juni Daalmans, *Human Behavior in Hazardous Situations: Best Practice Safety Management in the Chemical and Process Industries* (Oxford, UK: Butterworth-Heinemann, 2012).

15 각주 14와 같은 책.

넘는 미국인이 사망한다. 많은 운전자는 오랜 세월 무사고 운전자로 살아왔다는 이유로, 운전자라면 당연히 주의를 기울이며 조심해야 하는 상황임에도 그렇게 하지 않는다. 이 문제를 극복하려면 어떻게 해야 할까?

'우측통행으로 바뀌는 날'이 가져온 변화

○

1967년 9월 3일 일요일 정확하게 새벽 4시 50분, 스웨덴의 모든 교통이 멈췄다. 승용차, 트럭, 버스, 오토바이, 자전거까지 모두 완벽하게 멈춰 섰다. 그리고 조심스럽게 반대 차선으로 이동했다.

그날은 '회게르트라피콤레그닝엔(Högertrafikomläggningen)', 즉 '우측통행으로 바뀌는 날'이었는데, 줄여서 'H-day'라고도 부른다. 스웨덴 전역에서 통행 규칙이 좌측통행에서 우측통행으로 바뀐 날이었다. 스웨덴이 이런 조치를 시도한 것은 스칸디나비아의 다른 국가들과 도로 교통 규칙을 일치시키기 위함이었다.

그런데 이 변화에는 공포가 동반되었다. 운전자들이 혼동해서 다른 차를 추월하려 할 때 차선을 착각하거나 다른 차에 너무 바싹 붙을 수 있었기 때문이다. 이런 두려움은 매우 합리적인 것처럼 보인다. 그러나 놀랍게도 이런 변화가 교통사고가 급증하는 결과로 이어지지 않았다. 오히려 반대로 교통사고 건수와 교통사고 사망자의 수가 대폭 줄어들었다. 자동차 보험금 청구 건수도 40퍼센트나 줄어

들었다.[16]

무엇이 이런 결과를 낳았을까? 아마 당신도 궁금할 것이다. 좌측통행보다 우측통행이 더 안전한 방식이라서 그랬을까? 그건 아니다. 감소 현상은 2년 동안만 지속되었고 그 뒤로는 다시 사고가 예전 수준으로 돌아갔다. 주된 이유는 **위험 탈습관화**(risk dishabituation)였던 것 같다.[17]

만약 당신이 어떤 사람을 익숙한 환경에서 분리해 다른 환경에 두면 위험을 대하는 그 사람의 인식 체계는 재설정될 것이다. 이런 재설정이 바로 '우측통행으로 바뀌는 날'에 일어났다. 도로 교통 방식이 갑자기 바뀌자 사람들은 자동차 사고가 일어날 위험을 크게 인식했다. 그래서 극도로 조심해서 운전했고 사고가 줄어들었다. 그러나 시간이 지나자 사람들은 다시 습관화되었고 사고 건수는 예전 수준으로 돌아갔다. 하지만 이 조치가 시작된 이후 24개월 동안은 사고가 줄어들었고 그 덕분에 많은 사람이 죽지 않아도 되었다.

바로 여기서 일반적인 교훈 하나를 얻을 수 있다. 만일 어떤 사람이(10대 아들이나 회사 직원들이나 아니면 자기 자신이) 특정 위험에 대해 탈습관화하도록 만들고 싶다면 그 사람을 '뒤흔들' 필요가 있다. 가끔 환경을 바꾸고 맥락을 바꿔서 익숙하고 편안한 공간에서 벗어나도록 만들라는 말이다. 예를 들면 컨베이어 벨트 작업을 하는 직

---

16 "Switch to the Right," *Time*, 1967; "Swedish Motorists Move to Right," *Montreal Gazette*, 1967; and Wikipedia, s.v. "Dagen H."

17 C. Perakslis, "Dagen Hogertrafik (H-Day) and Risk Habituation [Last Word]," *IEEE Technology and Society Magazine* 35 (1) (2016): 88.

원들의 작업 위치를 바꾸거나 건설 현장에 세워놓은 안전 경고판의 색상을 바꿀 수 있다. 상황이든 사물이든 아주 조금만 바꾸거나 자리를 조금만 옮겨도 사람들은 주의를 집중하고 위험을 인지하는 체계를 바꾼다.

미국의 식품의약국(FDA)은 2020년 규정에서 암이나 심장병 등이 발병할 수 있다는 흡연의 위험성을 경고하는 다양한 그래픽을 분기별로 바꿔가며 게시하게 했다.[18] 예를 들어 당신이 폐암에 걸려 입원한 사람을 묘사하는 그래픽 경고를 본다고 치자. 이 경고는 처음 또는 이후 다섯 번까지는 효과가 있다. 그러나 곧 습관화가 일어난다. 그러면 그 묘사가 늘 보는 풍경이나 배경 소음처럼 되고 만다. FDA는 바로 이런 점을 염려했고, 그래서 경고의 다양한 그래픽을 분기마다 돌아가면서 사용하도록 했다. 그렇게 하면 습관화가 줄어들어 사람들의 관심을 강하게 잡아끌 수 있다고 믿었던 것이다. 그래서 어떤 분기에는 폐암 환자를 묘사하게 하고, 다음 분기에는 이가 썩은 사람을 묘사하게 하고, 그다음 분기에는 또 다른 이미지로 교체하도록 했다.

비슷한 예로 온라인 보안 팝업 경고창이 있다.[19] 룩어게인북닷컴(lookagainbook.com)에 접속하려고 하면 암호화 및 인증 프로토콜의

18 "Cigarette Labeling and Health Warning Requirements," FDA, https://www.fda.gov/tobacco-products/labeling-and-warning-statements-tobacco-products/cigarette-labeling-and-health-warning-requirements.

19 B. B. Anderson et al., "How Polymorphic Warnings Reduce Habituation in the Brain: Insights from an fMRI Study," *Proceedings of the 33rd Annual ACM Conference on Human Factors in Computing Systems*, 2015, 2883-92.

문제를 알려주는 메시지가 뜬다. 이 메시지는 당신이 그 사이트에 접속할 때 이메일, 문자, 은행 계좌 관련 세부 사항, 신용카드 번호, 사진 등 당신의 데이터를 누군가가 훔쳐 갈 수도 있다고 일러준다. 그렇지만 많은 사람이 이런 경고를 무시하고 그 사이트에 접속한다. 사람들이 이렇게 행동하는 것은 그런 보안 경고에 습관화되어 있기 때문이라고 IT 보안 전문가들은 생각한다. 경고가 너무 자주 나타나기 때문에 사용자들이 이런 경고에 더는 관심을 기울이지 않는 것이다.

이 문제를 자세하게 살펴보기 위해 구글과 피츠버그대학교, 브리검영대학교가 공동으로 연구에 착수했다. 연구진은 이런 팝업 경고창을 본 사람들의 뇌 활동이 어떤지 기록했다.[20] 연구 결과 팝업 경고창을 처음 봤을 때 사람들의 뇌에서는 시각적 자극을 처리하는 시각 피질의 활동이 강하게 나타났다. 그런데 동일한 경고창이 두 번째로 나타났을 때는 시각 피질의 활동이 크게 줄어들었고, 세 번째는 더욱 줄어들었다. 고전적인 신경 적응(neural adaptation) 현상이다.

그래서 연구진은 말 그대로 실험 참여자들을 '뒤흔들기'로 했다.[21] 그들은 경고창을 빙글빙글 돌리기도 했고, 흔들기도 했고, 커졌다가 작아지게 하기도 했다. 이런 변화는 실제로 신경 적응 현상을 줄

---

20 A. Vance et al., "Tuning Out Security Warnings: A Longitudinal Examination of Habituation through fMRI, Eye Tracking, and Field Experiments," *MIS Quarterly* 42 (2) (2018): 355–80.

21 각주 20과 같은 자료.

여주었는데, 시각 피질 활동이 줄어드는 경우가 적었을 뿐만 아니라 사용자들의 마우스 움직임을 추적한 결과 파격적인 경고창이 그들의 관심을 더 많이 끌었음을 알 수 있었다. 즉 탈습관화를 유도할 해결책은 **변화**였다. 그러니 탈습관화를 일으키고 싶다면 환경을 바꿔라. 규칙을 바꿔라. 사람들을 **깜짝 놀라게 하라.** 그러면 습관화가 깨질 것이다.

재난 모의 훈련

○

탈습관화를 촉발하는 또 다른 방법은 사람들이 부정적인 결과를 직접 경험하게 하는 것이다. 예를 들어 이런 상상을 해보자. 당신이 노트북으로 열심히 일하는데 갑자기 화면에 경고창이 하나 뜬다. 경고창에는 '당신의 인터넷 연결은 프라이버시 보호가 보장되지 않는다. 공격자들이 지금 당신의 정보를 훔치고 있을지 모른다'라고 적혀 있다.

당신은 늘 그랬듯이 이 메시지를 무시한다. 그러나 이번에는 무시해선 안 되었다. 몇 초 지나지 않아서 화면이 번쩍거리더니 브라우저가 종료된다. 당신은 정신을 차리고 노트북을 다시 시작한다. 그러나 뭔가 제대로 작동하지 않는다. 이메일 계정에 로그인하려고 비밀번호를 쳐도 계정이 열리지 않는다. 은행 계정에도 접속할 수 없다. 심장이 터질 듯이 벌렁거리고, 등줄기에서 식은땀이 줄줄 흐른다. 은행에 전화를 걸었는데 이미 계정이 털려서 현금이 모두 빠져나갔다고 한다.

이런 경험을 한 번 했다면 나중에 온라인 보안 경고를 무시할 가능성은 얼마나 될까? 아마도 거의 없을 것이다. 당신은 이미 심각하게 상처를 입었고, 그다음부터는 온라인 보안에 훨씬 더 진지하게 신경을 쓸 것이다.

그런데 그 일이 일어나고 몇 시간이 지난 뒤 당신의 배우자가 당신에게 전화해서 당신에게 교훈을 줄 목적으로 당신의 계정을 해킹했었다고 말한다. 그러니까 당신이 겪은 일은 실제 상황이 아니라 일종의 '훈련'이었다. 이런 훈련에서는 재난 상황을 생생하게 경험하며 공포를 느끼지만 실제로 피해를 입지는 않는다. 이런 훈련으로 우리는 위험 습관화를 깰 수 있다. 사이버 공격을 실제로 경험하지 못했다고 해도 이런 모의 훈련은 우리의 행동을 바꿔놓을 것이다.

부정적인 결과를 시뮬레이션하는 데 사용할 수 있는 한 가지 도구는 가상현실이다. 예를 들어 한 건설 노동자가 3D 고글로 가상의 사고를 경험한다고 상상해보자.[22] 발을 디디고 있던 나무판자가 부서지는 바람에 추락하는 사고로, 이 가상현실을 체험하는 사람은 추락을 진짜처럼 생생하게 느끼고 강력한 본능적 반응을 보인다. 이런 경험을 통해 건설 노동자들은 위험 허용 기준을 재설정하고, 작

---

22 N. Kim and C. R. Ahn, "Using a Virtual Reality-Based Experiment Environment to Examine Risk Habituation in Construction Safety," *Proceedings of the International Symposium on Automation and Robotics in Construction* (IAARC), 2020.

업 현장에서 더욱 조심하게 된다.

마찬가지로, 비행 시뮬레이션 장치처럼 자동차 사고를 시뮬레이션하는 가상현실 도구로 경험이 많은 운전자들의 위험 허용 기준을 재조정할 수 있다. 가상현실은 사용자의 뇌를 속여서 실제로 자동차 사고를 경험하지 않고도 경험하는 것처럼 느끼게 해준다. 이런 식으로 가상현실은 탈습관화를 유도할 수 있다.

하지만 이 방법은 사람들이 가상현실 속에서 여러 건의 사고를 짧은 시간에 반복적으로 경험하지 않을 때만 효과가 있다. 그렇지 않으면 탈습관화가 아니라 습관화가 일어나기 때문이다. 탈리가 하딜 하지 알리와 함께 수행했던 실험을 예로 들어보자.[23]

이 실험에서 연구진은 실험 참여자들에게 80층 높이에 걸쳐진 판자를 걷게 했다. 물론 판자는 가상현실 속의 판자였지만 느낌만큼은 현실처럼 생생했다. 사람들은 자신이 안전한 바닥을 걷고 있다는 걸 알았지만, 몰입감이 높은 가상현실 때문에 그들의 뇌는 마치 하늘 높이 걸쳐져 있는 얇은 나무판자 위를 걷는다고 인식했다. 까마득하게 멀리 아래쪽에 보이는 자동차들과 사람들은 장난감처럼 작았고, 하늘로 날아가는 비행기들과 새들은 크게 보였다. 사람들은 가상이 아니라 진짜로 두려움을 느꼈고 판자 위를 걷는 게 소름이 끼치도록 위험하게 느껴졌다.

어떤 사람은 그 판자에서 한 걸음조차도 못 떼겠다고 했다. 대부

---

23 Haj Ali, Glickman, and Sharot, "Slippery Slope of Risk-Taking."

연구원인 하딜 하지 알리가 탈리의 실험실에서 가상현실 속 판자 위를 걷고 있다. 오른쪽은 실제 현실이고 왼쪽은 하딜이 경험하는 가상현실이다.

분이 처음에는 한두 걸음밖에 걷지 못했다. 그러나 두 번째 시도할 때는 몇 걸음 더 걸었다. 그리고 다섯 번째 시도와 열 번째 시도를 거치며 대부분이 판자의 이쪽 끝에서 저쪽 끝까지 걸었고, 몇몇은 폴짝폴짝 뛰기도 했다. 이처럼 시간이 지나고 경험이 반복되자 사람들은 가상현실 속에서 고공 판자 걷는 경험을 점점 덜 무서워했다. 탈리와 하딜이 사람들에게 가상현실 속에서 느끼는 공포의 강도를 평가해달라고 했을 때, 사람들은 시간이 지날수록 공포의 강도를 점점 덜 느낀다고 답했다.

　만약 사람들이 높은 곳에서도 공포를 느끼지 않게 해주는 것이 목표라면 이런 가상현실 경험은 유용할 것이다. 그러나 만약 사람들이 높은 곳에서 조금 더 조심하게 만드는 것이 목표라면 가상현실을 반복해서 사용하지 않는 게 좋다. 고소공포에 습관화될 수 있기 때문이다.

이처럼 '단 한 차례의' 가상현실 경험은 안전사고를 예방하고 안전한 행동을 유도하기 위해 앞으로 많이 사용될 것이다. 하지만 그와 같은 목표를 위해 반드시 첨단 기술이 필요한 건 아니다. 누군가의 위험 인지 수준을 재설정하는 또 다른 방법이 있다. 바로 실제 현실에서(아주 살짝이긴 하지만) 실제로 다치는 것이다.

어린이를 예로 들어보자. 사고는 어린이 사망의 가장 큰 원인이다.[24] 이런 사고들 가운데 일부는 위험 습관화 때문에 일어난다. 아이들은 높은 울타리에서 뛰어내리기처럼 위험한 행동을 하고서도 다치지 않으면 자신감 과잉 상태가 되어 공포심을 잃어버린다. 그리고 훨씬 더 큰 위험을 기꺼이 감수하려고 달려든다. 따라서 아이가 가벼운 부상을 당하도록 일부러 내버려 두는 것은 미래에 더 심각한 부상을 당할 가능성을 줄여준다. 비록 가벼운 부상이라고 하더라도 그 부정적인 결과 덕분에 아이는 앞으로 조심스럽게 행동할 것이기 때문이다.

그런데 모두가 바라듯이 '아주 조금만' 다치게 할 수 있다고 보장할 순 없다. 그래서 사설 기관이나 공공 기관에서 직원들의 탈습관화를 위해 동원하는 또 다른 방법은 지속적으로 제기되는 위험(예를 들면 사이버 보안과 관련된 위험)을 일러줄 목적으로 설계된 정기적

---

24 "Mortality among Teenagers Aged 12-19 Years: United States, 1999-2006," NCHS Data Brief no. 37, May 2010; and "CDC Childhood Injury Report," 2008.

인 훈련 프로그램이다. 이런 훈련은 직원들이 위험을 아직 경험하지 않았다고 해도 명확하고 생생하게 느낄 수 있게 해준다. 사람들은 타인이 경험했던 사건이나 사고를 자세하게 알게 되면 감정적인 반응을 보이고, 이는 약간 다치는 일처럼 간접적인 경험이 될 수 있다.

그러나 이런 훈련이나 가상현실 경험, '뒤흔들기'를 동원한다고 해도 어떤 위험 습관화는 쉽게 일어나곤 한다. 따라서 개인의 선택에만 의존하지 않는 해결책이 따로 필요하다. 즉 사람들이 조금도 겁이 없거나 지나칠 정도로 낯익은 환경에 안주할 때조차도 여러 활동들을 안전하게 보장해주는 확실한 정책이 필요하다. 이는 가장 강력한 해결책이기도 하다. 예를 들어 정부가 노동자들은 특정한 수준의 발암 물질에 노출되도록 해서는 안 된다는 말을 하기만 하면 된다. 노동자들에게 그런 물질에 가까이 가지 말라고 할 필요가 없고, 노출 자체를 금지하기만 하면 된다.

같은 맥락에서 사람들에게 오토바이를 탈 때는 헬멧을 써야 하고, 자동차를 탈 때는 안전벨트를 매야 한다고 말해야 한다. 이렇게 안전 조치를 취하면 운전자나 탑승자가 심리적으로 어떤 조치를 취하는 것보다 훨씬 확실하게 안전이 보장된다. 자율주행 자동차의 성공 가능성도 바로 여기서 갈릴 수 있다. 자율주행 자동차는 운전자의 경계심에 의존하지 않는다. 이 자동차는 운전자가 자기 운전 능력을 과신하든, 부주의하든 상관하지 않고 사고를 피할 수 있어야 한다. 그런 맥락에서 기술 제품 내부에 사이버 보안을 구축하려는 보안 내재화(Secure By Design) 같은 노력이 필요하다.

위험 습관화와 인류의 발전

○

지금까지 우리는 마술사에서 운전자에 이르기까지 위험 습관화가 어떻게 사고나 손실로 이어지는지 살펴봤다. 그런데 어떤 심리적 과정이 흔히 최선이 아닌 것처럼 보이더라도, 조금만 깊이 파고들어 보면 그런 과정이 인류에게 전해 내려온 데는 그만한 이유가 있음을 알 수 있다.

위험 습관화도 그렇다. 만일 위험 습관화가 없다면 인류는 공포로 마비되어 벌벌 떨고 있을 것이다. 사람들은 저마다 이런저런 두려움을 가지고 있다. 그중 어떤 것들은 이성적이고 어떤 것들은 그렇지 않다. 사람들이 느끼는 공포의 대상은 다양하다. 높은 곳, 비행기 여행, 수영, 사람들 앞에서 하는 연설, 병원 예약, 남에게서 듣는 비판 등. 바로 이런 것들에 습관화되는 것이 인류에게는 도움이 된다.

만약 당신이 공포의 대상에 의도적으로 자신을 노출한다면 그 공포는 천천히 가라앉을 것이고, 나아가 자신의 세계를 확장할 용기를 가질 것이다. 우리는 어떤 것을 처음 시도할 때 겁을 먹고 덜덜 떨곤 한다(수영을 처음 배울 때를 기억하는가? 운전을 배우고 나서 난생처음 고속도로 주행을 한 때는? 첫 키스를 한 때는?). 하지만 아무리 무서운 것이라도 여러 번 되풀이할수록 마음이 편안해진다. 만약 우리의 뇌가 과거 우리에게 해를 끼치지 못했던 자극에 대해서까지 끊임없이 강렬한 공포로 반응한다면 나중에 뇌는 지쳐서 아무것도 하지 못할 것이다.

위험 습관화는 위험을 과소평가하는 것으로 이어질 때도 인류의 발전에 매우 중요한 역할을 한다. 인류는 위험을 과소평가하는 사람들을 필요로 한다. 즉 기업가, 우주비행사, 예술가, 운동선수 등이 그들이다. 성공하는 소수의 인물 덕분에 인간 한계의 경계선이 깨지고 인류의 지평이 확장되어 모든 사람에게 이득이 돌아간다. 위대한 암벽 등반가인 알렉스 호놀드의 말을 빌리면 "터무니없어 보이던 목표들이 마침내 얼마든지 달성 가능한 범위 안으로 들어온다".[25]

25 Synnott, "Legendary Climber Alex Honnold Shares His Closest Call."

9장

환경

쉽지 않은 환경에 적응한 인류의 생존기

사람은 권력에 중독된 기술과 통제되지 않은 인구 증가의 파괴적인 영향
그리고 뉴욕이나 도쿄 같은 대도시의 먼지와 오염과 소음에도 적응할 수 있다.
이것은 비극이다.

_르네 뒤보(René Dubos), 미국의 미생물학자·환경운동가[1]

최근에 있었던 일이다. 탈리는 뉴욕에서 보스턴으로 가는 기차 안에서 창밖을 바라보고 있었다. 크고 아름다운 하얀 집들이 기찻길을 따라 늘어서 있었다. 문득 탈리는 기찻길 옆 주민들이 기차가 달리는 소음에 시달리다 못해 미쳐버리지나 않을까 궁금했다. 그래서 그녀는 사회과학자답게 이 궁금증을 해소하려고 쿼라(Quora, 소셜미디어 기반의 지식 문답 플랫폼으로 질문을 올리면 각 분야의 전문가들이 답변한다-옮긴이)에 접속했다.

---

1   René Dubos, "Mere Survival Is Not Enough for Man," *Life*, July 24, 1970, 2.

어떤 사람의 마음에 떠오른 생각은 이미 수많은 사람의 마음에 떠오른 것이며, 인터넷 공간에서 그 내용이 문서화되어 영원히 보관된다는 사실은 한편으로는 위안이 되지만 다른 한편으로는 불안한 마음이 들기도 한다. 탈리가 했던 질문 역시 이미 여러 사람이 마음에 떠올린 것이었고, 또 여러 사람이 각자의 경험을 공유하면서 이 질문에 대답했다. 기찻길 옆에서 성장했다는 윤시 나린은 이렇게 말했다.

"기차가 지나가는 소리를 정기적으로 듣는데, 이런 환경에서 나는 창문을 활짝 열어놓고도 잠을 잘 수 있다. 그 소음이 내 귀에는 전혀 거슬리지 않는다. 그렇지만 이런 소음에 익숙하지 않은 친척들이 우리 집에 와서 자고 갈 때면 그 소음 때문에 도저히 잠을 이루지 못했다고 말한다."[2]

기찻길 옆에서 산다는 또 다른 쿼라 답변자들도 나린의 말에 동의했다. 어느 정도의 기간이 지나고 나면 그 소음에 익숙해지지만 방문객들은 그야말로 괴로워서 미치려고 한다는 것이다.

공항 활주로 인근에서 사는 브래디 웨이드는 "그래도 여름에 남부의 돼지 농장 근처에서 사는 것보다야 훨씬 덜 지독한 고문일 것이다"라고 말했다.[3] 그러나 남부의 돼지 농장 근처에서 사는 사람들은 돼지가 꿀꿀거리는 소리와 냄새에는 익숙할지 몰라도 공항 활주로 인근에서는 살지 못할 것이다. 코미디언인 로버트 오벤(Robert

---

2 https://www.quora.com/Whats-it-like-to-live-near-train-tracks.

3 https://www.quora.com/How-do-people-who-live-near-the-airport-cope-with-the-noise/
   answer/Brady-Wade-2.

Orben)도 "소음 오염은 상대적이다. 도시에서는 제트기가 이륙하면서 내는 굉음이 소음이지만, 수도원에서는 펜촉이 종이를 긁는 소리가 소음이 될 수 있다"라고 했다.[4]

소음만 문제인 건 아니다. 대기, 빛, 수질 등도 모두 상대적으로 괴로움의 원인이 될 수 있다. 이런 것들에 괴로워하는 정도는 그 사람의 과거 경험에 따라 달라진다. 앞서 돼지 농장 근처에서 산다는 웨이드는 "인간은 자연스럽게 적응하며 이런 자극이나 긴장과 함께 사는 법을 무의식적으로 배운다"라고도 했다.[5]

이런 특별한 능력 덕분에 사람들은 유쾌하지 않은 환경 속에서도 그럭저럭 견디면서 잘 살아간다. 시끄러운 소리, 나쁜 냄새, 더러운 공기, 더러운 물에 점차 익숙해진다. 하지만 이렇게 다양한 형태의 오염에 적응하는 능력을 키우는 데는 비용이 많이 드는데, 이에 대해서는 뒤에서 살펴볼 것이다.

모든 게 상대적인 세상

○

탈리는 뉴욕시에서 오래 살았지만 지금은 1년의 대부분을 매사추세츠주에 있는 조용한 마을에서 보낸다. 코로나19 팬데믹 때는 2년 동

---

4 https://libquotes.com/robert-orben/quote/lbw1u0d.

5 https://www.quora.com/How-do-people-who-live-near-the-airport-cope-with-the-noise/answer/Brady-Wade-2.

안이나 뉴욕을 방문하지 않았다. 그러다 오랜만에 뉴욕을 방문했을 때 그녀는 그 도시가 무척이나 매력적이고 신나는 곳임을 새삼스럽게 깨달았다. 하지만 역시 조금은 더럽고, 번잡하고, 고약한 냄새도 더 나는 것 같았다. 그사이에 뉴욕시가 바뀌었을까, 아니면 탈리가 바뀌었을까? 그 해답의 단서가 될 한 연구를 살펴보자.

1980년대 초, 어떤 연구 집단이 캘리포니아대학교 로스앤젤레스 캠퍼스(UCLA)의 신입생들을 대상으로 이주가 주제인 연구 실험을 했다.[6] 로스앤젤레스는 미국에서도 공기 질이 가장 나쁜 도시다.[7] 서구의 선진국 중에서도 이 도시는 최악의 도시들 중 하나로 꼽힌다. 뉴욕시 바로 다음이 로스앤젤레스라면 로스앤젤레스가 어느 정도일지 짐작하고도 남을 것이다. 게다가 UCLA 캠퍼스는 스모그가 특히 심한 지역의 한가운데에 있다.

이 실험에 참여한 신입생들은 모두 3주 전에 학교 기숙사로 이주했다. 어떤 학생들은 그 도시의 다른 지역에 살다 왔고 어떤 학생들은 호놀룰루나 포틀랜드처럼 대기 오염 수준이 매우 낮은 다른 도시에서 살다 왔다. 수잰과 대릴도 이 실험에 참여했는데, 대릴은 로스앤젤레스 시내에서 성장했고 수잰은 미국에서 대기가 가장 깨끗한 도시로 꼽히는 와이오밍의 샤이엔에서 성장했다.

연구자들은 심리실험실에 도착한 그들에게 야외 풍경을 찍은 사

---

6 G. W. Evans, S. V. Jacobs, and N. B. Frager, "Adaptation to Air Pollution," *Journal of Environmental Psychology* 2 (2) (1982): 99-108.

7 이 순위는 조사 목록에 따라 조금씩 달라지긴 한다. "Report Says LA Has Most Polluted Air in the US," NBC, 2022.

진을 여러 장 보여주었다. 도시 스카이라인이나 산기슭의 계곡 같은 사진이었다. 그런데 이 사진들의 절반은 스모그가 끼어 있었고 나머지 절반은 그렇지 않았다. 그리고 스모그의 양도 짙은 것에서부터 옅은 것까지 다양했다.

수잰과 대릴이 해야 할 일은 각각의 사진에 스모그가 있는지 여부를 판단하는 일이었다. 수잰은 대릴보다 스모그 존재 여부를 훨씬 잘 파악했고, 대릴은 스모그 수준이 꽤 높은 사진에서만 그런 사실을 파악했다. 두 사람이 감지한 스모그의 수준은 각자의 습관화 정도에 따라 다르게 나타났다.

그런데 이런 차이는 수잰과 대릴에게서만 나타난 게 아니었다. 대기가 청정한 지역에서 살다 온 학생들일수록 대기 오염 상태를 더 잘 알아차렸다. 이는 우리가 주변 환경을 인식할 때 공기 중에 섞여 있는 오염 물질 입자의 숫자라는 객관적이고 절대적인 기준이 아니라, 자신에게 익숙한 것에 따라 달라지는 주관적이고 상대적인 기준을 따른다는 뜻이다. 이 기준은 우리가 런던에 있는지 모스크바에 있는지, 코펜하겐에 있는지 베이징에 있는지, 뉴욕시에 있는지 매사추세츠주 교외에 있는지, 로스앤젤레스에 있는지 호놀룰루에 있는지, 베를린에 있는지 로마에 있는지에 따라 모두 다르다.

이런 상상을 해보자. 당신은 늘 스모그가 가득 차 있는 도시에서 태어나고 성장했으며 이 도시를 떠나 다른 곳에 간 적이 지금까지 한 번도 없다. 그래서 당신은 스모그가 낀 하늘을 정상이라고 생각한다. 그리고 대기 속에 익숙하게 느끼던 것보다 스모그가 더 많이 있을 때만 대기가 오염되었다고 여긴다. 그러나 만약 당신이 인생의 대부분을 대기 오염이라고는 찾아볼 수 없는 청정한 지역에서 살았다면 이야기가 달라진다. 당신은 새파란 하늘이 익숙할 것이고 스모그가 조금이라도 끼어 있으면 그 변화를 금방 알아차릴 것이다.

바로 이것이 자기가 매우 오염된 환경에서 살고 있음을 사람들이 종종 알아차리지 못하는 이유다. 영국에서는 전체 인구의 10퍼센트만이 자신이 사는 곳의 대기질이 나쁘다고 평가하지만, 사실 영국은 영토의 88퍼센트가 법률로 정한 대기 오염 기준을 넘어섰다.[8]

한동안 스모그가 많은 지역에서 살아서 더는 스모그를 감지할 수 없게 된 사람은 대기 오염 문제를 그다지 심각하게 여기지 않는다. 바로 이것이 앞서 설문조사를 통해 드러난 사실이다. 지금 자신이 다니는 대학교가 안고 있는 문제들로는 어떤 것들이 있는지 적시하라고 했을 때, 수잰처럼 로스앤젤레스에 처음 온 신입생들은 대릴처럼 이 도시에 오래 살았던 신입생보다 스모그 문제를 더 많이 언급했다. 와이오밍 출신의 수잰, 하와이 출신의 에설, 오리건 출신의 래리 등은 로스앤젤레스 시내에 살던 대릴이나 노스할리우드 출신의 해리엇보다 대기 오염 및 호흡기 관련 문제를 더 많이 언급했다. 반면에 대릴과 해리엇은 로스앤젤레스에 처음 발을 들여놓은 사람들에 비해 자기들의 건강 상태는 스모그와 그다지 상관이 없다고 믿었다.[9]

8   Matthew Taylor and Sandra Laville, "British People Unaware of Pollution Levels in the Air They Breathe—Study," *Guardian*, February 28, 2017.

9   Evans, Jacobs, and Frager, "Adaptation to Air Pollution."

대릴과 해리엇의 말이 정말 맞을까? 그들은 스모그로 가득한 도시에서 성장했기에 스모그에 신체적으로 덜 취약할까? 그들이 했던 진술에는 약간의 진실이 담겨 있을 수 있다. 몇몇 연구에 따르면 오염된 환경에 노출된 사람의 신체는 거기에 적응해서 변화하는 것으로 나타났다. 생리적으로 볼 때 오염된 환경에 일정 기간 노출된 사람들은 그 오염 물질에 덜 반응한다.[10]

하지만 대릴과 해리엇이 세상을 유난히 긍정적으로 바라보는 것일 수도 있다. 사람들은 대부분 장밋빛 안경을 쓰고 자기가 속한 세상을 바라본다. 우리 저자 중 한 명은 이 주제로 책을 쓰기도 했는데, 사람들은 자기가 평균보다 조금 더 똑똑하고 매력적이며 재미있다고 믿는 경향이 있다.[11] 또 자신은 다른 사람보다 코로나19에 걸릴 가능성이나 교통사고를 낼 가능성이 작고 반대로 승진할 가능성은 크다고 생각한다.[12] 그리고 자기 지역의 의료 시스템이 다른 지역보다 낫다고 생각한다. 기후변화에 대해서도 사람들은 인류 전체에 닥친 위험을 알고 있으면서도 자기가 사는 지역이나 마을은 상대적으로 안전할 것이라고 믿는다.[13]

이런 믿음 가운데 일부는 부정(denial)의 형태를 띤다. 또 일부는 긍

---

10 각주 9와 같은 자료.

11 Sharot Tali, *The Optimism Bias: A Tour of the Irrationally Positive Brain* (New York: Pantheon Books, 2012).

12 L. K. Globig, B. Blain, and T. Sharot, "Perceptions of Personal and Public Risk: Dissociable Effects on Behavior and Well-Being," *Journal of Risk and Uncertainty* 64 (2022): 213-34.

13 R. E. Dunlap, G. H. Gallup Jr., and A. M. Gallup, "Of Global Concern," *Environment Science and Policy for Sustainable Development* 35 (9) (1993): 7-39.

정과 합리화에 초점이 맞춰져 있다. 대릴과 해리엇은 오염된 도시에서만 살았기 때문에 그들은 스모그에 대해 특별한 저항력을 가지고 있다는 믿음을 상대적으로 더 많이 갖게 되었다. 스모그와 소음이 건강을 해치지 않으며 자신은 면역성이 있다고 보는 것이 대릴과 해리엇에게는 스트레스와 불안을 줄여주기 때문이다.

이론적으로만 보면 대기가 청정한 지역에서 살다가 로스앤젤레스로 이주한 수잰은 처음에는 오염 때문에 고생하겠지만 거기에 익숙해지면 한결 행복해질 것이라고 추정할 수 있다. 하지만 안타깝게도 지금까지 나온 자료만 보면 이런 경향을 확인하기는 어렵다. 즉 대기가 청정한 지역에서 살던 사람이 대기가 오염된 지역으로 이주했을 때, 한동안 그곳에 살면서 대기 오염에 익숙해진다고 처음 이주했을 때보다 반드시 더 행복해지는 것은 아니다.[14]

우리 저자들은 그 이유를 맥길대학교 보건사회정책연구소(Health and Social Policy at McGill University)의 크리스토퍼 배링턴-리(Christopher Barrington-Leigh) 교수에게 물었다. 그러자 크리스는 "거주와 관련해 사람들이 관심을 갖는 지역 차원의 오염 문제를, 그 지역과 다른 고정 효과들과 어떻게 구분할 수 있겠습니까? 어려운 일입니다!"라고 대답했다.

이를 쉬운 말로 풀면 이렇다. 사람들이 한 지역에서 다른 지역으

---

14 A. Levinson, "Happiness and Air Pollution," in *Handbook on Wellbeing, Happiness and the Environment*, ed. David Maddison, Katrin Rehdanz, and Heinz Welsch (Cheltenham, UK: Fdward Elgar, 2020), 164-82.

로 이주해서 적응할 때 느끼는 행복감에는 여러 가지 요소가 영향을 미친다. 그런데 이 요소들 가운데 많은 것이 오염 문제와는 전혀 관련이 없다. 그 지역에 친구가 있는가, 주차 환경이 좋은가, 좋은 일자리가 있는가 등이 주요하게 영향을 미치는 요인이다. 물론 몇몇 요소는 오염 문제와 관련이 높다. 예를 들어 오염된 지역일수록 교통량이 많고 출퇴근 시간이 그만큼 길어질 수 있다. 그러나 이런 지역일수록 사람이 많을 수 있고 그만큼 사회적 기회는 더 많다.

이 모든 요소가 사람들이 느끼는 행복감에 제각기 다른 방향으로 영향을 미칠 수 있다. 따라서 사람들이 새로운 환경에 익숙해지는 과정에서 오염 문제 하나만 따로 떼어 이것이 행복에 미치는 영향을 짚어내기란 거의 불가능하다는 것이다.

이처럼 대기 오염과 행복이라는 주제를 다루는 연구들이 발표되긴 했지만 몇몇 중요한 질문들은 아직도 해결되지 않은 채 남아 있다. 지금까지 이뤄진 연구에 따르면 호놀룰루나 포틀랜드처럼 깨끗한 지역에 사는 사람들이라고 해서 로스앤젤레스나 뉴욕시처럼 오염이 심한 지역에 사는 사람들보다 반드시 행복하다고 할 수는 없다. 그러나 오염 수준이 지역의 계절 평균보다 나쁜 날에는 사람들이 느끼는 행복감이 평소보다 낮아지는 경향이 있다.[15]

오염 수준의 단기적인 변화는 행복감을 감소시키는데, 이는 습관화가 작동하고 있다는 강력한 증거다. 즉 당신이 맑은 대기에 익숙해

---

15 각주 14와 같은 자료.

져 있는데 어느 날 갑자기 강한 바람 때문에 다른 지역에서 발생한 스모그가 유입되어 높은 수준의 스모그를 경험한다면 그날 느끼는 행복감은 다른 날들보다 낮을 것이다. 그러나 당신이 늘 변함없이 높은 수준의 스모그 속에서 살아간다면 당신이 느끼는 행복감은 거기에 크게 영향을 받지 않을 것이다.

습관화와 인간의 진화

○

정교하게 통제된 실험실 환경에서는 결과가 다소 선명하게 나온다. 실험실 실험에서는 설문조사 방식으로 감당하기 어려운 여러 요인을 통제할 수 있다. 1990년대 초 덴마크에서 진행되었던 한 연구를 살펴보자. 라르스 구나르센(Lars Gunnarsen)과 올레 팡게르(Ole Fanger)는 실험 참여자들을 냉난방공조연구소(Laboratory of Heating and Air-Conditioning)의 기후실험실로 불렀다.[16] 이 실험실은 엄격한 통제가 가능해서 실험 진행자는 공기의 구성을 완벽하게 통제하고 측정할 수 있었다.

처음에 라르스와 올레는 여덟 명으로 구성된 참여자 집단에게 폐쇄된 방으로 들어가라고 했다. 두 사람이 테스트하려고 했던 오염 물질은 참여자들에게서 나오는 물질이었다. 그렇다고 해서 오해는

---

16 L. Gunnarsen and P. O. Fanger, "Adaptation to Indoor Air Pollution," *Environment International* 18 (1) (1992): 43-54.

하지 마라. 참여자들은 모두 깨끗한 사람들이었다. 그들은 속옷을 하루에 한 번씩 갈아입는다고 했고 하루 평균 목욕 횟수는 0.7회라고 했다. 하지만 그럼에도 이들은 공기를 오염시키는 냄새를 각자 내뿜었다.

사람들은 그 방에 처음 들어서는 순간 높은 강도의 냄새를 느낀다고 보고했다. 이 강도는 그로부터 8분 뒤에 보고하는 강도보다 훨씬 높았다. 그런데 방에 들어가고 2분이 지난 뒤에는 냄새의 강도가 조금 줄어들었다고 보고했는데, 이 수준만 해도 그럭저럭 참을 수 있는 수준이라고 했다.

라르스와 올레는 참여자들에게 담배 연기가 가득 찬 방에 들어가라고 했을 때도 이와 비슷한 양상이 나타난다는 사실을 확인했다. 나이가 꽤 있는 사람이라면 담배 연기가 자욱한 술집에(지금과 같은 흡연 관련 규제가 없던 시절에는 그랬다) 들어설 때의 느낌이 어떤 것인지 잘 알 것이다. 그 연기를 헤집고 걸어가노라면 폐에 담배 연기가 가득 들어찬다. 심지어 예전에는 민간 항공기 내에서도 담배 연기가 자욱했는데, 놀랍게도 대부분 사람은 20분 정도만 지나면 그 연기와 냄새에 신경 쓰지 않았다. 그러다 다음 날, 비행기를 탔을 때 입었던 옷에서 나는 냄새를 맡았을 때 전날의 그 불쾌한 느낌이 다시 떠오르긴 하지만 말이다.[17]

라르스와 올레는 밀폐된 공간의 나쁜 공기에 대한 불만이 상대적

---

17 Alice Ingall, "Distracted People Can Be 'Smell Blind,'" University of Sussex, June 5, 2018, https://www.sussex.ac.uk/broadcast/read/45089.

으로 적은 한 가지 이유가 바로 오염에 대한 습관화일 수 있다고 결론 내렸다. 그 나쁜 공기가 비교적 일정한 농도로 유지되기만 한다면, 즉 연기의 수준이나 인체에서 나는 냄새의 수준이 갑자기 변하지 않는다면 사람들은 짧은 시간 안에 금방 습관화된다.

실내에서든 실외에서든 나쁜 공기 질에 신경을 쓰려면 탈습관화가 필요하다. 만약 사람들이 연기나 스모그에 탈습관화된다면 보다 더 나은 공기 질을 요구하고 나설 가능성이 크다. 나쁜 공기에 대해 일시적으로 탈습관화를 유발하는 청정실을 예로 들어보자. 청정실은 공기 질이 좋아서 개인이 짧은 시간 편안하게 쉴 수 있는 작은 공간이다. 이 공간에 한 번이라도 들어갔다 나온 사람이면 누구나 오염된 공기를 더 잘 인지할 것이다.

인간은, 짧은 습관화 기간을 거치고 나면 뇌가 냄새나 스모그나 연기를 더는 감지하지 않는 쪽으로 진화했다. 어떤 이유로 이렇게 진화했을까? 이 질문에 대답하기 위해 음향 편집을 예로 들어 살펴보자. 한 음향 기술자가 다큐멘터리 작품에 사용할 음원을 확보하기 위해 인터뷰를 하면서 어떤 소리를 녹음한다고 하자. 이때 그는 반드시 몇 초간의 '조용한 시간'을 녹음한다. 이런 식으로 배경 소음(예를 들면 에어컨이 돌아가는 소리나 멀리서 자동차가 지나가는 소리)까지 담아서 녹음하는데, 그래야 나중에 중요한 부분(예를 들면 대화 내용)이 잘 들리도록 해당 소리를 뺄 수 있다.

사람의 뇌는 바로 이 음향 기술자처럼 입력된 소리를 편집한다. 주변의 소음과 냄새, 그 밖의 배경 자극을 걸러내서 그보다 새롭고 잠재적으로 의미 있는 자극들이 쉽게 감지될 수 있도록 환경을 조성한다. 뇌가 수행하는 이런 작업은 인간이 생존하는 데 매우 중요한 기능을 한다.

장미가 가득 피어 있는 정원에서 몇 시간째 가만히 엎드려 있는 개를 생각해보자. 이 개의 후각신경은 아까부터 계속 풍겨오는 장미 향기에 더는 반응하지 않는다. 그래야만 빠르게 접근하는 위험한 존재(예를 들면 코요테)의 희미한 냄새를 훨씬 더 쉽게 감지할 수 있기 때문이다.[18] 이는 바람직하고 좋은 일이다. 하지만 처음부터 끝까지 다 좋은 것은 아니다. 우리의 뇌가 아주 느린 속도로, 다시 말해 극단적일 정도로 점진적으로 우리를 죽이고 있는 해로운 배경 자극까지 걸러내는 바람에 그 자극이 담고 있는 중요성이나 심각성을 우리가 인지하지 못하기 때문이다.

서서히 데워지는 냄비에서 개구리가 살아남을 방법

○

그 모든 것은 1869년에 시작되었다. 독일의 생리학자 프리드리히 골츠(Friedrich Goltz)는 생물의 영혼이 깃든 물리적인 위치가 어디인지 찾고자 했다. 골츠는 영혼이 뇌에 있지 않을까 하고 생각했다. 그는

---

18 Y. Shen, S. Dasgupta, and S. Navlakha, "Habituation as a Neural Algorithm for Online Odor Discrimination," *Proceedings of the National Academy of Sciences of the USA* 117 (22) (2020): 12402-10.

이 가설을 검증하기 위해 개구리 두 마리로 실험을 했다. 한 마리는 건강하고 다친 데 없고 날씬했다. 다른 한 마리는 다른 조건은 모두 동일했지만 뇌가 제거되었다. 그는 이 개구리 두 마리를 커다란 냄비에 넣고 물을 부은 다음에 온도를 천천히 올리기 시작했다.[19] 과연 무슨 일이 일어났을까?

뇌가 없는 개구리는 물이 따뜻하게 데워져도 냄비에 그대로 남아 있었다. 신경계가 제거된 이 개구리는 뛰어올라서 냄비에서 탈출할 수 없었다. 그러나 다친 데 없이 온전한 개구리는 수온이 섭씨 25도 (화씨 77도)까지 오르자 풀쩍 뛰어올라 냄비에서 탈출했다.

이 실험이 발표되고 몇 년이 지난 뒤 A. 하인츠만(A. Heinzmann)과 카를 프래처(Carl Fratscher)라는 두 과학자가 각자의 추가 연구를 통해 온전한 개구리라고 하더라도 냄비에 담긴 물의 온도가 서서히 올라갈 때는 물이 아무리 뜨거워져도 탈출을 시도하지 않는다는 상반된 결과를 확인했다.[20] 개구리들은 수온이 점차 높아진다는 사실을 인지하지 못했고 그러다 결국 죽고 말았다.

하인츠만과 프래처가 왜 골츠의 실험과 다른 결과를 냈는지는 분명하지 않다. 그렇지만 서서히 데워지는 냄비 속 개구리 실험은

---

19 Friedrich Leopold Goltz, *Beiträge zur Lehre von den Functionen der Nervencentren des Frosches* (Berlin: August Hirschwald, 1869); and James Fallows, "Guest-Post Wisdom on Frogs," *Atlantic*, July 21, 2009, https://www.theatlantic.com/technology/archive/2009/07/guest-post-wisdom-on-frogs/21789/.

20 A. Heinzmann, "Ueber die Wirkung sehr allmäliger Aenderungen thermischer Reize auf die Empfindungsnerven," *Archiv für die gesamte Physiologie des Menschen und der Thiere* 6 (1872): 222-36, https://doi.org/10.1007/BF01612252; and Edward Wheeler Scripture, *The New Psychology* (New York: W. Scott Publishing, 1897), 300.

느리게 진행되는 해로운 변화가 얼마나 위험한지 일러주는 은유로 빠르게 자리를 잡았다. 이런 변화의 대표적인 사례는 기후변화다.

그러나 더 많은 연구가 이뤄진 끝에 마침내 골츠가 옳았음이 확인되었다. 물이 특정 온도에 도달하면 물이 아무리 느린 속도로 뜨거워졌다고 해도 개구리는 물 밖으로 뛰쳐나왔다.[21] 이 결과 때문에 끓는 물 속의 개구리라는 비유를 오늘날 인류의 상황에 비유하는 것이 과연 옳을까 하는 논쟁이 뜨겁게 이어졌다. 노벨상 수상자 22명과[22] 〈뉴욕타임스〉의 베스트셀러 저자 23명은[23] 이 문제에 각자 강력한 의견을 표명했다. 어떤 이들은 온전한 뇌를 가진 개구리가 물 밖으로 뛰쳐나올 것임을 우리가 이미 알고 있으므로, 이 비유를 사용하는 것은 부적절하다고 주장한다. 그러나 어떤 이들은 개구리가 너무 늦지 않게 뜨거운 물에서 탈출할 것임을 과학적인 증거로 보여준다면 그 비유를 사용해도 괜찮다고 말한다.[24]

우리 저자들은 모든 사람이 받아들일 수 있는 새로운 끓는 물 속 개구리 버전을 제안한다. 개구리는 점차 뜨거워지는 물이 담긴 냄비 안에 놓여 있다. 정교한 생명체인 개구리는 끓는 물에 삶겨 목숨을 잃기 전에 바깥으로 뛰쳐나온다. 하지만 안타깝게도 그렇게 탈

---

21 "Next Time, What Say We Boil a Consultant," *Fast Company*, October 31, 1995; and Whit Gibbons, "The Legend of the Boiling Frog Is Just a Legend," *Ecoviews*, December 23, 2007.

22 Paul Krugman, "Boiling the Frog," *New York Times*, July 13, 2009.

23 Adam Grant, *Think Again: The Power of Knowing What You Don't Know* (New York: Viking, 2021).

24 Fallows, "Guest-Post Wisdom on Frogs."

출한 다음에야 비로소 개구리가 깨닫는 사실이 있다. 바로 그 냄비는 수온이 매우 느린 속도로 올라가는 물 위에 둥둥 떠 있다는 사실이다. 아무리 냄비 바깥으로 뛰쳐나온다고 한들 이 개구리가 도망갈 데라고는 없다!

지구온난화와 습관화

○

양서류 이야기는 옆으로 밀어놓고 지금부터는 우리 인간의 이야기를 하자. 지구의 온도가 느리게 상승하기만 하면 **호모 사피엔스**는 뜨거운 냄비 안에서 아무 일도 없이 얌전하게 가만히 떠 있을까, 아니면 비명을 질러댈까? 매사추세츠 공과대학교(MIT), 캘리포니아대학교 데이비스 캠퍼스, 밴쿠버대학교, 콜로라도 주립대학교 볼더 캠퍼스의 과학자들은 이 문제의 해답을 트위터에서 찾으려고 나섰다.[25] 이들은 서서히 일어나는 기상 이변을 사람들이 과연 알아차릴 것인지 궁금했다. 만약 사람들이 기상 이변 때문에 비명을 지르고 난리를 친다면 그 소란한 공간은 분명 트위터일 것이라고 봤기 때문이다.

당신이 런던에 살고 있는데 런던의 기온이 상당히 높다고 하자. 예를 들어 섭씨 32도라고 하자. 이때 당신은 모든 사람이 더운 날씨

25　F. C. Moore et al., "Rapidly Declining Remarkability of Temperature Anomalies May Obscure Public Perception of Climate Change," *Proceedings of the National Academy of Sciences of the USA* 116 (11) (2019): 4905-10.

를 두고 한마디씩 할 것이라고 장담할 수 있다. 하지만 만약 당신이 두바이에 있다면 섭씨 32도의 기온에 대해서는 아무도 뭐라고 하지 않을 것이다. 그러나 두바이에 눈보라가 날린다면 이 일을 두고 다들 한마디씩 할 것이다. 사람들은 날씨가 자기에게 익숙한 수준을 넘어서면, 즉 놀라울 정도가 되면 그런 사실을 알아차리고 거기에 대해서 뭐라고 말을 한다.

자, 그렇다면 이제 두바이에서 지난 10년 동안 해마다 눈보라가 몰아쳤다고 상상해보자. 이런 상황에서 올해 다시 눈보라가 친다면 당신은 친구나 가족에게 굳이 이 일을 언급하지 않을 것이다. 또 당신이 런던에 사는데 어느 날의 기온이 섭씨 32도였다. 그런데 그 전날이 31도였고 그 전전날이 30도였고 그 전전전날이 29도였다면 당신은 32도라는 그 기온을 놓고 주변 사람들에게 뜨거워진 날씨 이야기를 진지하게 하겠는가?

프랜시스 무어(Frances Moore)가 이끄는 과학자 집단은 사람들이 2014~2016년 사이에 날씨와 관련해 나눈 트윗 대화를 주간 단위로 측정했다. 그 결과 기상 상황이 해당 시간과 장소를 기준으로 해서 특이할 경우 사람들이 날씨와 관련된 대화를 더 많이 한다는 사실이 드러났다. 즉 습도가 높을 때 메인에서는 날씨와 관련된 트윗이 많이 늘어났지만, 이 정도 수준의 습도는 플로리다에서 전혀 화젯거리가 되지 않았다. 플로리다의 습도 수준은 워낙 높기 때문이다. 또 어떤 지역에서 기준치보다 따뜻한 날씨가 한동안 이어지고 난 뒤에는 더운 날보다 추운 날에 날씨와 관련된 트윗이 더 많았다. 반대로 기준치보다 추운 날씨가 한동안 이어지고 난 뒤에는 더운 날보다 추운 날에 날씨와 관련된 트윗이 더 적었다.

사람들이 극단적으로 높거나 낮은 온도가 비정상적이라고 생각하다가도 이런 현상이 오래 지속되면 더는 그렇게 생각하지 않는데, 그렇게 되는 기간은 평균 2~8년 사이였다. 이는 사람들이 '통상적인 것'에 대한 인식을 수정해서 극단적인 변화를 더는 극단적인 것으로 인식하지 않기 때문이다. 그래서 극단적인 날씨도 오랫동안 이어지면 사람들은 그냥 평범한 하루로 인식했다.

프랜시스와 연구진은 그들이 산출한 데이터가 '끓는 물 속의 개구리' 효과를 나타낸 것이라고 믿으며, "점진적으로 변화하는 환경의 부정적인 영향이 일상적이고 평범한 것이 되어버려서 잘못된 것을 바로잡고자 하는 조치는 결코 채택되지 않을 것"이라고 경고했다.[26] 습관화는 장애물을 만들어낸다. 사람들이 변화를 인식하지 못해서 문제 자체를 인식하지 못하기 때문이다. 이런 인식이 없을 때 기후 관련 활동가들의 작업은 더욱 어렵고 힘들어진다.

그런데 질문 하나는 여전히 남는다. 날씨가 매우 느린 속도로 변한다면 매우 덥거나 매우 추운 날씨를 사람들이 느끼지 못할까, 아니면 단지 날씨에 대한 트윗을 하지 않게 될까? 사람들은 감정적으로나 신체적으로 날씨 변화에 습관화될까? 프랜시스와 연구진이 추출한 데이터에는 이 질문에 적절한 대답을 할 수 있는 증거가 없다. 그러나

---

26 각주 25와 같은 자료, 4909.

체온을 정교하게 조작하고 생리학적인 반응을 측정하는 연구들은 '그렇다'라는 대답이 가능하다고 주장한다.

추위와 습관화

○

1961년 3월, 켄터키에 있는 포트녹스(Fort Knox) 소속의 군인들이 어떻게 보면 특이하고 또 어떻게 보면 다소 불쾌할 수도 있는 실험에 참여했다.[27] 이들은 옷을 벗은 채로 온도가 조절되는 방에서 31일 동안 하루에 여덟 시간씩 보냈다. 이 방의 온도는 정확하게 화씨 53.24도(섭씨 11.8도)로 설정되어 있었다. 일반적으로 실내 온도는 화씨 68도(섭씨 20도)와 화씨 77도(섭씨 25도) 사이다. 이런 상태에서 연구자들은 실험 참여자들의 생리적인 반응을 날마다 측정했다. 그런데 나체의 이 실험 참여자들은 하루가 지날 때마다 추위에 덜 떠는 반응을 보였다.

떨림은 추위로 인한 스트레스에 대응하는 신체 반응으로, 떨릴 때의 근육 움직임이 열을 발생시킨다. 시간이 지나 떨림 현상이 감소했음에도 불구하고 사람들의 항문 체온은(앞에서 우리는 이 실험이 다소 불쾌할 수도 있다고 분명히 경고했다) 일정하게 유지되었다. 이는 그들의 신체가 추위에 적응했다는 뜻이다. 즉 그들은 떨지 않고서도

27   T. R. Davis, "Chamber Cold Acclimatization in Man," *Journal of Applied Physiology* 16 (6) (1961): 1011-15.

열을 충분히 생산하고 있었다.

어쩌면 그 사람들이 군인이라서 평소에 받는 군사훈련 때문에 특별히 추위에 잘 적응한 건 아닐까? 하지만 포트녹스의 군인들이라고 해서 예외적인 결과가 나온 게 아니다. 민간인 신분의 실험 참여자들에게서도 똑같은 현상이 관찰되었다. 2014년에는 다른 남성 참여자들이 하루에 세 시간씩 20일 동안 수온이 화씨 57도(섭씨 14도)인 물에서 보냈다.[28] 우리 저자들로서는 그들이 날마다 그렇게 오랜 시간 차가운 물에 몸을 담그고 무엇을 했는지는 모른다. 하지만 어쨌거나 이들도 시간이 지나고 날이 지날수록 점점 덜 떨었다. 이들은 또한 불편함의 강도도 점점 줄어들었다고 보고했는데, 혈액 검사로 확인한 바로는 날이 지날수록 스트레스도 줄어들었다. 습관화가 진행되고 있었던 것이다.

사람은 누구나 불편한 날씨에 생리적으로 적응할 수 있다. 그러나 실제로는 많은 사람이 이런 자연적인 과정이 일어나는 것을 허락하지 않는다. 우리는 따뜻한 허브차와 치킨 수프를 무기 삼아 추위에 맞서 싸운다. 엄지장갑을 끼고, 털모자를 쓰고, 스카프를 두르고, 따뜻한 불을 피운다. 마찬가지로 더위를 상대로 해서는 에어컨과 찬물 샤워, 아이스티로 무장하고 싸운다.

엄밀하게 말하면 추위와 더위에 덜 신경 쓰도록 자기의 행동을 바꾸는 것은 적응의 한 형태다. 그러나 이런 적응은 생리적인 차원

---

28 M. Brazaitis et al., "Time Course of Physiological and Psychological Responses in Humans during a 20-Day Severe-Cold-Acclimation Programme," *PLoS One* 9 (4) (2014): e94698.

의 적응을 막는다. 몹시 춥거나 몹시 더운 날씨에 익숙해지려면 두꺼운 파카나 선풍기를 내던지고 하루에 몇 번씩이라도 추위나 더위라는 불편함에 자신을 노출해야 한다. 이렇게 한다면 2주가 채 지나기도 전에 우리 신체가 바뀌어 적응하기 시작할 것이고, 우리는 추위나 더위를 덜 느낄 것이다.[29]

확실히 습관화하고 적응하는 인간의 능력에는 한계가 있다. 극한의 온도에 노출되면 결국 죽고 만다. 하지만 합리적인 범위 안에서라면 습관화는 빠르고 효과적일 수 있다. 당신이 최근에 차가운 물에 뛰어들었던 때 또는 습식 사우나실에 들어갔을 때를 생각해보라. 그 감각은 처음 몇 초 동안 강렬하지만 곧바로 사그라든다. 때로는 아예 완전히 사라져버린다.

행동적 적응(behavioral adaptation, 예를 들면 냉방기나 난방기 켜기, 얼음 목욕하기, 땀복 입기, 이중창 설치하기 등)과 극한 조건의 일상화(극한적인 날씨나 스모그나 소음 등이 반복될 때 특별한 게 아니라 평범한 것으로 인지되는 경향적인 현상) 그리고 생리적인 차원의 습관화(우리 신체가 환경에 적응하는 자연적이며 경향적인 현상)가 하나로 결합될 때 우리는 더위, 추위, 스모그, 소음 등의 악조건 아래에서도 활동할 수 있다.

그러나 거기에 따르는 대가는 치러야 한다. 습관화와 적응은 우리가 따뜻한 냄비 안에서 행복하게 떠다니게 해주겠지만 이런 행복이 영원히 이어지지는 않을 것이다. 환경운동가 르네 뒤보는 습관화와

29 Markham Heid, "How to Help Your Body Adjust to Colder Weather," *Time*, October 29, 2019, https://time.com/5712904/adjust-to-cold-weather/.

적응이 우리를 생태학적 위기에서 살아남을 수 있게 해주겠지만 결국 삶의 질을 파괴할 것이라고 믿었다.[30] 그런데 어떤 사람들은 그보다 훨씬 비관적인 전망을 내놓았다.

시계비행 방식에서 계기비행 방식으로

○

대기 오염과 기후변화를 둘러싼 논쟁은 복잡하며, 너무도 많은 정치적 경제적 요인들이 여기에 합세한다. 하지만 습관화 때문에 대기질과 기후에서의 중요한 변화를 알아차릴 수 없다는 점은 상대적으로 눈에 띄지 않는다.

사람들은 급격한 변화는 빨리 알아차린다. 홍수, 산불, 극심한 더위, 가뭄 등은 눈으로도 분명히 확인할 수 있는 변화다. 그러나 기온과 날씨의 변화가 점진적으로 일어날 때는 그런 변화를 인지하지 못할 수도 있다. 지금 우리가 인지하지 못하는 변화 일부는 결국 우리의 삶에 심각한 영향을 끼칠 것이다. 어쩌면 너무 늦기 전에 해결할 수 없을지도 모르는 극도로 해로운 사건들이 발생할 수도 있다. 그러나 **우리가 측정할 수 있는 것들을 측정하면**(온실가스 방출량과 더불어 미세먼지, 오존, 산화질소, 납, 이산화황 같은 표준적인 대기 오염 물질의 방출량 등을 측정하면) 우리에게 닥칠 문제를 좀 더 쉽게 바라볼 수 있다.

---

30 René Dubos, *So Human an Animal* (New York: Charles Scribner's Sons, 1968).

여러 가지 환경 문제와 관련해 우리의 감각과 감정은 습관화 때문에 좋은 것과 나쁜 것이 무엇인지, 안전한 것과 위험한 것이 무엇인지 판단하지 못한다. 그렇기에 우리 앞에 닥칠 온갖 위험을 객관적으로 평가할 여러 가지 방법을 찾을 필요가 있다. 이제 우리는 시계비행(Visual Flight Rules, VFR) 방식에서 계기비행(Instrumental Flight Rules, IFR) 방식으로 전환해야 한다.

조종사는 시야가 좋은 맑은 하늘을 비행할 때는 눈과 뇌를 통해 자기 위치를 파악하며 목적지에 안전하게 착륙하기 위해 무엇을 해야 하는지 안다. 그러나 이렇게 감각에만 의존해서 비행기를 조종하는 방식은 자기 위치가 어디인지, 자기가 어디로 가는지를 뇌가 정확하게 파악할 수 있도록 창밖에 해당 정보가 놓여 있을 때만 안전하다. 구름이 끼거나 비가 많이 와서 비행에 필요한 정보가 차단되면 조종사는 자신의 감각이 아니라 기술에 의존해야 한다.

조종사 앞에 놓인 계기판은 조종사의 위치, 비행 속도, 비행 각도 등을 정확하게 보여준다. 그런데 때로는 그 계기판이 일러주는 정보가 조종사가 감각으로 인지하는 내용과 다를 수 있다. 현기증을 일으킨 조종사는 비행 고도가 점점 높아진다고 느끼지만 계기판은 비행기가 아래로 빠르게 하강하고 있음을 보여주기도 한다. 이런 상황에서 조종사가 비행기에 장착된 도구와 장비를 무시하고 자신의 감각과 인식에만 의존할 때 사고가 일어난다. 이런 종류의 항공기 재난은 여러 차례 일어났고, 그 바람에 수많은 사람이 목숨을 잃었다.

우리는 지금 계기비행의 시대로 접어들고 있다. 우리는 순전히 우리의 시각, 촉각, 감정, 기억에만 의존해서 환경 변화를 평가할 수 없다. 이제는 우리에게 필요한 정확한 정보(예를 들어 시간이 흐를수록 지구의 온도가 얼마나 어떤 속도로 상승하는지 같은 문제에 대한 정보)를 제공하고 우리의 행동을 안내해줄 과학과 기술에 의존할 때다.

4부

사회

: 더 나은 세상을 위하여

10장

진전
낮은 기대감과 좌절의 고리 끊어내기

변화에 적응할 게 아니라 변화에 깜짝 놀라는 법을 배워야 한다.
_아브라함 요슈아 헤셸(Abraham Joshua Heschel), 유대교 신학자·철학자[1]

1950년대 초 아르헨티나의 부에노스아이레스에서 한 서커스단이 공연을 했다. 호르헤 부카이(Jorge Bucay)라는 어린아이가 이 공연을 보러 갔다.[2] 공중 곡예사, 어릿광대, 저글링하는 사람, 마술사 등이 등장하는 그 공연은 대단했다. 대담한 용기가 만들어내는 위대한 도전과 숨 막히는 아름다움의 연속이었다. 그리고 놀라운 묘기를 보이는 동물들도 있었다!

요즘에는 동물 복지에 대한 관심 때문에 서커스단에서 묘기를 보

---

1   https://jessepaikin.com/2020/07/05/may-you-always-be-surprised/.

2   https://her-etiquette.com/beautiful-story-start-new-year-jorge-bucay/.

여주는 동물을 찾아보기 어렵지만, 1950년대에는 이런 동물들이 흔했다. 그중 원숭이와 앵무새와 코끼리는 빠질 수 없었다. 동물들은 악기를 연주하고 자전거를 타고 춤을 추도록 훈련을 받았다. 특히 거대한 코끼리는 어린이들이 가장 좋아하는 동물이었다.

호르헤도 코끼리를 무척이나 좋아했다. 공연이 끝난 뒤 호르헤는 공연장 밖으로 나가다 신기하기 짝이 없는 사실을 발견했다. 커다란 코끼리를 묶어놓은 줄이 있었는데, 코끼리의 발을 묶은 이 줄은 바닥에 박혀 있는 작은 말뚝에 연결되어 있었다. 어린 호르헤로서는 도저히 이해할 수 없는 광경이었다. 그 말뚝은 쇠말뚝도 아니고 아주 작은 나무 조각일 뿐이었다. 거기에 비하면 코끼리는 너무도 크고 강했다. 코끼리가 마음만 먹으면 얼마든지 말뚝을 뽑아버리고 가고 싶은 곳으로 자유롭게 도망칠 수 있었다. 그런데 왜 코끼리는 그렇게 하지 않을까?

어른들도 그 이유를 아는 사람은 없는 것 같았다. 이 의문은 이후 수십 년 동안 호르헤를 따라다녔다. 그러다 50년이 지난 뒤에야 비로소 호르헤는 그 이유를 아는 사람을 만났다. 그 사람이 설명하는 내용은 이랬다. 코끼리는 아기일 때 발이 줄에 묶여 있었고 그 줄은 말뚝에 매여 있었다. 코끼리는 그 줄에서 해방되고 싶어서 발버둥을 쳤지만 아무리 해도 말뚝을 뽑을 수 없었다. 그때만 해도 코끼리는 어리고 덩치도 작고 힘이 부족했기 때문이다.

결국 코끼리는 말뚝을 뽑고 탈출할 수 없다는 자기의 운명을 받아들였다. 세월이 흘러 코끼리는 덩치도 커졌고 힘도 세졌지만 말뚝을 뽑으려는 시도를 단 한 번도 하지 않았다. 마음만 먹으면 얼마든지 말뚝을 뽑고 달아날 수 있었음에도 말이다.

아마도 코끼리는 자기가 말뚝을 뽑을 수 있다는 생각을 하지 못했을 것이다. 또는 지금까지 살아왔던 것과는 전혀 다른 삶을 살 수 있다는 생각을 단 한 번도 하지 않았을 것이다. 코끼리를 구속하는 끈은 코끼리의 발을 묶어둔 게 아니라 마음을 꽁꽁 묶어두고 있었다. 코끼리는 어릴 때 움직임을 제약하던 구속에 습관화되어 저항하기를 멈춰버렸다. 어쩌면 그 코끼리는 그 한계를 더는 한계라고 생각하지 않았을 수도 있다. 또 인간이 새처럼 날지 못한다고 생각하는 것과 똑같이 자기가 움직일 수 있는 공간이 제한되어 있다는 사실을 고정불변의 사실로 인식했을지도 모른다. 그랬기에 코끼리는 덜 화가 났고 덜 무서웠으며 덜 슬펐다. 하지만 코끼리는 여전히 갇혀 있었고 그 사실은 변함이 없었다.

서커스단의 코끼리와 사슬에 묶인 여성

○

1974년 이전에 미국에서는 여성에게 신용카드 발급을 거부하는 행위는 연방법상 합법이었다. 1968년 이전에는 여성에게 숙박 서비스 제공을 거부하는 행위가 합법이었다. 그리고 1964년 이전에는 여성에게 일자리 제공을 거부하는 행위가 합법이었다. 많은 주에서 여성을 배심원단에서 제외하는 것이 합법이었다.

여성은 남성과 동등한 권리를 가지고 있지 않았다. 많은 주에서 여성이 고등 교육을 받는다거나 흥미로운 일자리를 얻기란 어려웠으며 똑같은 일을 하더라도 남성보다 임금을 적게 받았다. 많은 여성이 집안일을 대부분 도맡아서 했고 육아도 전담했다(사실 지금도 그렇다).

그렇지만 관련 자료만 놓고 보면 1950년대와 1960년대에 여성이 남성보다 덜 행복하지는 않았다. '매우 행복하다'부터 '매우 행복하지 않다'까지의 척도를 기준으로 얼마나 행복한지 물었을 때 여성들이 응답한 점수는 남성들이 응답한 점수와 같았고, 심지어 몇몇 연구들은 여성이 남성보다 훨씬 더 행복해한다고 보고했다.[3] 또한 당시 여성들은 남성들만큼이나 자존감이 높았던 것 같다. 그런 불평등한 환경에서 어떻게 그럴 수 있었을까?

수천 년 동안 여성은 남성이 가지고 있던 권리를 가지지 못했고 생활 전반에서 차별을 받았다. 투표를 할 수도 없었고, 재산을 소유할 수도 없었다. 결혼 상대를 선택할 수 없는 경우도 많았다. 여성은 사슬에 묶여 있었다. 소수의 여성이 이런 관행에 맞서 싸웠고 중요한 진전을 이뤘지만, 압도적 다수의 여성은 자기에게 주어진 삶을 있는 그대로 받아들였다. 그 과정에서 습관화가 작동했기에 여성은 대부분 서커스단의 코끼리와 마찬가지로 저항하지 않았다.

우리 저자들은 많은 여성이 자기를 묶은 사슬을 인식하지 못한

---

3   B. Stevenson and J. Wolfers, "The Paradox of Declining Female Happiness," *American Economic Journal: Economic Policy* 1 (2) (2009): 190-225.

채, 더 나은 삶을 살 수 있다는 생각조차 하지 못했던 게 아닐까 하고 생각한다. 남성들도 그런 분위기를 당연하게 여겼다. 여성들이 가지고 있었던 기대치가 낮았다는 것은 그들이 교육, 직업, 재산 소유 등의 권리를 거부당하더라도 전혀 놀라지 않았다는 뜻이기도 하다.

하지만 마침내 자신을 묶은 사슬을 끊어내려는 여성들이 집단으로 성장하면서 힘을 키웠다. 여성 인권 운동의 도움으로 1970년대와 1980년대, 1990년대를 거치며 커다란 진전이 일어났다. 많은 나라에서 남녀 차별을 금지하는 법률이 제정되었고, 고등 교육을 받는 여성이 많아졌으며, 고용 시장에서도 여성의 활동이 활발해졌다.

그러나 문제의 그 사슬이 약해지자 예상치 못한 일이 일어났다. 여성들은 예전보다 더 행복해지지 않았다. 오히려 반대였다. 행복감이 얼마나 줄어들었던지 이제는 여러 척도에서 남성이 여성보다 더 행복해졌다. 이런 양상은 미국뿐만 아니라 벨기에, 덴마크, 프랑스, 영국, 그리스, 아일랜드, 이탈리아, 룩셈부르크, 네덜란드, 포르투갈, 스페인 등에서도 관찰되었다.[4]

이는 불평등과 차별이 바람직하고 좋다는 뜻이 아니다. 전혀 그렇지 않다. 하지만 여기서 몇 가지 심각한 의문이 제기된다. 나라별로 여성이 느끼는 행복이 어떤 차이가 있는지 살펴보면 여성의 사회적 조건이 개선된 환경에 사는 여성일수록 삶의 만족도가 더 낮다고 보고했다. 반면에 남녀 불평등 수준이 높은 나라에 사는 여성일수

4　각주 3과 같은 자료.

록 더 행복하다고 보고했다.[5] 그 이유는 무엇일까?

오늘날 서구의 많은 나라에서 여성은 자기에게 주어진 권리가 남성이 가진 권리와 전혀 다르지 않다는 말을 듣는다. 그래서 우주비행사든 투자은행가든 판사든 무엇이든 될 수 있다는 말을 듣는다. 심지어 총리나 대통령도 될 수 있다는 말을 듣는다. 그리고 여성도 남성만큼 보수를 받을 법적 권리를 가지므로, 자신이 이룬 성취를 남성들이 이룬 성취와 비교하게 되었다. 그런데 왜 문제가 생겼을까?

실제 현실에서는 기회가 평등하지 않다. 많은 나라에서 여성도 법률적인 권리를 갖고, 심지어 남성과 동등한 권리를 가진다. 그러나 대부분 경우 차별이 다양한 형태로 이어지고 있다. 집안일을 남성과 여성이 공평하게 분담해야 한다는 말을 듣긴 하지만 전 세계의 여성이 빨래, 쇼핑, 육아, 청소, 요리, 행정 신고서 작성, 자녀의 숙제 지도 등을 예전과 다름없이 도맡아서 한다. 심지어 남편보다 더 힘들게 직장 생활을 하는 아내도 이렇게 하는 경우가 많다. 또 남편이 실직해서 일하러 나가지 않을 때조차도 여성은 남성보다 집안일을 적게 하지 않는다. 이 여성들은 빵을 벌어올 뿐만 아니라, 그렇게 벌어

---

5   C. Tesch-Römer, A. Motel-Klingebiel, and M. J. Tomasik, "Gender Differences in Subjective Well-Being: Comparing Societies with Respect to Gender Equality," *Social Indicators Research* 85 (2) (2008): 329-49; S. Vieira Lima, "A Cross-Country Investigation of the Determinants of the Happiness Gender Gap," chapter 2 in "Essays on Economics and Happiness" (PhD diss., University of Milano-Bicocca, 2013); G. Meisenberg and M. A. Woodley, "Gender Differences in Subjective Well-Being and Their Relationships with Gender Equality," *Journal of Happiness Studies* 16 (6) (2015): 1539-55; and M. Zuckerman, C. Li, and J. A. Hall, "When Men and Women Differ in Self-Esteem and When They Don't: A Meta-Analysis," *Journal of Research in Personality* 64 (2016): 34-51.

온 빵을 얇게 썰어서 아이들이 먹을 점심 샌드위치로 만드는 일까지 맡아서 하고 있다.[6]

이와 대조적으로, 1950년대 미국에서(그리고 미국 외 다른 여러 나라에서도) 여성들은 집안일을 도맡아 하면서도 적어도 자기가 누릴 수 없는 것들에 대해서는 아예 기대조차 하지 않았다. 그들은 기존의 사회적 규범에 습관화되어 있었다. 이와 달리 현대 서구 사회에서 여성은 평등을 기대한다. 그러나 안타깝게도 그 기대는 채워지지 않는다.

기대하는 것(동일한 보수, 동일한 기회, 존중)과 실제로 얻는 것(적은 보수, 제한된 기회, 무시) 사이의 이 격차에서 불행하다는 느낌이 만들어진다. 신경과학자들은 기대와 결과 사이의 이런 격차를 '**부정 예측 오류**(negative prediction error)'라고 부른다. 뒤에서 살펴보겠지만 이런 예측 오류는 단기적으로는 불행을 끌어내지만 발전을 위해서는 반드시 필요하다.

기대와 현실 불일치의 오류들

○

당신은 의식하지 못하겠지만 지금도 당신의 뇌는 다음에 어떤 일이 일어날지 예측하려고 한다. 예를 들면 이 문장에서 당신의 뇌는 그

---

6 https://www.pewresearch.org/social-trends/2023/04/13/in-a-growing-share-of-u-s-marriages-husbands-and-wives-earn-about-the-same/.

다음에 어떤 단어가 이어질지 예측한다. 책장을 넘길 때는 손가락이 느끼는 촉감이 어떨지 예측하고, 뜨거운 머그잔을 입으로 가져갈 때는 커피 맛이 어떨지 예측한다. 단어든 촉감이든 맛이든 그 예측이 맞아떨어질 때 당신은 전혀 놀라지 않는다.

당신은 장기적인 예측도 한다. '나는 은행에서 대리로 일하게 될 거야.' '조지나는 나를 버리고 떠날 거야.' '스키 슬로프에서는 무지하게 추울 거야.' 뇌의 거의 모든 뉴런(신경세포)이 이런저런 온갖 예측에 관여하는 이유가 무엇인지는 분명하다. 다음에 어떤 일이 일어날지 예측해야 더 잘 대비할 수 있기 때문이다. 준비가 잘 되어 있으면 슬로프에서 추워서 덜덜 떨지도 않을 것이고 조지나에게 이혼당하고 집을 빼앗기는 일도 피할 수 있다. 하지만 때때로 이런 예측은 빗나간다. 놀라워라! 당신은 은행 일자리를 얻지 못했다. 놀라워라! 조지나는 당신과 평생을 함께한다.

이런 실수들, 즉 예측 오류들은 중요하다. 이것들은 당신이 주변 세상에 대해서 배우고 당신의 기대치를 수정할 수 있는 교육 신호(teaching signal)다. 어떤 실수들은 훌륭하고(조지나가 나를 버리고 떠나지 않았다!), 또 어떤 실수들은 그렇게 훌륭하지 않다(은행에서 일자리를 얻지 못했다!).

당신의 뇌는 그 놀라움이 좋은 것인지 나쁜 것인지 일러주는 명확한 신호를 가지고 있는 게 분명하다. 그 놀라움이 좋은 것이면 그때까지 하던 일을 계속해야(조지나에게 잘해주고 그녀에게 사랑한다고 말해야) 하지만, 그 놀라움이 나쁜 것이면 그때까지 하던 일을 바꿔야(이력서를 다시 쓰고 더 많은 경험을 쌓아야) 하기 때문이다. 그래서 당신의 뇌에 있는 어떤 뉴런(신경세포)들은 단순히 '놀라워라!'라는 신호를 보내지만, 어떤 뉴런들은 좋은 것과 나쁜 것이라는 두 가지 유형의 놀라움을 지정한다. 그중 가장 유명한 것은 아마도 도파민 뉴런일 것이다.

도파민 뉴런은 신경전달물질의 하나인 도파민을 생성한다. 신경전달물질은 어떤 뉴런이 다른 뉴런으로 메시지를 전달할 때 방출하는 화학물질이다. 도파민 뉴런은 도파민을 끊임없이 방출한다. 아무 일도 일어나지 않을 때도 그렇다. 그러나 좋은 방향으로 놀라운 일("그녀는 나를 사랑한대!")이 일어날 때 도파민 뉴런은 도파민을 더 많이 방출해서 방금 일어난 일이 기대하던 것보다 좋다는 사실을 뇌의 나머지 부분들에 알린다. 반면에 나쁜 방향으로 놀라운 일("취업에 실패했어!")이 일어날 때 도파민 뉴런은 조용해진다.

이 특이한 조용함은 방금 일어난 일이 예상하던 것보다 나쁘다는 메시지를 뇌의 나머지 부분에 전달한다. 앞에서 들었던 두 개의 예시 가운데 첫 번째 신호는 **긍정 예측 오류**(positive prediction error)이고, 두 번째 신호는 앞에서도 잠깐 언급했던 **부정 예측 오류**다. 예측 오류는 당사자의 기분과 밀접한 관련이 있다. 긍정 예측 오류가 유발되면 기분이 좋고, 부정 예측 오류가 유발되면 기분이 나빠진다.[7]

일반적으로 말하면 1950년대 여성은 기대치가 낮아서 부정적으

---

7   R. B. Rutledge et al., "A Computational and Neural Model of Momentary Subjective Well-Being," *Proceedings of the National Academy of Sciences of the USA* 111 (33) (2014): 12252–57.

로 놀랄 가능성이 작았기 때문에 1980년대 여성보다 부정 예측 오류가 적었을 수 있다. 이런 논리적인 추론은 다른 여러 설정에서도 적용된다. 사람들이 자기가 가진 기대치를 하향 조정할 때 나쁜 조건(예를 들면 공무원의 부패, 건강 악화, 말뚝에 묶여 있기 등)은 그렇지 않은 경우만큼 행복감에 영향을 미치지 않는다.[8] 기대치가 낮으면 부정 예측 오류가 발생할 여지가 없다는 뜻이며, 이는 나쁜 조건이 눈에 띄지 않은 채 날마다 그냥 넘어갈 수 있다는 뜻이다.

기대치가 낮으면 행복할까?

○

사람들의 선호도는 자기가 실제로 누릴 수 있는 것에 적응한다. 사회 이론가 존 엘스터(Jon Elster)[9]와 아마르티아 센(Amartya Sen)[10]은 이를 '적응적 선호(adaptive preferences)'의 문제라고 부른다. 만약 당신이 어떤 것을 가질 수 없다면 더 이상 원하지 않게 된다는 말이다.

　사람들이 자기가 느끼는 박탈감에 적응한다는 주장을 뒷받침하는 경험적인 증거는 많다. 자유를 제한하는 나라에서는 사람들이

8　C. Graham, "Why Societies Stay Stuck in Bad Equilibrium: Insights from Happiness Studies amidst Prosperity and Adversity," IZA Conference on Frontiers in Labor Economics: The Economics of Well-Being and Happiness, Washington, DC, 2009.

9　Jon Elster, *America before 1787: The Unraveling of a Colonial Regime* (Princeton, NJ: Princeton University Press, 2023).

10　Amartya Sen, *Commodities and Capabilities* (Amsterdam: North-Holland, 1985), 7.

자유를 기대하지 않기 때문에 그들의 행복에 자유라는 가치는 덜 중요하다.[11] 그들은 비록 자율권을 덜 갖지만 습관화 덕분에 상당한 수준의 행복감을 유지한다. 아프리카에서는 소득이 행복에 가장 적게 영향을 미치는데, 이런 일이 일어나는 이유는 사람들이 소득에 대해 크게 기대하지 않기 때문이다.[12] 범죄와 부패 수준이 전 세계에서 매우 높은 나라로 꼽히는 아프가니스탄에서는 범죄와 부패가 사람들이 느끼는 행복감에 가장 적게 영향을 미친다.[13]

분명히 말하지만 아프가니스탄 사람들이 기쁨에 넘치는 모습으로 살지는 않는다. 그들은 가난과 불안한 치안, 불안정한 정치에 시달려왔다. 그들이 느끼는 행복감의 순위는 세계 최하위다.[14] 그러나 만약 당신이 내일 당장 아프가니스탄으로 이주한다면 장담하건대 당신이 거기에서 느끼는 행복감은 그곳 시민들이 느끼는 행복감보다 훨씬 낮을 것이다. 서커스단 코끼리가 환경에 순응했던 것과 마찬가지로, 아프가니스탄 사람들은 그들이 놓인 상황에 익숙해져서 기대치가 낮다. 반면에 당신은 지금까지 살면서 풍부한 식수와 충분한 음식, 안전한 환경에 익숙해져 있어서 어느 하나라도 부족하면 부정 예측 오류가 발생해 당신을 근본적으로 흔들어놓을 것이다.

---

11 Graham, "Why Societies Stay Stuck in Bad Equilibrium."

12 각주 11과 같은 자료.

13 각주 11과 같은 자료.

14 John F. Helliwell et al., *World Happiness Report 2021*, https://worldhappiness.report/ed/2021/.

그러면 당신은 '좋아, 알았어. 이제부터는 기대치를 낮출 거야. 그러면 행복하게 살 수 있겠지'라고 생각할지도 모른다. 하지만 그렇게 간단한 일이 아니다. 기대치를 낮추면 만족스럽지 않은 조건에 맞서 싸워 자신이 처한 환경을 조금이라도 개선하겠다는 시도를 중단하거나 아예 포기해버리기 때문이다. 이런 문제를 지적하면서 엘스터는 다음과 같이 말했다. "적응적 선호는 멍때리기 효과(numbing effect)와 마비 효과(paralyzing effect)를 동시에 가지고 있어서, 고통을 완화하는 동시에 행동하고자 하는 충동을 무력하게 만든다."[15]

당신은 이상적이지 않은 인간관계나 직장에 안주하면서 당신의 주변 환경을 더 이상 개선하려고 하지 않을 수 있다. 체육관에 가서 근력 운동을 하는 대신 두부살의 약한 근육을 당연한 것으로 받아들이거나, 허리가 아파도 병원에 가서 진료를 받는 대신 아픈 허리에 순응할 수도 있다.

데이터에 따르면 더 나은 의료 서비스를 요구하는 수준은 훌륭한 의료 서비스를 누리는 사람들보다 그런 서비스의 개선이 시급한 사회의 구성원들에게서 흔히 더 낮게 나타난다.[16] 이는 의료 제도가 열악한 나라의 국민이 기대하는 의료 서비스의 수준이 낮기 때문이다. 이들은 다른 국가의 사람들이라면 좌절하고 충격을 받을 만한 저급한 의료 서비스를 그럭저럭 받아들인다.

따라서 충족되지 않은 기대가 불행감을 유발하긴 하지만 이런 불

---

15 Elster, *America before 1787*, 45.

16 Graham, "Why Societies Stay Stuck in Bad Equilibrium."

행감은 변화와 발전을 위해서는 필요하다. 그리고 일단 변화가 일어나면 행복감을 회복할 수 있다. 성 불평등을 예로 들어보자. 처음에는 여성을 위한 기회와 기대치가 여성이 느끼는 행복감을 떨어뜨렸지만, 일단 여러 조건이 일정한 수준 이상으로 개선되면 그런 것들이 행복감을 높여줄 수 있다.[17] 여성의 자유와 여성이 느끼는 행복감의 관계는 U자형으로 진행된다. 여성의 권리를 주장하는 운동은 초기에는 여성의 자존감과 행복감을 떨어뜨린다. 기대치가 현실과 일치하지 않기 때문이다. 그러나 여성의 사회적 조건이 계속 개선되고 현실이 기대치를 따라잡으면서부터는 여성이 느끼는 행복감이 높아진다.

지구상의 그 어떤 곳에서도 여성에게는 남성과 동등한 기회가 주어지지 않는다. 이런 사회에서 여성이 남성만큼 자기 인생을 행복하다고 여길지 어떨지는 알 수 없다. 우리가 살아 있는 동안에 그런 사회를 볼 수 있을지도 사실은 모르겠다(수천 년 동안 이어온 억압을 바로잡는 데는 시간이 오래 걸릴 수밖에 없지 않겠는가?). 하지만 만일 그런 사회가 실제로 나타난다면 기대치와 현실의 불일치에서 비롯되는 불행감은 사라질 것이다.

---

17 Tesch-Römer, Motel-Klingebiel, and Tomasik, "Gender Differences in Subjective Well-Being," and Vieira Lima, "A Cross-Country Investigation of the Determinants of the Happiness Gender Gap."

사슬을 끊어내는 사람들

○

만약 습관화라는 현상이 보편적이고 완전하다면 사슬을 끊으려는 그 어떤 움직임도 일어나지 않을 텐데, 이는 너무도 심각한 문제다. 정말로 그렇다면 개선의 여지가 있는 조건들도 영원히 개선되지 않을 것이다. 조지 오웰의 소설 《1984년》에 등장하는 한 인물은 이런 사실을 "만약 미래가 어떤 모습일지 알고 싶다면 군홧발로 사람의 얼굴을 짓이기는 장면을 상상하라, 영원히"라는 말로 섬뜩하게 표현했다.[18]

사회 운동이 일어나려면 완전히 습관화되지 않은 어떤 사람, 즉 어떤 관행이나 상황을 불편하게 여기는 사람이나 그에 반발하는 언행을 기꺼이 하는 사람이 있어야 한다. 가끔 일어나는 이런 일을 과도하게 양식화해서 설명하면 다음과 같다.

사회는 매우 다양한 사람들로 구성되어 있는데, 이들의 태도는 저마다 제각각이다. 어떤 사람들은 불공정함을 포함해 그 사회에 존재하는 모든 것에 전적으로 습관화되어 있다. 이들은 현재 통용되는 관행을 배경 소음으로 또는 삶의 정상적이고 자연스러운 한 부분으로 받아들인다. 또 어떤 사람들은 그 사회의 많은 것에 습관화되어 있다. 그들은 머릿속에서 저항의 목소리를 듣기도 하지만 그 목소리는 비교적 조용하다. 또 어떤 사람들은 아주 일부분에만 습

18   George Orwell, *1984* (Oxford: Oxford University Press, 2021), 208.

관화되어 있어서, 어느 정도는 분노하기도 하고 당혹스러워하기도 하지만 변화가 일어나기 어렵거나 그럴 가능성이 없음을 예리하게 인식한다. 그래서 그들은 입을 다물고 침묵한다.

그들은 계란으로 바위를 치는 게 과연 무슨 의미가 있을까 생각한다. 그래서 **선호 위장**(preference falsification)을 하게 된다. 즉 사회에 존재하는 규범에 자기를 맞추기 위해 자기가 실제로 무엇을 선호하고 어떤 생각을 하는지 밝히지 않는다. 그들도 때로는 자기의 선호와 생각을 기꺼이 드러내기도 하지만 이는 사회의 규범이 바뀔 때만 그렇다.

이 양식화된 설명은 사람들이 저마다 다양한 수준으로 행동 한계를 가지고 있다고 지적한다. 가장 덜 습관화된 사람들은 아무리 혼자라고 해도 기꺼이 행동에 나선다. 이 사람들의 습관화 수준을 '0'이라고 하자. 그다음 낮은 수준으로 습관화된 사람들은 기꺼이 행동에 나서지만 앞장서서 그렇게 하지는 않고 누군가 앞장을 설 때 그 뒤를 따라간다. 이들의 습관화 수준은 1이다. 또 어떤 사람들은 기꺼이 행동에 나서지만 1등이나 2등으로 나서지는 않는다. 선도자가 있을 때만 비로소 행동에 나선다. 이들은 2다. 이들 뒤에 3이 있고 4가 있고, 그 뒤에 5가 있다. 이런 식으로 순서는 무한대까지 이어진다. 무한대에 가까운 사람들은 완벽하게 습관화되어서 어떤 조건에서도 반발이나 저항을 하지 않는 사람들이다.

이 설명에 따르면 변화는 올바른 종류의 사회적 상호작용이 일어난 뒤에만 일어난다. 예컨대 만약 1이 0을 본다면 1이 움직일 것이고, 2가 1과 0을 본다면 2가 움직일 것이고, 3이 2와 1을 본다면 3도 움직일 것이다. 이렇게 해서 결국에는 대규모 사회 운동이 일어나는 일종의 연쇄 현상이 진행된다.

그러나 수수께끼 하나는 여전히 남는다. 전혀 습관화되지 않는 사람들은 어떻게 설명할 수 있을까? 우리 저자들은 이 질문의 완벽한 정답은 가지고 있지 않다. 그러나 어느 정도만 설명하자면 이는 탈습관화된 무언가에(즉 기존의 관행이 더는 자연스럽거나 피할 수 없는 선택으로 보이지 않게 만드는 것이자 충격이나 놀라움을 가져다주는 것에) 노출될 가능성이라고 생각한다.

여기서 '무언가'는 다른 시간대나 다른 지역에 있는 전혀 다른 관행일 수도 있고, 어떤 만남이나 경험으로 촉발되는 상상력이 빚어내는 것일 수도 있다. 우리는 이 사람들을 **탈습관화 기업가**(dishabituation entrepreneur, 여기서 '기업가'란 영리 추구의 기업 활동을 하는 사람이라는 의미보다는 개혁적인 일을 추진하는 사람을 뜻하는 개념이다-옮긴이)라고 부르는데, 여기에 대해서는 다음 장에서 자세하게 살펴볼 것이다.

우리는 습관화와 관련된 지식이 탈습관화 기업가들을 양성할 수 있다고 믿는다. 사람들이 습관화되는 온갖 방법을 모두 배운다면 자신의 삶에서 익숙해진 차선(次善)의 측면들을 감지하고 여기에 집중할 수 있다. 그리고 가정생활과 직장 생활에서 그동안 간과해온 덜 중요한 특징들을 발견할 수 있다. 물론 많은 상황에서 완벽하지 않거나 전혀 훌륭하지 않은 일들을 받아들이는 편이 더 나을 수 있다. 그러나 우리에게는 희망이 있다. 늘 한결같고 또 쉽게 예상할 수 있는 것을 우리의 두뇌가 인지하지 못하게 만드는 모든 방식을 깨달을 때, 비로소 우리는 인정하고 받아들여야 할 사슬과 노력해서 깨부숴야 할 사슬을 구분할 수 있을 것이다.

11장

차별
온화한 유대인, 미니스커트를 입은 과학자, 밉상인 아이들

문화의 과정을 인식하고 적극적으로 거기에 맞서라.
그러지 않으면 영원히 그 문화의 포로로 남는다.
_존 하워드 그리핀(John Howard Griffin), 미국의 언론인·작가[1]

2016년 여름, 한 비영리 단체의 전 임원인 마거릿 소여(Margaret Sawyer)는 자녀들을 데리고 콜로라도주 살리다에 있는 어떤 수영장에 갔다가 그곳 게시판에 붙은 적십자 포스터를 봤다.[2] 다음 페이지의 사진이 바로 그 포스터다. 이 포스터에서 이상한 부분을 찾았는가? 얼마 전에 캐스는 20명이나 되는 사람들 틈에 섞여서 이 포스터를 봤고,

---

1   John Howard Griffin, _Black Like Me: The Definitive Griffin Estate Edition, Corrected from Original Manuscripts_ (Chicago: Wings Press, 2004), 210.

2   Peter Holley, " 'Super Racist' Pool Safety Poster Prompts Red Cross Apology," _Washington Post_, June 27, 2016, https://www.washingtonpost.com/news/morning-mix/wp/2016/06/27/super-racist-pool-safety-poster-prompts-red-cross-apology/.

이상하게 보이는 부분이 없느냐는 질문을 받았다. 사람들은 대부분 이상한 부분을 찾아내지 못했다. 그런데 흑인 한 사람이 곧바로 무언가를 찾아냈다. 공중도덕을 지키지 않음을 지적하는 '멋지지 않아요!'라는 표식이 대부분 유색인종 아이들에게 붙어 있다는 것이었다.

사람들의 관심이 모두 그 그림에 집중되고 나서야 비로소 모두가 그 사실을 알아봤다. 그러고는 다들 처음에 자기가 그런 사실을 알아보지 못했다는 사실에 깜짝 놀랐다. 그런데 누군가가 지적을 한 다음에는 그 이상한 부분을 보지 않으려야 보지 않을 수 없었다.

적십자사가 처음 이 포스터를 공개했을 때는 조직 내부의 그 누구도 이 문제를 알아채지 못했다(또는 알아채고도 아무 말 하지 않았다). 이 포스터는 수많은 수영장의 게시판에 붙었지만 그 누구도 문제를 제기하지 않았다. 그런데 마거릿 소여가 이 포스터에 인종차별적인 요소가 있음을 처음으로 알아본 것이다.

소여는 살리다의 수영장에서 이 포스터를 처음 봤을 때 인종차별이 일상적이었던 시절에 만들어진 포스터를 복사한 것으로 추측했다. 그러나 며칠 뒤 콜로라도주 포트모건에 있는 수영장에서도 똑같은 포스터를 봤다. 그제야 그녀는 그것이 1970년대에 제작된 포스터가 아니라 최근에 제작된 것임을 깨달았다. 그래서 이 포스터의 사진을 찍어 트위터 계정에 올렸다.

처음에는 많은 사용자가 무엇이 잘못되었는지 알아보지 못했다. '이해할 수 없다. 이 사진의 어떤 점이 인종을 차별한다는 거지?'라는 댓글이 달렸다. 그러나 소여가 설명을 덧붙이고 나자 적십자사를 향한 항의가 대대적으로 이어졌다. 이 이야기는 언론 기사로 실렸고, 결국 적십자사는 '의도하지 않았던' 행동에 대해 잘못을 시인하고 사과했다.[3]

여기에서 핵심 단어는 **'의도하지 않았던(inadvertent)'**이다. 적십자사로서는 인종차별적인 포스터를 내놓을 의도가 전혀 없었다. 적십자의 관계자들이 그 포스터가 인종차별적임을 깨닫지 못했을 뿐이다. 이 포스터를 수영장 게시판에 붙인 전국의 수많은 수영장 직원도 마찬가지였다. 수많은 수영장 방문객과 트위터 사용자도 마찬가지였다. 하지만 딱 한 사람, 마거릿 소여가 그 모든 것을 바꿨다. 그녀

---

3 각주 2와 같은 자료.

는(10장에서 설명한 것과 같은) 0에 속하는 사람이었다.

편견과 차별이 일상으로 자리 잡은 세상에서는 대부분 사람이 그런 편견과 차별에 습관화되어 있다. 사람들은 자기 주변에서 차별 행위가 일어날 것을 기대하고 있어서 그런 차별을 인지하는 게 아니다. 한 번 더 말하면 사람들은 놀랍고 색다른 건 알아차리지만 늘 똑같이 반복되는 것은 그냥 넘어간다. 그런데 바로 여기서 문제가 발생한다. 사람들은 자기가 인지하지 못하는 것을 바꾸기 위해 노력할 순 없다. 누군가 나타나서 자신의 눈앞에 있는 것을 분명하게, 또 두드러지게 보이도록 해줄 때 비로소 그 대상을 다르게 바꾸려는 시도를 할 수 있다.

'온화한 유대인'에 담긴 의미

○

벌써 수십 년 전에 있었던 일이다. 캐스는 남아프리카공화국으로 초청을 받아 갔다. 백인으로만 구성된 아파르트헤이트 정부의 몇몇 구성원들에게 아파르트헤이트 이후의 남아프리카공화국이 채택할 헌법에 대해 조언하는 게 목적이었다. 캐스는 그 초청을 수락하면서 어쩐지 약간의 두려움에 사로잡혀 있었다. 하지만 곧 자기를 초청한 사람들이나 주변에 있던 사람들이 인종 평등을 강력하게 지지하고, 아파르트헤이트의 유산을 철저하게 청산할 헌법을 설계하는 작업에 힘을 보태고 싶어 한다고 확신했다.

그 방문 때 캐스는 그런 시도를 주도하던 인물들 중 한 명인 판사 한 사람과 특히 잘 어울렸는데, 그는 날카롭고 박식했으며 상냥했다. 캐스는 그를 좋아했고, 그 판사도 캐스를 좋아하는 것 같았다. 마지막 저녁 식사를 하던 자리에서 판사는 술을 몇 잔 마신 뒤 캐스의 성을 대여섯 번이나 반복해서 중얼거렸다.

"음…, 선스타인, 선스타인, 선스타인, 선스타인, 선스타인, 선스타인…."

캐스는 그런 언동이 특이하다고 생각했고 왠지 우호적으로 느껴지지지만은 않았다. 이 사람은 왜 나의 성을 흥미롭게 여길까? 이런 생각과 눈빛으로 캐스는 그 판사를 쳐다봤다. 판사는 잠시 뜸을 들이더니 이렇게 말했다.

"우리 법정에는 유대인이 한 명 있습니다. 우리는 그 사람을 '온화한 유대인'이라고 부릅니다."

캐스는 이 말을 듣고 깜짝 놀랐다(캐스 선스타인은 유대인이다-옮긴이). 판사는 그저 농담으로 말했을 뿐 자기의 그런 말이 이상하거나 부적절할 수 있음을 전혀 모르는 눈치였다. 캐스는 주변을 둘러봤지만 그의 발언에 주목하는 사람은 아무도 없었고 그런 발언이 부적절하다고 생각하는 사람도 없는 것 같았다. 만일 이런 일이 미국에서 일어났다면 상당히 큰 소동이 벌어졌을 것이었다. 하지만 남아프리카공화국에서는 그렇지 않았다.

이렇듯 어떤 문화권에서 특이하고 주의를 끄는 것이 다른 문화권에서는 눈에 띄지 않는 경우가 많다. 규범은 시간과 장소에 따라 바뀐다. 어떤 행동이나 논평이 어떤 문화권 또는 시대에는 두드러지지만, 다른 문화권에서나 시대에서는 아무렇지도 않다. 사람들은 자기가 속한 사회의 규범에 습관화된다.

한 장소에서 다른 장소로 지역을 옮기거나 한 시대에서 다른 시대로 시간을 옮기면(예를 들어 옛날 영화를 보면) 그 시공간에 존재하는 다른 사람들이 무엇을 하지 않는지 알 수 있다. 예를 들어 흡연은 어떤 시공간에서는 허용되며 심지어 멋지고 로맨틱하게 보이기도 한다. 하지만 다른 시공간에서는 자기 자신이나 다른 사람들을 전혀 배려하지 않는다는 신호다. 사람들은 흡연자들의 존재에 습관화되고, 그런 다음에 탈습관화된다.

또 어떤 나라들에서는 '**호모**'라는 단어가 동성애자를 묘사하는 용어로 흔하게 사용된다. 이런 나라에 사는 사람들은 이 단어를 입에 올리는 데 조금도 거리낌이 없고, 들어도 전혀 개의치 않는다. 그리고 대부분 나라에서는 이 단어가 비난의 뜻을 담고 있어서 거의 사용되지 않는다는 사실을 잘 알지 못한다. 만약 다른 나라의 사람이 이 나라로 여행 가서 그 단어를 듣는다면 아마도 무척 당황해하며 상대방에게 부정적으로 반응할 것이다.

누군가가 어떤 대상을 차별적으로 인식할 것인지, 그렇게 인식하지 않을 것인지는 그 사람이 자신의 환경에서 익숙해진 대상이 무엇이냐에 따라 달라지지만 또한 경계 울타리의 어느 쪽에 있는지에 따라서도 달라진다. 약 10년 전에 탈리는 어떤 과학자 회의에 참석했다. 참석자는 10여 명이었고 회의를 주재하는 사람은 남자 교수였다. 그 교수는 한 여학생을 바라보면서, 그녀가 명망이 높은 강연에 초청받았다는 사실을 다른 사람을 통해서 들었다고 말했다. 그러면서 이렇게 물었다.

"무대에서 미니스커트를 입고 퍼레이드를 하라고 그 사람들이 당신을 초청했습니까?"

그의 목소리는 크고 분명했지만 그 내용에 주목하는 사람은 아무도 없는 것 같았다. 회의는 마치 아무 일도 없었던 것처럼 계속 이어졌다.

얼마 전까지만 해도 이런 발언은 전혀 이상한 게 아니었다. 남자 교수들은 종종 여자 과학자의 외모를 평가하곤 했다. 강연자로 초청된 어떤 여성에게는 '다소 크다'라는 꼬리표가 붙기도 했고, 또 어떤 여성에게는 '상당히 뜨겁다'라는 꼬리표가 붙기도 했다. 심지어 어떤 교수는 한 남학생에게 그의 여성 멘토를 언급하면서 "그 여자를 옆에 두고서 어떻게 다른 생각을 하지 않고 집중할 수 있었어?"라고 물은 적도 있었다.

나중에 탈리는 그 회의를 주재했던 교수에게 이메일을 보냈고 그 교수는 곧바로 사과문을 발표했다. 그도 정신을 차리고 지난 시간을 돌이켜 보고서야 비로소 자신의 발언에 문제가 있었음을 알았다. 탈리는 그 회의에 참석했던 거의 모든 남성에게 그 일을 어떻게 생각하는지 물었다. 그러자 어떤 이는 그런 일이 있었는지조차 알지 못했다고 했고, 어떤 이는 그 발언이 그다지 특별하다거나 이상하게 느껴지지 않았다고 했다. 사실 그런 발언들은 날마다 쏟아졌기에 전혀 이상하지 않았고 특이하지도 않았다.

그런데 그 회의에 참석해서 문제의 그 막말에 분개한 또 한 사람이 있었는데 바로 막말 피해자의 여성 동료였다. 이런 사실이 우리 저자들을 또 하나의 흥미로운 질문으로 이끌었다. 편견의 대상이 되는 사람들은 편견에 덜 습관화될까? 이들은 편견을 인식할 가능성이 얼마나 더 높을까?

입장 바꿔 생각하고 경험하기

○

사람들은 차별을 반복해서 경험할 때는 어느 정도 차별을 예상한다. 적어도 어느 정도까지는 그렇다. 코끼리가 자기가 묶인 말뚝에 습관화되었듯이, 또 1970년대 이전에 살았던 여성들이 성차별에 습관화되었듯이 말이다. 따라서 어떤 차별이 일상적으로 이뤄질 때는 그 차별이 평소와 다르게 특이할 때보다 덜 반응하게 된다. 그러나 차별을 당하는 사람의 입장일 때는 그 습관화가 상대적으로 느리게 작동한다. 또는 그 습관화가 완벽하지 않게 작동한다.

1920년대의 영국인 올림픽 선수들을 묘사한 유명한 영화 〈불의 전차(Chariots of Fire)〉(1981)에서 유대인 단거리 선수인 해럴드 에이브러햄스는 이런 상태의 감정을 다음과 같이 잘 포착했다.

그 감정은 고통이고 무력감이고 분노다. 굴욕감에 사로잡힌다. 때로 나는

나 자신에게 '이봐, 진정해. 넌 이 모든 것을 늘 상상하고 있잖아'라고 혼잣말을 한다. 그런 다음에 나는 그 표정을 다시 발견한다. 어떤 발언이 끝나가는 무렵에 또 그 표정을 발견하고, 악수할 때 냉랭한 거부감을 느낀다.[4]

어째서 차별의 피해자는 방관자보다 습관화가 덜 될까? 우리 저자들이 생각하는 한 가지 이유는, 차별이 빈번하게 이뤄질 때조차도 그 차별이 피해자가 가지고 있는 자기 이미지와 뚜렷하게 대조되기 때문이다.

여자 조종사는 자기가 남자 조종사들보다 조종사 자질이 부족하다고 하는 편견에 어느 정도 익숙해져서, 평소에도 자신감이 어느 정도는 떨어져 있을 수 있다. 하지만 이런 심리적인 태도는 비행기를 능숙하게 조종하는 자신의 일상적인 경험과 뚜렷하게 대비된다. 그래서 스스로 관찰하는 자신의 능력과 전체 집단이 자신에게 기대하는 능력 사이의 불일치 때문에, 그 사람의 뇌에서는 오류 신호를 지속적으로 송출한다. 그래서 습관화의 수준이 낮을 수밖에 없다.

그러므로 만일 누구라도 자기가 남성이 아니라 여성이라고, 백인이 아니라 흑인이라고, 이성애자가 아니라 동성애자라고 입장을 바꿔 생각하면, 그렇지 않을 때보다 차별을 더 쉽게 인지할 수 있다.

4　William J. Weatherby and Colin Welland, *Chariots of Fire* (New York: Dell/Quicksilver, 1982), 31.

이것이 바로 그런 변화를 겪은 사람들이 보고한 내용이다.

유명하고 영향력 있는 습관화 및 탈습관화 사례 하나를 살펴보자. 1959년에 저널리스트 존 하워드 그리핀은 장시간 일광욕을 하고 약품 및 염료를 피부에 발라 일시적으로나마 피부를 검게 만들었다. 다른 사람들이 자기를 흑인으로 오해하게 만들기 위해서였다. 이런 상태로 그는 몇 주 동안 조지아, 미시시피, 루이지애나, 앨라배마, 아칸소 등 미국 남부를 돌아다니며 인종차별의 현실을 생생하게 경험했다. 그가 이렇게 했던 동기는 단순했다.

"만약 우리가 다른 사람의 입장이 되어 자기가 어떻게 반응하는지 볼 수만 있다면, 아마도 우리는 차별의 부당함과 모든 종류의 편견에서 비롯되는 비극적인 비인간성을 생생하게 깨닫지 않을까 싶다."

그리핀이 이 경험을 토대로 해서 쓴 책인 《블랙 라이크 미》는 충격 그 자체였다.[5] 많은 사람들이 이 책 때문에 분노하는데, 그 이유는 이 책이 인종차별을 생생하게 묘사하기 때문이 아니라(이 점은 지금도 여전히 뜨거운 논쟁거리가 되고 있다) 그리핀의 행동이 주제넘다고 생각하기 때문이다.

이런 사실은 우리 저자들도 인정한다. 그렇지만 우리가 강조하고 싶은 점은 다른 데 있다. 이 책은 백인들에게 남부에서 흑인으로 사는 게 어떤 느낌일지, 다시 말해서 조용하고 정직하며 친절한 것으

---

5 Griffin, *Black Like Me*, 192.

로 포장되어 있지만 실은 분노, 잔인함, 의심, 경멸로 자신을 대하는 세상을 경험하는 것이 어떤 느낌일지 알려주었다. 바로 이런 점을 우리 저자들은 강조하고 싶다.

그리핀은 누구라도 아무런 이유도 없이 위협하거나 해고당할 수 있는 세상을 묘사했다.

"그 어떤 것도 이런 시들어가는 공포를 묘사할 수 없다. 당신은 민낯의 증오 앞에서 길을 잃을 것이고, 마음이 찢어질 것이다. 그 증오가 당신을 위협하기 때문이라기보다는 그 증오가 인간이 그토록 비인간적인 존재임을 드러내기 때문이다. 당신은 일종의 광기와 마주칠 것이다. 그리고 공포에 휩싸일 텐데, 이는 그 광기가 위협적이어서가 아니라 너무도 노골적이어서 그런 것이다."[6]

그는 이런 경험을 한 덕분에 "학습된 행동 패턴이 깊이 각인되어 자기도 인지하지 못하는 반응을 일으키는 현상을 뜻하는 문화야말로 감옥"임을 알게 되었다고 말한다. 그는 공포가 끊임없이 이어지는 세상에서 산다는 것이 어떤 것인지 배웠다.[7]

성전환을 한 사람들도 그리핀과 비슷한 경험을 한다. 예를 들어 트랜스젠더 과학자들은 성전환을 한 다음에 자신을 대하는 동료들의 태도가 아주 놀랍게 바뀌었다고 보고한다. 예전에 살았던 성과 다른 성으로 바뀌면 예전에는 미처 알지 못하고 보지 못했던 것들을 알게 되고 보게 된다.

6 　각주 5와 같은 책, 49.
7 　각주 5와 같은 책, 64.

이처럼 일시적으로 다른 사람의 처지가 되어보는 것은 탈습관화의 한 가지 방법이 될 수 있다. 물론 그리핀이 했던 것처럼 거창하고 전면적인 시도를 하는 것은 비현실적이다. 이제는 가상현실이라는 현대적인 기술 덕분에 어렵지 않게 다른 사람의 처지를 경험할 수 있다. 성전환 경험을 하고 싶은가? 다른 피부색으로 살아가는 경험을 하고 싶은가? 오늘날 수많은 프로젝트가 가상현실 헤드셋만 쓰면 이런 경험을 할 수 있게 해준다.[8] 당신도 가상현실 속에서 남성이 아니라 여성으로서, 백인이 아니라 흑인으로서 의사에게 진료를 받거나 지하철을 타거나 상품 판매원과 대화를 나눠볼 수 있다.

물론 이런 가상현실 속 경험은 실제 현실 속 경험과는 큰 차이가 있겠지만, 암묵적인 인종 편견을 상당한 수준으로 줄여준다.[9] 이런저런 편견과 거기에 따른 영향이 갑자기 뚜렷해지고, 그 바람에 차별이 줄어든 게 아닐까 싶다.

이런 연구들은 다른 사람의 경험에 대한 본능적이고 친밀한 이해가 탈습관화로 이어진다는 사실을 일러준다. 사람들은 대부분 그런 가상현실 도구를 이용할 수 없고, 따라서 자기 아닌 다른 사람으로 산다는 것이 정말로 어떤 느낌인지 알 수 없다. 그러나 우리는 자기와는 다른 집단에 속한 사람들과 긴밀한 우정을 나눔으로써 다른

---

8 April Dembosky, "Can Virtual Reality Be Used to Combat Racial Bias in Health Care?," KQED, 2021, https://www.kqed.org/news/11898973/can-virtual-reality-help-combat-racial-bias-in-health-care.

9 T. C. Peck et al., "Putting Yourself in the Skin of a Black Avatar Reduces Implicit Racial Bias," *Consciousness and Cognition* 22 (3) (2013): 779-87.

사람의 존재를 바라보는 작은 창을 얻을 수 있다. 이런 것들이 어느 정도는 도움이 될 수 있겠지만, 뚜렷한 변화를 끌어내려면 그런 차별이 정말 이상하고 특이하고 놀랍게 보이도록 만드는 방법을 찾아야 한다.

탈습관화 기업가들

○

여럿이 모여 저녁을 먹는 자리에서 만약 누군가가 유대인의 성을 여러 번 반복한 다음에 그 자리에 있는 어떤 사람을 가리키며 '온화한 유대인'이라고 부른다면 어떤 일이 일어날까? 반응은 다양한 형태로 나타날 수 있다. 그 사람의 재치에 감탄하면서 웃을 수도 있고, 그 말에 동의한다는 뜻으로 고개를 끄덕일 수도 있고, 인종차별적인 언동이라면서 화를 낼 수도 있다. 웃거나 고개를 끄덕이는 것은 식사 분위기나 사람들 사이의 관계를 불안정하게 만들지 않는다. 어쩌면 그 관계를 더욱 단단하게 만들어줄 수도 있다. 반면에 화를 내는 행동은 그 모임 자리가 정상적이라는 인식을 방해한다(나아가 탈습관화 효과를 유발한다).

차별을 어쩐지 거슬리고 낯설게 보이게 만드는 '자연스러운' 개입, 즉 정상적이고 특별히 눈에 띄지 않는 것에서 벗어나는 어떤 일탈이 필요할 수도 있다. 보이지 않던 것을 보이게 만들어주는 데는 탈습관화 기업가가 필요할 수 있다.

예를 들면 어떤 문제가 있음을 간파하고 실시간으로 거기에 반응하는 마거릿 소여와 같은 인물이 바로 탈습관화 기업가다. 소여는 백인이지만 적십자 포스터에 담겨 있던 문제를 간파하고 지적했다. 그리고 그녀가 그렇게 하자 다른 사람들도 그녀를 따라 했다. 만일 소여와 같은 사람이 캐스가 참석했던 저녁 자리나 탈리가 참석했던 과학자 회의에 함께 있었다면 어떤 일이 일어났을까? 문제가 되는 그 발언들은 곧바로 특이하고 이상한 발언이라고 지적을 받았을 것이다. 또 정상적인 것으로 통용되는 것에 대한 사람들의 기대치를 바꿔놓았을 것이다.

미국의 시민권 역사에서 로자 파크스(Rosa Parks)는 그런 탈습관화 기업가라고 할 수 있다. 1955년 12월 1일에 파크스는 인종차별은 선택이지 필연이 아니며 이 선택이 흑인을 억압한다고 주장했다. 그러면서 그녀는 앨라배마의 몽고메리에서 흑인 전용으로 사용되던 버스 뒷좌석에 앉지 않고 백인 좌석으로 지정되어 있던 앞자리에 앉았다. 그녀의 이 신호는 특히 백인의 눈과 귀를 크게 자극했고, 그 덕분에 백인 일부는 인종차별에 탈습관화되었다.

또 다른 탈습관화 기업가로는 캐서린 매키넌(Catharine Mac-Kinnon)을 꼽을 수 있다. 1978년 매키넌은 《노동 여성을 대상으로 하는 성희롱(Sexual Harassment of Working Women)》을 출간했는데,[10] 이 책은 성차별에 대한 인식을 정의하는 데 수십 년 동안 도움

---

10 Catharine A. MacKinnon, *Sexual Harassment of Working Women: A Case of Sex Discrimination* (New Haven, CT: Yale University Press, 1979).

을 주었다. 이 책은 세 가지를 동시에 수행했다. 첫째, **성희롱(sexual harassment)**이라는 새로운 용어를 만들어냈다. 이 용어는 그 자체로 탈습관화를 유발했다. 이 용어 덕분에 예전에는 아무런 특성도 없고 다른 행위와 전혀 구별되지 않던 관행이 이름을 가지게 되었다.

둘째, 매키넌은 성희롱은 성차별이며 시민권법을 위반하는 행위라고 주장했다. 여성을 성희롱하는 남성은 상대방이 여성이기 때문에 그렇게 하는 것이며, 따라서 이 행위는 성별을 기반으로 하는 차별이라는 논리였다. 이 주장은 일종의 금욕주의의 형태를 띤 주장이기도 했다. 급진적이었으며 1978년 당시에는 참신했던 매키넌의 핵심 주장은 미국의 연방 대법원장으로 유명한 보수주의자였던 윌리엄 렌퀴스트(William Rehnquist)가 작성한 의견서로 1986년 연방 대법원에서 만장일치로 받아들여졌다. 이 의견서가 밝힌 내용은 다음과 같았다.

"직장에서 상급자가 부하직원을 성적으로 희롱한다면 이 상급자는 성별을 근거 삼아 그 부하직원을 '차별'하는 것이다."[11]

셋째, 매키넌의 이 책은 성희롱을 당해왔던 여자들의 피해 사례를 제시했다. 이 책의 독자들은 세부적으로 묘사된 끔찍한 피해 사실에 몸서리를 쳤으며 피해자의 처지에 공감했다. 이 책을 읽은 사람은 누구나 성희롱은 도저히 용납할 수 없는 행위라고 생각하게 되었다. 우리 저자들이 '**탈습관화의 규범적인 도서 목록(canon of**

---

11 *Meritor Savings Bank v. Vincent*, 477 U.S. 57, 64 (1986) (internal editing symbols omitted).

dishabituation)'이라고 부르는 목록에는 베티 프리단(Betty Friedan)의 《여성의 신비(The Feminine Mystique)》[12]나 솔로몬 노섭(Solomon Northup, 솔로몬 노섭의 아버지는 미국 남부 지역에 거주하던 노섭 집안의 노예였는데, 그 지역에서 노예 제도가 철폐되면서 자유인이 되었다-옮긴이)의 《노예 12년》[13] 등을 포함해 많은 책이 있다.

그런데 누군가를 탈습관화 기업가가 되도록 이끄는 것은 무엇일까? 소여, 파크스, 그리핀, 매키넌 등만 그런 사람이 되고, 인종을 분리하는 버스에 탔거나 성희롱을 목격했거나 경험한 수많은 사람이 모두 그렇게 되지 않은 이유는 무엇일까? 우리 저자들이 알기로는 이 질문에 직접적으로 해답을 찾고자 했던 연구는 없다. 그러나 이제 막 태어난 아이를 대상으로 '자연'과 '양육'을 올바르게 조합하기만 하면 덜 순응적이고 더 의심을 품으며 더 많은 용기와 지각력이 넘치는 사회 구성원으로 만들 수 있다. 사람들이 자기 주변에서 일어나는 차별 행위를 의식하지 못하는 이유나 시점을 (행동 과학 지식을 통해) 알게 되면 더 많은 사람이 그 문제를 인지할 가능성이 커지고, 바로 이럴 때 일부는 용기를 내서 그 문제를 해결하려고 나선다.

이렇게 해서 다음 질문이 이어진다. 탈습관화 기업가들은 다른 사람들이 탈습관화하는 것을 어떻게 도울까?

---

12 Betty Friedan, *The Feminine Mystique* (New York: W. W. Norton, 2010).

13 Solomon Northup, *Twelve Years a Slave* (Baton Rouge: Louisiana State University Press, 1968).

고정관념에 익숙한 뇌를 깜짝 놀라게 하는 법

○

앞에서도 강조했듯이 뇌는 예측하는 기계다.[14] 뇌가 수행하는 핵심적인 임무는 그다음에 무슨 일이 일어날지 최대한 정확하게 예측하는 것이다. 그래야만 적이 나타나기 전에 숨을 수 있고, 가뭄이 오기 전에 물을 비축할 수 있고, 소나기가 갑자기 쏟아질 때 미리 준비한 우산을 펼 수 있다. 우리는 관찰하고 학습함으로써 정확한 예측을 만들어낸다. 미국에서 우리는 6월보다는 11월에 비가 더 많이 내린다는 것을 해마다 보고 경험하기 때문에 초여름보다는 늦가을에 우산을 더 많이 들고 다닌다.

사람들은 세상으로부터 데이터를 끊임없이 받아들이고 정확한 예측을 할 수 있도록 의식적으로든 무의식적으로든 데이터를 토대로 내리는 판단을 업데이트한다. 우리의 뉴런들은 아무리 그래봐야 빈도, 평균, 연관성 등을 추적하는 정교한 생물학적 계산기일 뿐이다. 그래서 우리는 자기가 본 조종사가 대부분 남자이기 때문에 비행기를 탈 때마다 그 비행기를 모는 조종사는 남자라고 예측한다. 그리고 이런 기대치가 충족되면 그 사람의 뇌에서는 놀라움의 신호가 일어나지 않고 무언가 잘못되었다는 경고 또한 나오지 않는다.

사람들은 이런 통계적 관찰을 기반으로 저변을 관통하는 근본적

---

14 K. Nave et al., "Wilding the Predictive Brain," *Wiley Interdisciplinary Reviews: Cognitive Science* 11 (6) (2020): e1542.

인 원인에 대해 어떤 가정을 한다. 예를 들면 대부분 조종사가 남자일 때 비행기 조종에는 여자보다 남자가 적합하다는 결론을 내리는 것이다. 그런데 여기서 만약 그 데이터가 남자와 여자의 능력과 관련된 진실을 반영하는 게 아니라 역사적으로 반복된 성차별 때문이라면 편향된 결론이 나올 수밖에 없다. 왜냐하면 인간의 뇌는 애초에 자기가 하기로 되어 있던 일, 즉 인지 사항을 기반으로 일반적인 규칙들을 추론하는 일을 하기 때문이다.

사람들은 날마다 어떤 결정을 내릴 때 그런 고정관념과 일반화에 의존한다. 고용주는 직원을 채용할 때 비록 지나치게 광범위하고 완전히 정확하지는 않다고 해도 여러 종류의 데이터를 동원한다. 예를 들어 입사 시험 점수, 취업 경력, 학력, 졸업한 대학의 명성 등이다. 이런 것들은 모두 고용주가 생각하기에는 채용 의사결정에서 합리적인 요소들이다. 그래서 대학을 졸업하지 않은 사람이 대학을 졸업한 사람보다 일을 더 잘한다고 해도 고용주는 좋은 대학을 졸업한 사람을 선택한다.

인종과 성도 흔히 비슷한 기준으로 동원된다. 여성이 남성보다 가정에서 육아를 도맡을 가능성이 크고, 따라서 취업했다가도 나중에 사직서를 내고 전업주부로 돌아설 가능성이 더 크다. 만약 그렇다면 고용주는 여성을 싫어하거나 과소평가할 수 있다. 또는 여성에 대한 일반적인 편견을 가지고 있기 때문이 아니라 그런 고정관념이 채용 의사결정의 근거가 될 만큼 충분히 사실이라고 믿기 때문에 여성 구직자와 남성 구직자를 차별할 수 있다.

그리고 많은 시간이 지나고 그만큼 많은 데이터가 축적되면 이런 통계적 차별은 자기충족적 예언(self-fulfilling prophecy, 잘못된 예언이 어떤 행동을 유발해 결국 그 예언이 현실화된다는 심리학 용어-옮긴이)이 된다. 하지만 이 자기충족적 예언이 자신이 대응하고자 하는 바로 그 문제를 악화시킬 수 있다.

인공지능 시스템이라는 변수를 추가하면 상황은 더욱 나빠진다. 인공지능 시스템은 인간의 마음을 모방하도록 만들어졌다. 그래서 주변 세상에 있는 데이터를 입력 자원으로 사용해 예측하고 판단한다.[15] 그런데 만약 그 데이터가 편향된 것이라면 인공지능 시스템은 인간처럼 반응할 것이고, 따라서 그들이 내리는 의사결정이나 권고 사항은 편향된 것일 수밖에 없다.

데이비드와 제이미라는 부부가 했던 경험을 살펴보자.[16] 이 부부는 2019년에 애플 신용카드를 신청했다. 이들은 은행 계좌를 포함한 모든 금융 자산을 공동으로 소유하는데, 애플에서는 데이브의 신용 한도를 제이미의 신용 한도보다 20배 높게 설정했다. 깜짝 놀란 부부는 이 사실을 소셜미디어에 공개했다. 그런데 알고 보니 이런 사례는 그들 부부뿐만이 아니었다. 심지어 애플의 공동설립자인

---

15 X. Ferrer et al., "Bias and Discrimination in AI: A Cross-Disciplinary Perspective," *IEEE Technology and Society Magazine* 40 (2) (2021): 72-80; and K. Miller, "A Matter of Perspective: Discrimination, Bias, and Inequality in AI," in *Legal Regulations, Implications, and Issues Surrounding Digital Data*, ed. Margaret Jackson and Marita Shelly (Hershey, PA: IGI Global, 2020), 182-202.

16 T. Telford, "Apple Card Algorithm Sparks Gender Bias Allegations against Goldman Sachs," *Washington Post*, November 11, 2019, https://www.washingtonpost.com/business/2019/11/11/apple-card-algorithm-sparks-gender-bias-allegations-against-goldman-sachs/.

스티브 워즈니악과 그의 아내도 카드의 신용 한도가 달랐다.

이는 애플이 신용 한도를 설정할 때 편향된 기계학습 알고리즘을 사용하고 있었기 때문이었다. 알고리즘은 신용카드의 점수를 매기는 정확한 방법을 개발하기 위해 좋은 선택 사례(예를 들어 부채를 착실하게 갚는 사람들에 대한 데이터)와 나쁜 선택 사례(예를 들어 부채를 착실하게 갚지 않는 사람들에 대한 데이터) 수백만 가지를 데이터로 활용한다. 이렇게 해서 어떤 요인들을 기준으로 삼아야 좋은 선택을 예측할 수 있을지 학습한다. 만약 여성이 남성보다 임금이 적거나 성차별 때문에 취업이 더 어렵다고 생각한다면, 알고리즘은 남성이 여성보다 더 나은 신용 후보라고 결론을 내린다. 이런 식으로 여성을 차별함으로써 성별 차이는 더욱 커지고 악순환의 고리가 만들어진다.[17]

하지만 인공지능 시스템의 편향성을 감지하기만 하면 알고리즘을 직접 수정하거나 알고리즘을 만드는 데 사용된 데이터를 수정해서 시스템을 바로잡을 수 있다. 우리의 뉴런도 마찬가지다. 비록 사람들이 자기의 뉴런이 사용하는 알고리즘을 조정할 수는 없지만 그 뉴런이 받아들이는 입력 정보의 편향성을 제거하는 일은 얼마든지 할 수 있다.

현재 전 세계 100개가 넘는 나라에서는 여성 의원이 의회에서 여성의 대표성을 충분히 가질 수 있도록 여성 할당제를 운영하고

---

17 M. Glickman and T. Sharot, "Biased AI Produce Biased Humans," PsyArXiv, 2023.

있다. 또 소수 민족 할당제를 운영하는 나라들도 있고, 전통적인 약자 집단을 위한 할당제를 운영하는 나라들도 있다. 공공기관과 민간 기업들은 고위직 인사 결정에 인종 및 성별 다양성이 보장되도록 하며 저명한 지도자의 초상화에 유색인종과 여성이 골고루 포함되도록 하고 있다(아닌 게 아니라 미국을 포함한 몇몇 나라에서는 인종별성별 다양성을 높이겠다는 목적으로 심각한 법률적 문제들이 제기되고 있다).

프린스턴대학교의 신경과학 교수인 야엘 니브(Yael Niv)는 사람들이 자칫하면 가질 수 있는 성별 편견을 미리 경고해서 보다 평등한 생각을 하도록 유도하는 창의적인 넛지 방법을 생각해냈다. 그녀는 전 세계의 신경과학 컨퍼런스를 나열하는 바이어스워치뉴로(BiasWatchNeuro)라는 웹사이트(https://biaswatchneuro.com)를 개설해 전 세계에서 열리는 컨퍼런스에서 여성 강연자 대 남성 강연자의 비율이 어떻게 되는지, 누가 그 회의를 주최하는지 자세히 설명했다. 그런 다음에는 각각의 분야에서 전문가가 성별로 대략 얼마나 있는지 추정한 내용을 토대로 이상적인 남녀 비율을 뽑아서 실제 비율과 비교했다.

예를 들어 행동신경과학 분야는 여성이 차지하는 비율이 32퍼센트나 되지만 제31회 국제행동신경과학회 연차총회에서는 여성 발표자가 한 명도 없었다. 니브가 제시하는 목록은 사람들 사이에 퍼져 있는 편견을 투명하게 드러낼 뿐만 아니라 사람들이 미처 알지 못했던 진실을 깨닫게 해준다. 컨퍼런스를 주최하는 사람들로서는 자기 이름이 성차별이 있음을 암시하는 숫자와 연관되는 것을 원하지 않기 때문에 강연자의 남녀 비율이 적절하게 구성되도록 노력할 수밖에 없다.

과학자, 조종사, 정치인, CEO 등이 여성도 남성만큼 흔한 미래 세계에서는 컨퍼런스에서 강연하는 사람이나 비행기 조종석에 앉은 사람, 의회에서 투표하는 사람, 회사의 각 분야 최고책임자들이 모인 자리에서 의사결정을 내리는 사람 모두 남녀의 숫자가 대략 비슷할 것이다. 이럴 때는 남녀 구성 비율이 확연하게 벌어질 때를 제외하고는 사람들이 성별에 주목하지 않을 것이다.

이를 다음과 같은 방식으로 생각해보자. 아래 제시된 네 개의 그림 상자를 왼쪽에서 오른쪽으로 순차적으로 관찰해보자. 시선이 네 번째 상자에 도착할 때쯤에는 검은색 화살표 다섯 개가 위로 향하고 하얀색 화살표 하나가 아래를 향할 것이라고 당신은 기대할 것이다. 그 이후 네 번째 상자를 볼 때 당신의 뇌 활동을 기록하면 어떤 결과가 나타날까? 아마도 두드러진 변화는 별로 없을 것이다. 새로운 것이 없을 때 뇌에서 발산되는 신호는 상대적으로 적다.

하지만 다음 페이지와 같은 또 다른 배열의 그림 상자들을 본다면 당신의 뇌에서는 마지막 상자에 반응하는 신경 점화가 마치 폭

죽처럼 터질 것이다. 당신은 위를 향한 검은색 화살표와 아래를 향한 하얀색 화살표의 수가 같을 것이라고 예상했지만, 실제로는 전혀 다르다. 이 상황에서 당신은 기대치와 실제 현실이 일치하지 않는 이유가 무엇인지 잠시 멈춰 서서 생각할 것이다.

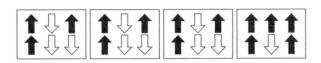

니브는 우리가 사는 세상이 진실에 눈을 뜨길 바란다. 미래에 우리가 하얀색 화살표 한 개와 검은색 화살표 다섯 개를 볼 때 깜짝 놀라서 거기에 주목하도록 하려고 노력한다. 왜냐하면 우리는 화살표의 대략 절반은 검은색으로 위를 향하고 절반은 하얀색으로 아래를 향하는 것에 익숙해져 있을 것이기 때문이다. 니브가 하는 작업은 과학 분야에서 성별 편견을 줄이는 것이 목적이지만, 그녀의 발상과 기법은 기업계에서부터 정부와 예술계에 이르기까지 모든 분야에 적용될 수 있다.

차별과 편견의 뿌리가 복잡하다는 점은 분명하다. 이것들은 역사, 경제, 정치, 종교에 자극을 받고 강화된다. 하지만 그중 많은 뿌리는 사람의 뇌가 작동하는 기본적인 법칙들, 즉 우리가 인지하는 것과 미처 인지하지 못하고 놓치는 것, 우리가 기대하는 것, 우리를 깜짝 놀라게 하는 것 등을 규정하는 법칙들에 닿아 있다. 그 법칙들이 무엇인지 일단 알고 나면 그때부터 우리는 눈에 잘 띄어야 하지만 그렇지 않은 것을 눈에 잘 띄게 만들 수 있고, 반대로 중요하지 않은데 눈에 잘 띄는 것을 잘 띄지 않게 만들 수 있다.

12장

독재

_____ 조금씩 젖어드는 악의 습관화

각각의 변화 단계는 너무도 작았다. (⋯) 사람들은 그 변화가
하루하루 커지는 것을 알아보지 못했다.
마치 농부가 자기 밭에서 옥수수가 조금씩 자라는 것을 그때는 알지 못하다가
어느 날엔가 자기 키보다 더 크게 자라 있는 걸 봤을 때처럼.

_익명의 독일 시민[1]

어떤 나라가 독재로 나아가고 있다고 가정해보자.[2] 점점 독재 정권
이 강화되면서 시민의 권리와 자유가 위험에 처한다. 정권에 반대하
는 사람들이 탄압받는다. 언론의 자유가 공격받는다. 수많은 언론
인과 시민이 정권을 위협한다는 이유로 협박당하고, 투옥되고, 다치

1　Milton Mayer, *They Thought They Were Free* (Chicago: University of Chicago Press, 1955), 168.
　이후 이 책에서 인용하는 부분이 여럿 나오는데, 어떤 부분인지는 문맥을 통해서 분명하게 드러
　난다.

2　이 장에 포함된 일부 단락들은 캐스 선스타인의 다음 저작들에 나오는 내용을 각색한 것임
　을 밝혀둔다. C. R. Sunstein, *This Is Not Normal: The Politics of Everyday Expectations* (Yale
　University Press, 2021). C. R. Sunstein, "It Can Happen Here," *New York Review of Books*, June
　28, 2018.

고, 심지어 살해된다. 하지만 이 모든 일은 갑자기 일어나지 않고 점진적으로 일어난다. 어떻게 해서 사람들은 점점 독재로 나아가는 과정에 익숙해지고 습관화될까? 그리고 그런 습관화는 얼마나 빨리 이뤄질까?

이 질문에 대답하려면 과거의 독재화 사례, 예컨대 1930년대 독일에서 나치가 부상했던 사례에서 배워야 하지 않을까 싶다. 그런데 히틀러의 독재 정권은 너무도 끔찍했고 상상할 수 없을 정도로 야만적이었기 때문에, 오늘날의 많은 독자로서는 정말 그랬을까 하는 마음에 그런 사실을 쉽게 받아들이지 못한다는 점이 문제다.

그 시기를 설명하는 많은 자료는 정말 상상도 할 수 없이 끔찍한 사건들을 묘사하면서 한 국가가 미쳐서 돌아갈 때 어떤 일들이 일어나는지 보여준다. 하지만 이런 묘사나 설명은 오늘날의 독자에게 까마득하게 먼 과거의 일이라는 거리감을 주고 일종의 위안을 주기까지 한다. 요컨대 히틀러가 그리 멀지 않은 과거에 존재했던 역사 속 실제 인물이 아니라 마치 디스토피아 공상과학 소설에 등장하는 허구의 인물처럼 느껴진다는 말이다.

하지만 히틀러의 등장을 묘사한 몇몇 내용은 친밀하면서도 개인적인 차원으로 서술된다. 이런 묘사들은 역사적 인물, 권력 투쟁, 대형 사건들, 국가 차원에서 진행되는 허위과장 선전, 살인, 전쟁 등에 초점을 맞추기보다는 개인적인 삶의 세부적인 사항들에 초점을 맞춘다. 또한 이 묘사들은 실시간으로 습관화를 탐색하는데, 어떻게 해서 사람들이 그런 끔찍한 일에 동참하게 되었는지뿐만 아니라 어떻게 그 끔찍한 일들이 일어나는 가운데서도 하루하루를 평범하게 살아갈 수 있었는지 파악하게 해준다.

바로 이런 이유로, 그 묘사들은 현재 끔찍한 공포 속에서 살아가는 사람들뿐만 아니라 민주주의적 관행과 규범이 심각하게 압박받는 환경에 놓인 사람들에게도 똑같이 교훈을 준다. 또한 정치 질서가 표류하고 있을 때 정치와 습관화 그리고 삶 사이의 관계에 대한 중요한 사실을 일러준다.

나치 치하의 점진적인 습관화

○

밀턴 마이어(Milton Mayer)가 1955년에 출간한 고전《그들은 자기들이 자유롭다고 생각했다》와 제바스티안 하프너(Sebastian Haffner)가 1939년 발표한 미완의 충격적이고도 숨 막히는 회고록《어느 독일인 이야기》는 나치 치하의 일상을 담고 있다. 특히 하프너의 회고록은 히틀러의 부상을 묘사하면서 마치 그 역사의 현장에 살고 있는 듯한 생생한 느낌을 전한다.[3] 두 저작은 역사적 인물들이 역사를 바꾸는 결정을 어떻게 내리는가 하는 점에 초점을 맞추기보다는 그들이 자신의 인생을 탐색했던 과정에 초점을 맞추고 있다.

---

3 Sebastian Haffner, *Defying Hitler* (New York: Macmillan, 2000). 이후 이 책에서 인용하는 부분이 여럿 나오는데, 어떤 부분인지는 문맥을 통해서 분명하게 드러나기에 굳이 따로 표기하지 않는다.

하프너라는 이름은 영국으로 도망친 저자가 독일에 남아 있던 가족이 탄압받을 것을 우려해 만든 가명이었고 그의 진짜 이름은 라이문트 프레첼(Raimund Pretzel)이었다. 그는 역사학자나 이론가가 아닌 언론인이었지만 '역사는 무엇이며, 어디에서 일어나는가?'라는 포괄적인 질문에 집중하기 위해 흥미진진한 방식의 이야기 서술을 포기했다.

그가 했던 표현을 빌리면 대부분의 역사 저작은 "기껏 해서 수십 명도 되지 않는 사람들만 어떤 역사적인 사건에 관련되어 있었고 그들은 어쩌다 우연히 '국정을 떠맡고' 있었다. 그들이 했던 행동과 그들이 내렸던 결정은 역사로 불리는 것의 실체를 형성했다."[4] 하프너는 이것이 잘못되었다고 말한다. "익명의 나머지 사람들"은 "체스판의 말들"이 아니라는 것이다.

반면에 "아무리 강력한 독재자나 장관이나 장군이라고 하더라도, 개인들이 개별적으로 그리고 거의 무의식적으로 취하는 결정들이 한꺼번에 쏟아져서 거대한 대중적인 여론으로 형성될 때는 무기력해질 수밖에 없다."[5] 하프너는 "개별적인 독일인들의 사적인 삶과 감정 그리고 생각"을 포함하는 "매우 독특하며 흥미로운 사실을 드러내는 정신적인 과정들 및 경험들"을 조사하는 것이 중요하다고 주장한다. 그의 설명에 따르면 그런 사적인 삶과 감정, 생각은 매우 독특하고도 흥미로운 사실을 드러내는데, 그 이유는 사람들이 재앙적인

---

4 각주 3과 같은 책, 142.

5 각주 3과 같은 책.

정치적 격변과 공포에 어떻게 대응하는지를 보여주기 때문이다.

하프너는 심리학자도 아니었고 신경과학자도 아니었지만, 그가 기울였던 관심은 정신적인 과정들과 감정들 그리고 생각들이었다. 또한 그는 습관화에 대해서도 많은 이야기를 했다.

한편 독일계 미국인 기자였던 마이어는 1935년에 히틀러를 만나려 했다가 실패하고는 나치 독일을 두루 여행했다. 그런데 그는 끔찍한 소수의 독재가 아니라 대중운동 같은 것이 독일을 지배한다는 사실을 알고는 충격을 받았다. 바로 이런 이유로 그는 자기가 애초에 세웠던 계획이 모두 틀렸다고 결론을 내렸다. 그가 진정으로 관심을 가졌던 대상은 히틀러가 아니라 인류였다. 다시 말해서 "나나 나의 동료 시민들에게 (적어도 아직은) 일어나지 않았던 어떤 것"이 일어난 사람들, 즉 자기와 똑같은 사람들이 그 대상이었다.[6]

1952년에 그는 나치즘을 가능하게 만든 것이 무엇인지, 과연 민주주의가 몰락하고 파시즘이 들어설 수 있을지, 그런 일이 일어난다면 그게 언제일지, 사람들은 과연 여기에 어떻게 반응하고 어떻게 습관화되는지 실시간으로 탐구하겠다는 생각으로 독일로 돌아갔다.

이런 것들을 명확하게 파악하기 위해 마이어는 관찰 대상을 소수로 한정하기로 마음먹었다. 그는 많은 점에서 서로 다르지만 나치당의 당원이라는 딱 한 가지 공통점이 있는 독일인 10명을 선택해 이들에게 집중했다. 이들은 독일계 미국인인 마이어가 다가와

---

6   Mayer, *They Thought They Were Free*, viii.

미국인들이 독일을 더 잘 이해하도록 돕고 싶다고 했을 때 그 취지에 공감하며 마이어와 대화를 나누겠다고 동의했다. 마이어는 그런 취지뿐 아니라 그 밖의 거의 모든 것에 대해 솔직하게 밝혔다. 하지만 자기가 유대인이라는 결정적으로 중요한 사실만큼은 말하지 않았다.

마이어가 가장 관심을 가졌던 시기인 1930년대 후반에 그가 관찰 대상으로 삼았던 사람들은 건물 관리인, 군인, 가구공, 사무실 관리자, 제빵사, 수금원, 검표원, 고등학교 교사, 경찰관 그리고 고등학생이었다. 이들은 모두 남자였으며 지도력이나 영향력을 행사하는 지위에 있는 사람은 아무도 없었다. 그들은 그들 자신을 '우리 보통 사람들(wir kleine Leute)'이라고 불렀으며 프랑크푸르트에서 멀지 않은 란강 인근 도시 마르부르크에서 살았다.

마이어는 그들과 1년 동안 이야기를 나누었다. 대화는 주로 커피, 식사, 길고 편안하게 함께 보내는 저녁 시간 등 비공식적인 조건에서 이뤄졌다. 그는 그들과 친구가 되었다(아닌 게 아니라 그는 그들을 친구라고 불렀다). "나는 그들을 **좋아했다**. 이런 마음은 나로서도 어찌할 수 없었다."

그들은 아이러니했고 재미있었고 또 자기비하적이었다. 하지만 대부분은 나치 독일에서 유래한 농담을 즐겼다. 예를 들면 다음과 같은 농담이었다. "아리안족은 어떤 사람인가?" "아리안족은 히틀러처럼 키가 크고(히틀러의 키는 165센티미터였다-옮긴이) 괴벨스(나치 독일의 정치가로 흑발에 키가 작고 다리를 절었다-옮긴이)처럼 금발이며, 괴링(나치 독일의 공군 총사령관으로 강압적인 말투로 유명했다−옮긴이)처럼 나긋나긋한 사람이다."

그들은 또한 세상 물정에 밝았다. 어떤 사람은 히틀러 치하의 평범한 사람들이 가진 견해에 대해 말하면서 이렇게 반문했다. "반대요? 누가 어떻게 알겠어요? 자기 아닌 다른 누군가가 어떤 것에 반대한다거나 반대하지 않는다거나 하는 걸 누가 어떻게 알겠어요? 어떤 사람이 자기는 반대한다거나 반대하지 않는다고 **말하는** 건 순전히 그 사람이 말하는 상황에 따라, 장소에 따라, 시간에 따라, 상대방이 누구냐에 따라, 그 말을 어떻게 하느냐에 따라 달라지죠. 그러면 당신은 그 사람이 그렇게 말한 **이유**를 추측해야 해요."[7]

마이어의 이 새로운 친구는 10장에서 언급했던 선호 위장이라는 개념을 언급했다. 선호 위장은 사람들이 흔히 기존의 사회 규범(또는 공식적인 위협) 때문에 적어도 공개된 장소에서는 좋아하는 것이나 자신의 생각을 솔직하게 말하지 못한다는 개념이다.[8] 선호 위장은 민주주의 제도가 확립된 곳을 포함해 모든 곳에서 나타난다. 이런저런 정치 제도들 및 체제가 사람들이 생각하는 것보다 훨씬 더 쉽게 깨지거나 무너지는 것도 바로 그래서다.

권위주의가 자리를 잡을 때는 선호 위장이 만연하고, 이런 현상이 습관화를 촉진하고 강화한다. 왜냐하면 사람들은 다른 사람들이 걱정하거나 분노하고 있다는 사실을 모를 때, 자기 눈에 보이는

7 　각주 6과 같은 책, 93.

8 　Timur Kuran, *Public Truths, Private Lies* (Cambridge, MA: Harvard University Press, 1997), 3.

것에 익숙해지고 이를 정상적인 상태로 인식할 가능성이 크기 때문이다. 이런 식으로 몇 달이 지나고 몇 년이 지나자 사람들은 처음에는 별로 좋아하지 않았던 나치즘의 여러 측면에 이미 습관화되어 있었다.

마이어가 내린 가장 놀라운 결론은 그가 대화한 10명 가운데 고등학교 교사 딱 한 사람만 제외하고 모든 사람이 "나치즘을 바라볼 때 우리, 즉 너와 내가 바라보는 것과 동일하게 바라봤다"라는 사실이다. 사람들 대부분이 나치즘은 폭정의 한 형태이며 시민을 노예로 삼거나 죽이고 인권을 침해하는 독재 정권이라고 봤는데, 마이어가 관찰 대상으로 삼았던 사람들은 "1933년 이전까지는 나치즘이 사악하다는 것을 몰랐다. 그들은 또 1933년부터 1945년까지도 나치즘이 사악하다는 것을 몰랐다. 지금도 이런 사실은 변함이 없다." 전쟁이 끝나고 7년이 지난 뒤에 그들은 히틀러가 전쟁을 일으키기 전의 시기를 자기 인생에서 최고의 시기였다고 회상했다.

마이어의 설명에 따르면 사람들은 자신의 삶과 "하루하루의 일상에서 맞닥뜨리는 광경들"에 초점을 맞춘다. 바로 이런 이유로 민주주의적인 규범이 훼손될 수 있으며 민주주의 체제가 무너질 수 있다.

마이어는 10명 중 누구와도 반(反)유대주의와 관련된 이야기를 꺼내지 않았지만, 그들은 마이어를 몇 차례 만난 뒤에는 스스로 그 이야기를 화제에 올렸고 나중에는 툭하면 이야기를 꺼냈다. 1938년 유대교 회당이 화재에 휩싸였을 때(1938년에 반유대주의 운동이 폭력적으로 전개되었다-옮긴이) 그들은 대부분 "그 일에 휘말리지 말아야 한다"라는 단 하나의 의무만 느꼈다. 결국 마이어는 그들에게 1938년 11월 11일자 지역 신문의 기사를 보여주었는데, 그 기사에는 "유대인의 안전을 보장하기 위해 많은 남자 유대인이 어제 감금되었다. 그리고 오늘 아침에는 당국이 그들을 도시 바깥으로 내보냈다"라는 내용이 있었다. 그러나 그 10명 중 그 기사나 그와 비슷한 것을 봤다는 사실을 기억하는 사람은 아무도 없었다.

제빵사는 얼굴에서 피곤함이 뚝뚝 떨어지는 표정으로 "우리에게는 생각할 시간이 없었다. 그런데 너무도 많은 일이 있었다"라고 말했다. 그의 설명은 당시 독일의 언어학자이자 마이어의 동료였던 사람이 했던 설명과 똑같았다. 그 언어학자는 독재 체제가 강화되던 사회 변화의 점진적인 성격을 강조하면서 "우리 주변 곳곳에서 조금씩 커진 이 끔찍한 것들에 대해 생각할 시간이 우리에게는 전혀 없었다"라고 말했다.

그 언어학자는 나치 정권은 끝없이 이어지는 자화자찬과 여러 드라마를 통해(이 드라마들은 흔히 실제 현실의 적이나 가상현실의 적을 상정한다), 또 "사람들에게서 조금씩 진행되는 점진적인 습관화"를 통해 사람들의 관심을 다른 곳으로 돌리는 일에 집중한다고 지적했다. 그의 설명에 따르면 "각각의 변화 단계는 너무도 작거나, 너무도 하찮거나, 너무도 잘 설명되었거나, 때로 너무도 유감스러워서" 사람들은 그 변화가 "하루하루 커지는 것을 알아보지 못했다. 마치 농부가 자기 밭에서 옥수수가 조금씩 자라는 것을 그때는 알지 못하다가 어느 날엔가 자기 키보다 더 크게 자라 있는 걸 발견한 것처럼."[9]

평범함이 악이 되는 자동화 과정

○

한편 하프너는 1933년이라는 시점에 주로 집중해서 마이어의 스케치를 보완했다. 이제 막 스물다섯 살이 되어 판사 또는 행정가가 되겠다는 목표 아래 법학을 공부하던 하프너는, 한껏 의기양양한 분위기에 취해 있던 친구들과 학생들이 재밌는 놀이와 진로와 연애에 얼마나 깊이 몰두해 있었는지 묘사했다. 정치적 반대자들을 표적으로 하는 몇몇 공격적인 행동들이 일찌감치 시작되었지만, 그럼에도 시민들은 끝없이 이어지는 축제와 축하 행사들에 눈이 팔려 있었다.

사람들은 연애를 하고 낭만을 즐겼으며 "영화관에 가고, 작은 와인 바에서 식사하고, 키안티(이탈리아 투스카니 지역의 적포도주-옮긴이)를 마시고, 함께 춤을 췄다." 이렇게 "평범한 삶이 자동으로 지속되는" 일상이 한편으로는 습관화를 촉진했으며 다른 한편으로는 공포에 대항하는 조직적이고 강력한 대응을 가로막았다.[10]

하프너의 말을 빌리면, 자유와 법치의 붕괴는 점진적으로 일어났으며 이런 변화 중 일부는 별것 아닌 것처럼 보였다. 독일은 급격하게 바뀌지 않았다. 나치즘의 온전한 모습은 시간이 지나면서 서서

9   Mayer, *They Thought They Were Free*, 168.

10   Haffner, *Defying Hitler*, 111.

히 드러났지만, 일부 독일인의 눈에는 그 실체가 분명했다고 하프너는 믿었다. 그러나 그 독일인들도 궁극적으로 독일이 어떻게 될지는 알지 못했다.

유대인이 보여준 대응도 마찬가지였다. 1933년에 나치 장교들이 유대인 가게 바깥에 위협적으로 서 있을 때, 유대인들은 걱정하거나 불안해하지 않고 그저 "불쾌하게만" 여겼다. 공포는커녕 걱정이나 불안함조차 동반되지 않는 단순하고도 사소한 공격이라고 느낀 것이 유대인이 보일 수 있었던 초기의 합리적인 반응이었다.

하지만 장차 히틀러가 잔혹한 정체를 드러낼 것이며 앞으로는 일상생활이 정치화될 것을 일부 독일인은 처음부터 분명히 알았다고 하프너는 주장한다. 예를 들어 자기가 공화당원이라고 말하던 어떤 사람은 히틀러 정권 초기에 하프너에게 미래를 비관적으로 바라보는 말들을 하지 말라고 충고했다. 그래봐야 아무 소용이 없다는 게 이유였다.

"나는 내가 당신보다 파시스트들을 더 잘 안다고 생각한다. 우리 공화당원들은 늑대들과 함께 울부짖을 것이다."[11]

책들이 서점과 도서관에서 사라지기 시작했다. 신문과 잡지도 서서히 사라졌다. 나치당의 노선을 따르는 것들만 남았다. 나치 당원이 되길 거부한 독일인들은 자기가 고약한 처지에 놓였음을 1933년에 일찌감치 깨달았다.

---

11 각주 10과 같은 책, 150.

"사악하고도 골치 아프게 되었다. 지독한 절망 그 자체였다. 모욕과 굴욕에 날마다 시달려야 했다."[12]

아주 조금씩만 나빠질 뿐이다

○

마이어와 하프너는 그들이 하는 설명이 세밀하고 심지어 친밀하기까지하다는 바로 그 이유로, 자유와 민주주의를 취약하게 만드는 것들을 놓고 우려하는 사람들에게 직접 말한다. 마이어가 1년 동안 만나면서 대화를 나누었던 사람들이 히틀러가 실제로 한 일을 알지 못한다고 말했을 때, 그들이 하는 말이 진짜인지 거짓말인지 우리는 알 수 없다. 마이어도 마찬가지였다. 하지만 그렇게 일어난 일들이 느리게 진행되는 습관화의 한 형태여서 자기들로서는 히틀러가 일으킨 변화를 알아차릴 수 없었다고 항변한다면, 이 주장은 충분히 설득력이 있다.

마이어가 대화했던 한 독일인은 이렇게 말했다.

"연속적으로 일어나는 각각의 행동이나 상황은 직전에 나타났던 것보다 더 나쁘다. 하지만 아주 조금씩만 더 나쁠 뿐이다. (…) 만약 히틀러 정권 전체를 통틀어 최악으로 꼽을 수 있는 상황이 맨 처음의 가장 작은 변화에 이어 곧바로 나왔다면 수천 명, 아니 수백만

---

12 각주 10과 같은 책, 156.

명의 독일인이 충격을 받고도 남았을 것이다. (…) 물론 실제 현실에서는 일이 그렇게 진행되지 않았다. 긴 기간에 걸쳐 수백 개의 작은 행동들이 조금씩 강도를 높여가면서 나왔고, 이런 것들 가운데 어떤 것들은 심지어 알아보거나 느끼지 못할 정도로 사소한 것이었다. 각각은 모두 다음 차례의 행동에 사람들이 충격을 받지 않도록 준비시킨다. C 단계의 행동이 B 단계의 행동보다 두드러지게 나쁘지는 않다고 하자. 그런데 만약 당신이 B 단계의 행동이 나왔을 때 여기에 저항하지 않았다면, C 단계의 행동이 나올 때도 저항하지 않는다. 또 D 단계의 행동이 나올 때도 마찬가지다.”[13]

D 단계의 행동은 나치 정권이 수백만 명을 학살한 것이었다. 하지만 이 대량 학살은 다짜고짜 시작되지 않았다. A 단계의 행동으로 처음 시작했다. 독일에 거주하는 유대인의 법적·경제적·사회적 권리를 제한하는 변화는 1930년대의 10년 동안 점진적이고도 꾸준하게 축적되었다. 1933년 4월 1일, 유대인이 소유한 사업체나 가게를 대상으로 불매운동이 시작되었다. 곧이어 유대인 변호사들이 자격을 박탈당했고, 유대인은 언론 활동을 금지당했다.

그리고 몇 달 뒤, 의사들이 유대인을 대상으로 강제 살균 조치를 할 수 있도록 허용하는 법률이 의결되었다. 그 밖에도 수많은 제한 조치가 계속 이어졌다. 그러다 1939년 히틀러는 정신적으로나 육체적으로 장애가 있는 사람들을 강제로 안락사시킬 수 있도록 했으

---

13 Mayer, *They Thought They Were Free*, 169–70.

며, 이런 조치는 제도적인 대량 학살로 이어졌다.

지금까지 우리는 어떤 사건이 지속적으로 빈번하게 일어나거나 아주 조금씩 변화가 일어날 때 습관화가 진행된다는 사실을 살펴봤다. 아무리 큰 폭발이라고 하더라도 그 직전에 그보다 조금 더 작은 폭발이 있었다면 얼마든지 간과될 수 있다. 그러나 만약 사람들이 직전 단계에서 충분히 큰 폭발에 노출되지 않은 채 그 폭발을 맞이한다면, 습관화가 이뤄지지 않았으므로 적극적으로 대응하고 나설 가능성이 크다.

이는 흔히 외부인들이 하는 경험이다. 외부인은 A, B, C 단계에 직접 노출되지 않고 곧바로 D 단계에서 끔찍한 상황을 인식한다. 따라서 외부에서(예를 들면 외국에서) 공포에 사로잡힌 눈으로 홀로코스트 같은 사건을 바라보는 사람들은 습관화에 덜 취약하다. D 단계까지 오는 과정에 있었던 다른 단계들에 노출되지 않기 때문에 이들은 방관자가 아니라 행동으로 나서는 사람, 즉 도움이 필요한 사람을 돕고 해악을 끼치는 사람들에 맞서 싸우는 사람이 되는 길을 선택할 가능성이 크다.

하프너는 외부자가 아닌 내부자라고 하더라도 그중 일부는 개인적인 성향이나 경험 때문에 또는 선입견이나 반항심 때문에 현재 자기가 속한 사회에서 일어나는 일의 본질을 일찌감치 꿰뚫어 본다고 주장한다. 나치 치하의 독일에서 일부 유대인이 이런 부류였고 이들은 너무 늦기 전에 독일을 떠났다. 하프너도 이런 부류에 속했다.

"나치에 관해서는 의심의 여지가 없었다. 그들이 주장하는 목표와 의도 가운데 어떤 것들을 용인할 수 있는지 따진다는 것, 심지어 그 모든 것이 구역질 나는 냄새를 풍기는데도 '역사적인 정당성'을 따진다는 것 자체가 지겨웠다. 정말 구역질이 났다. 나치가 나쁜 녀석들이고 나의 적이며 내가 사랑하는 모든 것의 적임을 나는 처음부터 분명하게 알았다."[14]

그러나 흔히 이렇게 느끼는 사람들의 진영은 충분할 정도로 크지 않다. 습관화, 혼란, 산만함, 이기심, 공포, 합리화, 개인적 무력감이 끔찍한 일들이 일어날 수 있도록 만든다. 이런 것들은 나치즘이라는 역사적 현상뿐만 아니라 세계 여러 곳에서 발생하는 민주주의의 붕괴와 자유의 상실을 설명하는 데도 도움이 된다.

스탠리 밀그램 습관화 실험

○

공포에 대한 습관화는 얼마나 흔하게 일어날까? 당신은 1930년대 독일에서 일어났던 일에서는 일반적인 교훈을 얻을 수 없다고 생각할지도 모른다. 만약 평균적인 사람들을 대상으로 끔찍한 행동들을 점진적으로 강도를 높여가면서 한다면 그들 중 과연 몇 퍼센트가 그 행동들을 참아낼까? 또 몇 퍼센트가 그 행동들을 참지 못하고 싸우려고 들까? 이 질문에 대답하기 위해 다음과 같은 설정을 살펴

---

14 Haffner, *Defying Hitler,* 85.

보자(이 설정을 당신도 이미 알고 있을지 모른다. 그러나 우리 저자들은 과거의 버전을 새롭게 비틀어서 제시하고자 한다).[15]

8월의 어느 따뜻한 날이다. 당신은 한 심리학 실험에 참여하는 사람으로, 예일대학교 심리학과가 있는 오래된 갈색 벽돌 건물로 들어간다.[16] 그 주 초에 당신을 실험 참여자로 섭외한 연구원은 이 실험의 목적이 처벌이 기억에 미치는 영향을 살피는 것이라고 설명했었다.

실험실에 도착하자마자 그 연구원이 당신을 맞이한다. 그런데 이 실험은 당신 혼자서 하는 게 아니라 다른 참여자 한 명과 짝을 이뤄서 하는 방식이라고 한다. 당신은 어떤 방에서 교사 역할을 하고 그 사람은 다른 방에서 학생 역할을 맡아서 한다. 그 '학생'이 수행할 과제는 쌍으로 이뤄진 단어 목록을 받아 외우는 것이다. 당신은 그 목록에 있는 단어로 학생에게 질문하고, 그가 틀리기라도 하면 벌을 줘야 한다. 그 벌은 다른 게 아니라 전기 충격을 주는 것이다. 당신이 어떤 기계 장치의 버튼을 누르면 옆방에서 전기의자에 묶여 있던 학생이 충격을 받는 방식이다. 당신은 이 학생을 볼 수는 없지만 그가 내는 소리를 들을 수는 있다.

전기충격기의 충격 단계는 15볼트에서 450볼트까지 총 30단계다. 각각의 충격 단계 옆에는 '가벼운 충격(최저 전압에 가깝다)'에서부터 '위험: 심각한 충격(최고 전압에 가깝다)'까지 다양한 설명이 붙어 있

---

15 Stanley Milgram, *Obedience to Authority* (New York: Harper Perennial, 2009).

16 각주 15와 같은 책.

다. 연구원은 실험 참여자인 당신과 학생에게 "비록 전기 충격이 극도로 고통스러울 수도 있지만 신체 조직이 영구적으로 손상을 입는 일은 없다"라고 말하며 가장 낮은 전압을 시험 삼아 한번 느껴보라고 두 사람에게 권한다. 팔에 직접 전기 충격을 가하고 느껴보니 충격이 거의 느껴지지 않는다. 그래서 당신과 학생은 가벼운 마음으로 실험을 시작한다!

당신은 인터폰으로 학생에게 첫 번째 문제를 제시한다. "막대 과자." 그러자 학생이 "물고기 손가락"이라고 정확하게 대답한다. 당신은 두 번째 문제를 제시한다. "횡재." 그러자 학생은 "공룡"이라고 대답한다. 하지만 틀린 답이다. 그러자 연구원은 당신에게 가장 낮은 전압의 전기 충격을 주라고 지시한다. 그 학생이 다음에 또 틀릴 때마다 당신은 전압을 15볼트씩 올려야 한다. 30볼트, 45볼트, 60볼트, 75볼트. 75볼트 버튼을 누르자 학생이 작게 투덜거리는 소리가 들린다. 하지만 당신은 아랑곳하지 않고 그 뒤로도 학생이 틀릴 때마다 전기 충격 버튼을 누른다. 90볼트, 105볼트, 120볼트…. 그런데 120볼트에서 학생이 큰 소리를 낸다.

150볼트 버튼을 누르자 학생이 비명을 지르면서 "연구원님! 저를 여기서 꺼내주세요! 더는 못하겠어요! 안 한다고요!"라고 외쳐댔다. 180볼트에서는 "도저히 못 하겠다고요!"라고 고함을 질러댔다. 270볼트에서는 죽을 듯이 비명을 질렀고, 300볼트에서는 아예 대답을 거부했다. 330볼트 이후에는 학생의 소리가 더는 들리지 않았다. 자, 그렇다면 당신은 어느 단계에서 전기 충격 버튼을 누르는 것을 중단하겠는가?

당신도 이미 알아차렸을지 모르지만 이상의 내용은 예일대학교의 심리학자 스탠리 밀그램(Stanley Milgram) 교수가 1961년에 했던 유명한 실험을 모방한 것이다.[17] 그런데 이 실험에서 '학생'은 순수한 실험 참여자가 아니라 연기자였다. 밀그램은 첫 번째 실험에서 참여자의 65퍼센트가 450볼트까지 전기 충격을 진행했다고 보고했는데, 이 단계는 '위험: 심각한 충격'보다 겨우 두 단계 낮은 것이었다. 그다음에 이뤄졌던 실험에서는 참여자의 62퍼센트가 최고 단계까지 올라갔다.

밀그램의 실험에 참여한 사람들이 특이하고 이상한 사람들은 아니었던 것 같다. 그들은 기술자, 고등학교 교사, 우체국 직원 등 다양한 직업군에 속해 있었다. 이때는 실험 참여자가 모두 남성이긴 했지만 당시 확인된 사실들은 남성과 여성이 함께 참여했던 2009년 실험에서도 그대로 확인되었다. 실험 참여자들의 복종률이 예전보다 조금 낮아졌다는 점만 빼고는.[18]

밀그램이 실험을 하면서 설정했던 목표는 제2차 세계대전 때 독일에서 나타났던 것과 같은 권위주의 현상이 어떻게 해서 일어나는지 알아보는 것이었다. 그는 평범한 사람들이 어떻게 해서 그 끔찍한 행동에 참여하는지, 복종이라는 심리 상태를 연구함으로써 밝혀

---

[17] S. Milgram, "Behavioral Study of Obedience," *Journal of Abnormal and Social Psychology* 67 (4) (1963): 371-78.

[18] J. M. Burger, "Replicating Milgram: Would People Still Obey Today?," *American Psychologist* 64 (1) (2009): 1.

내고 싶었다. 아닌 게 아니라 그가 했던 실험은 복종과 관련된 중요한 사실을 말해준다. 그러나 의도했든, 의도하지 않았든 간에 그는 습관화를 연구한 셈이었다.

만일 밀그램이 사람들에게 맨 처음부터 최고 단계의 전기 충격 버튼을 누르라고 했다면 어떻게 되었을까? 얼마나 많은 사람이 그 지시를 따랐을까? 분명 소수였을 것이다. 밀그램은 '교사'인 참여자들에게 A 단계에서 B 단계로, 다시 C 단계로, 다시 또 D 단계로 한 번에 한 단계씩 전압을 높이라고 지시함으로써 습관화가 작동하도록 유도했다. 참여자들은 아마도 약간의 죄책감을 느꼈겠지만 이 죄책감은 전기 충격 버튼을 누를 때마다 점점 가라앉았다. 그리고 전압이 가장 높은 D 단계에 다다랐을 때는 타인에게 끔찍한 고통을 주는 행위 및 그에 따른 죄책감에 적응했다.

예일대학교의 심리학 실험실이라는 통제된 환경에서 실험 참여자에게 전기 충격을 주는 것과 실제 현실에서 대량 학살에 참여하거나 방관하는 것은 엄청난 차이가 있다. 하지만 우리 저자들은 이 두 상황에서 비슷한 원리가 작동한다고 본다. 공포는 처음에 작게 시작해서 점점 조금씩 커지면 감정적 반응이 약해지면서 저항은 줄어들고 수용성은 커진다. 그렇기에 벌건 대낮에도 점점 더 무서운 일이 아무렇지도 않게 일어날 수 있다. 이런 현상을 올바르게 인식해야 더 많은 사람이 장차 다가올 일을 예측하고 필요한 조치를 너무 늦지 않게 취할 수 있다.

13장

법률

당신의 고통에 가격을 매긴다면

제법 오래전에 있었던 일이다. 매사추세츠주 콩코드였고 춥고 눈이 오는 밤이었다. 캐스는 집으로 걸어가다가 그 일을 당했다. 그는 아들에게 피자를 사다 주려고 도로를 건넜고, 피자를 받아 든 다음에 집으로 돌아가기 위해 다시 도로를 건넜다. 기억나는 것은 그뿐이었다. 캐스가 눈을 떴을 때는 병원이었다. 그는 침대에 누워 있었고 몸에는 온갖 기계 장치가 연결되어 있었다. 머리가 아팠고, 팔이 아팠고, 다리가 아팠다. 모든 곳이 다 아팠다. 특히 가슴은 다른 어떤 곳보다 더 아팠다. 그는 몸을 거의 움직이지도 못했다. 이런 상태에서 그는 다음과 같이 생각했다.

"두 가지 가능성이 있다. 하나는 내가 병원에 입원한 것인데, 정말 고약한 일이다. 다른 하나는 내가 꿈을 꾸고 있는 것이다. 그런데 아무래도 내가 꿈을 꾸는 것 같다. 그럴 가능성이 훨씬 더 커 보인다."

캐스는 이렇게 결론을 내리고 다시 편안하게 잠 속으로 빠져들었다. 몇 시간이 지난 뒤 그는 다시 깼다. 그런데 여전히 병원이었고 모든 게 아까와 똑같았다. 몸 구석구석 아프지 않은 데가 없었다. 확실히 꿈은 아니었다.

의사가 하는 말로는 교통사고였다. 시속 60킬로미터가 넘는 속도로 달리던 자동차에 치였다고 했다. 죽을 수도 있었는데 천만다행이었다고 했다. 하지만 캐스는 자기가 행운아라는 생각이 들지 않았다. 의사는 차분하고도 사무적인 목소리로 뇌진탕이 심하고 뼈가 여러 군데 부러졌다고 했다. 그러더니 발가락을 꿈틀거릴 수 있는지 움직여보라고 했다. 캐스는 그렇게 했다. 그러자 의사는 안심하는 얼굴로 밝게 웃었다.

의사는 캐스가 12시간 동안 잠들어 있었다고 했다. 부상 부위도 많고 부상 수준이 심각하지만 초기 예후를 볼 때 심각한 문제 없이 완치될 것이라고 설명했다. 몇 주 또는 몇 달 고생하겠지만 곧 괜찮아질 것이라고 했다.

의사의 예측은 옳았다. 처음 몇 주는 상당히 고통스러웠지만 회복은 빠르게 진행되었다. 그 몇 주 동안 지역 경찰은 사고와 관련된 세부적인 정보를 캐스에게 주었다. 캐스가 건넜던 그 도로는 당시에 시야가 매우 나빴고, 사고를 냈던 운전자는 캐스를 보지 못했거나 속도를 줄이지 않았던 게 분명했다. 캐스의 친구들 몇몇은 캐스가 사고 운전자를 상대로 소송을 제기해서 배상을 받을 수 있을지 궁금해했다.

캐스는 그런 일에는 전혀 관심이 없었다. 하지만 만약 그 운전자가 정말로 부주의했다면, 예를 들어 제한속도를 초과했고 전방주시를 하지 않았다면 캐스는 자기가 받은 정신적육체적 고통(pain and suffering), 즉 사고와 부상에 따른 결과로 그가 겪은 불행에 대한 배상을 받을 수 있었다. 또한 부상에서 회복하는 기간에 그가 포기할 수밖에 없었던 삶의 즐거움(달릴 수도, 뛸 수도 없고 잘 걷지도 못하고 테니스도 칠 수 없어서 여러 가지로 인생의 재미가 줄어드는 것)이라는 쾌락의 손상(hedonic damages)에 대해서도 배상을 받을 수 있었다.

거칠게 말하면 정신적육체적 고통은 피해자가 경험한 불행(힘들었던 한 시간 또는 하루)과 관련된 것이고, 쾌락의 손상은 상실된 행복(피해자가 특정 활동을 즐길 수 없게 되어버린 것)과 관련된 것이다. 여러 법률적인 장치 덕분에 폭행 사건, 교통사고, 음식점 식중독 사고, 직장 내 성희롱 등 어떤 사고든 간에 사고를 당한 피해자는 그에 따른 고통 및 삶의 즐거움 감소에 대한 대가로 배상을 받을 수 있다. 어떤 사람들은 이렇게 해서 떼돈을 벌기도 한다.

그래서 만약 당신이 교통사고를 당해서 정상적인 상태로 회복하기까지 몇 주 동안 고생한다면, 이 과정에서 당신은 분명 정신적육체적 고통을 경험한다. 이때 당신이 속한 사회의 법률은 이렇게 묻는다. '당신이 사고를 당함으로써 감당해야 했던 손실을 금전으로 환산한다면 얼마나 되는가?' 이때 당신은 벌컥 화를 내면서 "그걸 말이라고 물어? 그걸 어떻게 금전으로 환산해? 억만금을 준다고 해도 부족해!"라고 말할 수도 있다.

그 말이 맞을 수도 있다. 하지만 돈을 받지 않는 것보다 돈을 받는 게 좋은 건 분명하다. 그리고 당신이 겪은 고통이 그다지 크지 않았다면 약간의 돈만으로도 불편했던 몇 주의 고통을 충분히 보상받을 수 있다. 설령 엄청나게 많은 고통에 시달렸다고 하더라도, 엄청난 액수의 돈을 받는다면 충분히 큰 보상이 될 것이다. 적어도 기대하기로는 그렇다.

쾌락의 손상과 관련해서 말하면, 만일 당신이 어떤 사고로 다쳤을 경우 당신이 좋아하거나 사랑하는 활동들을 포함해서 무언가 소중한 어떤 것을 잃어버렸다는 점이 중요하다. 그렇게 다친 바람에 당신이 좋아하는 조깅을 몇 달 동안 하지 못할 수도 있다. 이런 상실을 돈이 보상해준다. 즉 다치지 않았을 경우 당신이 누릴 수 있었을 전반적인 복지 수준을 당신이 누릴 수 있도록 해준다는 말이다.

그러나 돈을 아무리 많이 받는다고 해도 사고가 일어나지 않은 예전의 상태로 되돌아갈 순 없다. 이런 조건 아래에서 설정할 수 있는 목표는 피해자가 느끼는 행복 수준을 다치지 않았을 경우 누릴 수 있었던 행복 수준으로 회복시키기 위해 노력하는 것이다.

또한 보상 또는 배상은 억지력을 창출하는 것이어야 한다. 예를 들어 보상이나 배상의 의무가 사회적으로 인정받아야만, 피해자가 발생해서 이 의무를 지지 않도록 운전자는 안전 운전을 하고, 음식점 주인은 식중독을 예방하며, 제약사는 해로운 부작용이 없는 약을 생산하도록 노력할 것이다.

배심원이나 판사는 적정한 보상(배상) 수준이 어느 정도인지 알아내기 위해 사람들이 하는 경험의 본질 및 질적인 수준에 대한 몇 가지 어려운 질문에 대답해야 한다. 즉 그들은 자동차 사고를 당한 뒤에 거쳐야 하는 8주 동안의 회복 과정이 어떤 것인지 알아야 하고, 그런 다음에는 그 지식을 토대로 피해 규모를 금전적으로 환산해야 한다. 그 금액은 1만 달러일까? 5만 달러일까? 10만 달러일까? 20만 달러일까? 아니면 그 이상일까? 배심원이나 판사는 이것을 어떻게 알 수 있을까? 심지어 캐스는 교통사고를 직접 당하고서도 그 금액이 얼마나 되는지 전혀 알지 못했다.

지금쯤이면 당신은 습관화, 즉 사람들은 시간이 지나면 습관화되기 때문에 고통에 덜 시달리고 행복감의 상실도 덜하다는 걸 잘 알 것이다. 그러나 이것이 단순히 직관적인 건 아니다. 여러 연구에 따르면 끔찍한 사건들이 얼마나 심각한 영향을 미칠지 예측할 때 사람들은 습관화에서 비롯되는 효과를 과소평가한다. 예를 들어 어떤 사람이 사고를 당해서 손가락 두 개를 잃었는데, 여기에 따른 정신적·육체적 고통을 포함한 모든 손실을 돈으로 환산한다고 하자. 두 손가락을 잃는 경험은 생각할수록 끔찍하다. 하지만 습관화가 작동하기 때문에 이런 상실이 사람들의 실제 경험에 미치는 영향은 상상하는 것만큼 크지 않을 수 있다.

손가락 두 개를 잃은 사람이 그 상실에 적응하고 정상적인 생활로 전환하는 기간을 거치고 나면, 그런 경험을 하지 않은 사람보다 더 나쁜 감정 상태에 놓이지 않을 수도 있다. 어쩌면 그들은 아무렇지 않을 수도 있다(놀랍게도 몇몇 연구 결과를 보면 팔다리 하나를 잃은 사람과 그렇지 않은 사람을 비교했을 때 두 집단이 드러내는 행복감은 별로 차이가 없었다).[1] 다른 모든 사람과 마찬가지로 배심원과 판사도 손가락이 세 개밖에 없는 손에 습관화되는 사람들의 능력을 과소평가한다. 바로 이런 이유로 그들은 감정적인 상실의 정도를 과장한다.

이런 유형의 실수는 이른바 **초점의 오류**(focusing illusion) 때문에 한층 악화된다. 초점의 오류는 어떤 것에 초점을 맞춰 생각해야 할 대상의 중요성을 과장하는 심리적인 오류다. 이럴 때 사람들은 그 대상이 미치는 영향력을 과대평가한다. 심리학자 대니얼 카너먼은 이 개념을 설명하면서 "누군가가 어떤 것을 생각하고 있을 때 이 사람의 인생에서 이보다 더 중요한 것은 없다"라고 말했다.[2]

예를 들어 캘리포니아에 사는 사람이나 그렇지 않은 사람 둘 다 캘리포니아에서 사는 사람들이 다른 곳에 사는 사람들보다 더 행복하다고 믿는 경향이 있다.[3] 캘리포니아에서 사는 사람이나 오하이

---

1 P. A. Ubel and G. Loewenstein, "Pain and Suffering Awards: They Shouldn't Be (Just) about Pain and Suffering," *Journal of Legal Studies* 37 (S2) (2008): S195-S216.

2 Daniel Kahneman, *Thinking, Fast and Slow* (New York: Farrar, Straus and Giroux, 2011), 402.

3 D. A. Schkade and D. Kahneman, "Does Living in California Make People Happy? A Focusing Illusion in Judgments of Life Satisfaction," *Psychological Science* 9 (5) (1998): 340-46.

오에서 사는 사람이나 모두 캘리포니아 날씨에 초점을 맞출 때는 캘리포니아에서 사는 게 더 행복할 것이라고 믿는다. 그러나 조사 결과에 따르면 캘리포니아에 사는 사람들은 다른 곳에 사는 사람들보다 더 행복하지 않았다.

여러 가지 데이터를 보면 대부분 사람의 행복을 결정하는 요인으로 날씨가 특별히 중요한 변수는 아니다. 일반적으로 사람들은 특정한 이득이나 손실이 발생한 뒤에는 그것에 별로 초점을 맞추지 않는데, 많은 사람이 이런 사실을 깨닫지 못한 채 그 이득이나 손실에만 초점을 맞춰 어떤 판단을 내리곤 한다. 날씨 또는 대부분 사람이 행복을 결정하는 데 그다지 중요하지 않은 변수들(예를 들면 탁월한 운동 능력)을 생각하도록 어떤 사람의 뇌에서 점화(prime, 어떤 자극에 우선적으로 노출되면 그 자극과 관련해 그 사람의 기억 속에 존재하는 어떤 정보에 대한 접근성이 증가하는 현상을 말하는 심리학적 용어-옮긴이)가 이뤄지면 그 사람은 초점의 오류에 빠지고 해당 변수에 과도한 가중치를 설정하게 된다.

손해배상을 청구하는 소송에서 배심원과 판사의 관심은 오로지 해당 손해에 초점이 맞춰진다. 이 경우 배심원들로서는 '캘리포니아에서 살면 더 행복할까?'라는 질문을 받는 것이나 마찬가지다. 배심원이나 판사는 특정한 부상이나 손실에만 초점을 맞추기 때문에, 대부분 사람이 일상생활에서 문제의 그 부상이나 손실에는 그다지 관심을 기울이지 않을 수도 있음을 미처 생각하지 못한다.

재판이라는 바로 그 상황 때문에 사람들은 습관화를 무시하게 되며 초점의 오류에 빠진다.[4] 이런 식으로 영향을 받았을 수도 있는 정신적·육체적 고통에 관한 배상 사례를 찾기란 어렵지 않다.[5] 예를 들면 손에서 감각과 힘을 잃어버린 것에 대한 배상으로 100만 달러가 지급되었고,[6] 손이 손상되었다는 이유로 150만 달러가 지급되기도 했다.[7]

쾌락이 손상된 피해에 대해서도 동일한 논리가 적용된다. 예를 들어 어떤 사람이 다리를 다쳐서 앞으로는 스키를 타지도 못하고 축구를 하지도 못하게 되었다고 하자. 스키나 축구 모두 멋진 활동이다. 그러나 그 사람이 '삶의 즐거움'을 얼마나 많이 잃어버렸느냐고 질문한다면 그 대답은 '일반적으로 생각하는 것만큼 그렇게 많지는 않다'일 것이다.

분명히 말하지만 습관화 때문에 장기적인 피해가 예상보다 작다고 해도 단기적인 피해는 심각할 수 있다. 이 점은 캐스도 증언한다. 단기적인 차원에서만 보면 사람들은 상당한 보상이 뒤따라야 옳다

---

4 이런 현상은 배심원뿐만 아니라 소송을 제기하는 원고에게도 해당한다. 소송을 제기하는 사람이 자기가 입은 부상에 초점을 맞추려고 하는 경향은 소송을 제기하지 않은 사람보다 크다. 소송은 습관화를 가로막기 때문에 어떤 경우에는 소송을 제기하려고 하는 사람을 말리는 것이 합리적일 수도 있다.

5 *Dauria v. City of New York*, 577 N.Y.S. 2d 64 (N.Y. App. Div. 1991); *Coleman v. Deno*, 832 So. 2d 1016 (La. Ct. App. 2002); *Squibb v. Century Group*, 824 So. 2d 361 (La. Ct. App. 2002); *Thornton v. Amtrak*, 802 So. 2d 816 (La. Ct. App. 2001); and *Keefe v. E & D Specialty Stands, Inc.*, 708 N.Y.S. 2d 214 (N.Y. App. Div. 2000).

6 *Keefe*, 708 N.Y.S. 2d.

7 *Thornton*, 802 So. 2d. 아울러 다음을 참조하라. *Levy v. Bayou Indus. Maint. Servs.*, 855 So. 2d 968 (La. Ct. App. 2003)(뇌진탕 증후군으로 삶의 즐거움을 잃은 것에 대해 5만 달러 지급을 명령했다).

고 볼 수 있는 상당한 수준의 괴로움, 두려움, 애도, 슬픔 등을 경험할 수 있다. 단기간의 극심한 고통이나 상실감에도 상당히 많은 금액의 보상이 이뤄질 수 있다.

게다가 습관화는 늘 발생하지 않으며, 설령 발생한다고 하더라도 부분적으로 이뤄질 수도 있다. 그럼에도 재판에서 판사나 배심원단이 충분하지 않은 금액을 원고에게 보상(또는 배상)하라고 판결하거나 평결할 수 있다. 예를 들어 육체적 고통에는 습관화가 쉽게 일어나지 않는다. 심지어 어떤 경우는 습관화가 아예 일어나지 않는다. 소송을 제기한 원고가 만성적인 허리 통증에 시달린다고 하자. 이 통증의 등급이 낮을 수도 있지만 통증이 계속해서 이어지는 것이라면 아무리 등급이 낮은 통증이라도 끔찍할 수밖에 없다.

그럼에도 이와 비슷한 사건에서 배심원들이 배상 금액을 적게 평결한 사례가 많다. 예를 들면 다음처럼 말이다.

· 일주일에 3~4번 두통을 유발하고 손과 무릎과 어깨에 지속적인 통증을 유발하는 사고에 대한 배상금이 4,000달러였다.[8]
· 고관절 기형과 허리 통증을 유발한 사고를 당한 19세 여성에게 지급된 배상금이 2만 5,000달러였다.[9]
· 목 디스크 및 무릎의 반월판 연골 파열로 인한 영구적인 통증에 대한

8   *Hatcher v. Ramada Plaza Hotel & Conf. Ctr.*, No. CV010807378S, 2003 WL 430506 (Conn. Super. Ct. Jan. 29, 2003).

9   *Frankel v. Todd*, 260 F. Supp. 772 (E.D. Pa. 1966).

배상금이 3만 달러였다.[10]

각각의 경우 배상 금액은 너무 적어 보인다. 왜냐하면 그런 통증들에 대해서는 습관화가 일어나지 않거나 일어난다고 하더라도 제한적일 수 있어서 해당 부상에 따른 통증이 계속 이어질 가능성이 크기 때문이다. 아닌 게 아니라 증상이 심하지 않은 요통, 두통, 이명, 목이나 무릎의 통증은 특별히 심각해 보이지 않는다. 이런 것들은 팔이나 다리를 잃은 것과는 다르게 사람들이 흔히 경험하는 것이다. 그렇기에 판사든 배심원이든 두통이 비록 불쾌한 경험이긴 하지만 팔이나 다리를 잃는 치명적인 손상과 다르게 일상생활의 한 부분이라고 쉽게 결론을 내릴 수 있다.

그러나 만약 사람들이 두통이나 이명 또는 그와 비슷한 증상들에 습관화되지 않으면 엄청난 고통을 겪을 것이고 이런 점을 판사나 배심원이 제대로 평가하지 않을 수 있다. 게다가 문제의 사건이 우울증이나 불안감을 일으켰다면 정신 건강상의 이런 문제들은 (4장에서 살펴봤듯이) 습관화 과정을 늦춘다. 감정적인 부상이라도 얼마든지 클 수 있으며, 따라서 이런 부상에 뒤따르는 배상이나 보상의 규모도 당연히 커야 한다. 그러나 판사나 배심원은 이런 점을 미처 알지 못할 수도 있다.

10 *Russo v. Jordan*, No. 27,683 CVN 1998, 2001 WL 914107 (N.Y. Civ. Ct. June 4, 2001).

습관화된 고통이 아니라 능력의 손상에 초점을 맞춰라

○

정신적·육체적 고통과 쾌락의 손상이라는 개념은, 사람들이 비참한 상태 또는 즐거움을 상실한 상태에 놓여 있는지 여부를 중요시한다는 걸 시사한다(많은 나라의 법조문은 정확하게 위의 용어들을 쓴다). 하지만 우리가 지금까지 살펴본 것처럼 **감정적인 상태만 중요한 게 아니다**. 법률 제도는 이런 점에 주의를 기울여야 하며 또 실제로 주의를 기울인다. 만약 당신이 다리 하나를 쓰지 못하게 되었는데, 힘들지만 짧은 적응 기간을 거친 뒤 예전과 동일한 수준의 행복감을 느낀다고 하자. 이 경우 당신이 당한 부상 또는 상실을 법률이 대수롭지 않게 여기는 게 당연할까?

결코 아니다. 당신은 두 다리로 걸을 수 없다. 당연히 뛰지도 못한다. 그러니 예전에는 당연하게 여겼던 온갖 활동을 할 수 없게 되었다. 육체적인 고통을 느끼지 않을 수도 있으며 정신적으로도 고통스럽거나 슬프지 않을 수 있다. 그럼에도 당신이 예전에 가지고 있었던 능력을 상실한 것만큼은 분명한 사실이다.[11]

바로 이런 손실 또는 상실에 대해 당신은 배상을 받아야 한다. 이 손실은 실제적이며 의미가 있을 만큼 중요하다. 감정과 관련된

---

11 아마르티아 센과 마사 누스바움은 여러 곳에서 능력이 갖는 중요성을 탐구했다. 그 예로 다음을 참조하라. *Amartya Sen, Commodities and Capabilities;* and Martha Nussbaum, *Creating Capabilities: The Human Development Approach* (Cambridge, MA: Harvard University Press, 2011). 우리는 센이나 누스바움이 사용했던 것과 동일한 뜻으로 '능력'이라는 개념을 사용하지 않는다. 우리가 사용하는 이 개념의 초점은 주관적인 정신 상태가 아니라 해당 기능을 수행할 수 있는 역량에 있다.

척도로는 이런 손실을 측정할 수 없다고 하더라도 그렇다. 사람들은 건강과 관련된 어떤 조건에 습관화가 된 뒤에도 자기가 계속해서 건강한 상태에 놓이는 것을 선호하며, 따라서 쾌락적인 측면에서 고통을 조금밖에 느끼지 않는다거나 전혀 느끼지 않는다는 증거가 많이 있다.[12]

신체 능력이나 인지 능력을 상실한 사람들은 객관적으로 확인할 수 있는 피해를 보면서 살아간다. 인공 항문(장루)을 달고 다녀야 하거나 한 주에 두세 번씩 신장 투석 치료를 받아야 하는 사람들은 자기의 감정과 관계없이 객관적이며 실질적인 손실을 경험하면서 살아간다. 실제로 인공 항문 수술을 받은 사람들은 받지 않은 사람들보다 행복감이 낮아 보이지 않지만, 이들은 인공 항문 없이 살 수 있다면 자기에게 주어진 수명을 최대 15퍼센트까지 포기하겠다고 말한다.[13]

이와 비슷한 맥락에서 투석 환자들은 다른 평범한 사람들보다 인생을 덜 즐겁게 보내는 것처럼 보이지 않지만, 그들 다수가 정상적으로 작동하는 신장을 가질 수만 있다면 남은 수명 가운데 상당 부분을 뚝 떼어낼 수 있다고 말한다.[14]

환자들은 초점 오류에 취약할 수 있다. 이는 시카고나 클리블랜

---

12 Ubel and Loewenstein, "Pain and Suffering Awards: They Shouldn't Be (Just) about Pain and Suffering."

13 G. Loewenstein and P. A. Ubel, "Hedonic Adaptation and the Role of Decision and Experience Utility in Public Policy," *Journal of Public Economics* 92 (8-9) (2008): 1795-1810.

14 각주 13과 같은 자료, 1799.

드에 사는 사람들이 로스앤젤레스에 살며 화창한 날씨를 경험할 수 있다면 훨씬 기분이 좋아질 거라고 생각하는 것과 마찬가지다. 환자들이 잃어버린 자기의 건강을 되찾을 수만 있다면 남은 수명의 상당 부분을 뚝 떼서 포기할 수 있다고 말한다는 건, 설령 그들이 **잠정적**인 상태가 아무리 좋다고 하더라도 **실질적**인 손실(이런저런 능력의 상실)을 경험하고 있다는 뜻이다.

여러 가지 다양한 경우에서 정신적육체적 고통이나 쾌락의 손상을 가장 잘 이해할 방법은 이런저런 능력의 손상이라고 이해하는 것이 아닐까 싶다. 예를 들어 법원은 피해 보상 또는 배상을 주장하는 피해자들에게 운동 능력 상실에 대해,[15] 미각과 후각 상실에 대해,[16] 신체 조응 능력 저하에 대해[17] 그리고 성기능 상실에 대해[18] 엄청난 금액을 지불하라고 명령했다. 이런 종류의 여러 사건에서 법원은 그런 손상 때문에 원고들이 예전보다 훨씬 덜 행복해졌다고 믿었을 수 있다. 만약 그렇다면 그들의 판단은 틀렸을 수 있다. 하지만 원고들은 어떤 것이 되었든 간에 특정한 능력을 잃었으며 상당한 손실을 겪었다.

만약 사람들이 걷지 못하거나 뛰지 못하거나 스포츠 활동에 참여할 수 없다면 그들의 삶은 손상된 것이다. 설령 그들이 그런 손상

---

15 *Matos v. Clarendon Nat. Ins. Co.*, 808 So. 2d 841 (La. Ct. App. 2002).

16 *Daugherty v. Erie R.R. Co.*, 169 A. 2d 549 (Pa. Sup. Ct. 1961).

17 *Nemmers v. United States*, 681 F. Supp. 567 (C.D. Ill. 1988).

18 *Varnell v. Louisiana Tech University*, 709 So. 2d 890, 896 (La. Ct. App. 1998).

상태에 습관화되어 있다고 해도 그런 사실은 바뀌지 않는다. 손실에 습관화될 때 사람들은 그렇지 않을 때보다 훨씬 나은 삶을 살아갈 것이다. 하지만 아무리 그렇다고 해도 손실은 여전히 손실로 남는다. 이 손실에 대해 사람들은 배상을 받을 자격이 있다.

14장

탈습관화의 실천

삶에서 실험을 일상화하라

인류가 비록 불완전하기 때문에 세상에 다양한 의견이 있어야 하는 것처럼,
삶에도 마땅히 다양한 실험이 있어야 한다.

_존 스튜어트 밀(John Stuart Mill), 영국의 철학자·정치경제학자[1]

1271년 마르코라는 이름의 이탈리아 청년이 고향 베네치아에서 중국으로 여행을 떠났다(그때 그의 나이는 17세였다-옮긴이). 여행은 말 그대로 파란만장했다. 산 넘어 또 산이 있는 산맥을 넘어야 했고 광활한 사막을 건너야 했다. 때로 음식이 부족하기도 했고 물이 떨어지기도 했다. 도중에 병에 걸리기도 했다. 그러나 그는 최종 목적지까지 반드시 가고야 말겠다고 결심했다. 약 4년이라는 혹독한 시간이 지나 마침내 그는 목적지에 도착했다.[2] 그렇게 해서 마르코 폴로

---

1   J. S. Mill, *On Liberty* (London: John W. Parker & Son, 1859), 101.

2   Marco Polo, *The Travels of Marco Polo: The Venetian* (London: J. M. Dent, 1921).

(Marco Polo)는 중국에 발을 디딘, 몇 안 되는 이탈리아인 중 한 명이 되었다.

그로부터 746년이 지난 뒤 마르코라는 이름의 또 다른 이탈리아인이 고향을 떠나 중국으로 향했다. 그도 역시 산맥을 넘고 사막을 건넜지만 걷지 않고 제트비행기를 타고 갔다. 비행기 안에서 그는 맛있는 치킨 요리로 저녁을 먹고 화이트와인 한 잔을 마셨으며, 텔레비전 프로그램을 '빨리 보기'로 후다닥 본 뒤 낮잠을 잤다. 잠에서 깼을 때 그는 베이징에 도착해 있었다. 목적지까지 도착하는 데 걸린 시간은 9시간 13분이었다. 그가 했던 것과 똑같은 방식으로 중국 땅을 밟은 이탈리아인은 그해에 약 25만 명이었다.

다시 5년 뒤, 마르코라는 이름의 세 번째 청년이 베네치아에 있는 자기 아파트에서 누워 있었다. 그는 헤드셋을 착용하고서 불과 몇 초 만에 만리장성에 도착했다. 이어서 그는 멋진 건축물을 돌아보고 현지인들과 이야기를 나누면서 32분을 보냈다. 그는 가상현실을 경험하는 수백만 명의 이탈리아인 중 한 명이었다.

오늘날 사람들의 뇌는 지구에 존재하는(그리고 지구 너머의 다른 공간에 존재하는) 온갖 장소로 몇 분 안에 아주 쉽게 여행할 수 있다. 인터넷이나 가상현실을 이용하면 자기가 속한 문화나 장소와 전혀 다른 곳에 가거나 온갖 다양한 믿음이나 규범을 가진 사람들과 연결될 수 있다. 아니면 비행기를 타고 불과 몇 시간 만에 그런 곳을 진짜로 찾아가서, 예전에는 듣지도 보지도 못했던 소리와 풍경을 경험할 수도 있다.

그러나 지금부터 그다지 멀지 않은 과거만 하더라도 사람들은 대부분 자기가 태어난 장소에서 사방 수십 킬로미터 바깥으로 벗어나지 못하고 그 안에서만 평생 살다 죽었다. 수백 년, 아니 수천 년 전에 살았던 그 많은 마르코들, 메리들, 톰들, 에이브러햄들, 세라들, 프란체스카들은 모두 하나의 언어만 있는 줄 알았다. 하나의 문화와 하나의 요리만 있는 줄 알았고 한 가지 풍경만 보고 살았다. 그들은 자신의 존재를 자연스럽고 불가피하며 고정된 것으로 바라봤다. 그리고 자기 주변에 있던 모든 것에 습관화되었다.

사람들은 대부분 자기가 경험하는 것 말고 다른 현실이 존재한다고는 상상도 하지 못했다. 그들이 가진 신념들 가운데 어떤 것들은 잘못된 것이었으며, 그들이 행한 관습들 가운데 어떤 것들은 잔인했다. 그러나 그 발상이나 규범을 다른 발상이나 규범과 비교할 수 없었기에 어떻게 하면 개선할 수 있을지 알 수 없었다. 그들은 자기가 하는 경험으로 규정되었고 제한을 받았으므로 박수와 축하를 받을 자격이 있는 것이 무엇인지, 무엇을 정밀하게 조사하고 재평가해야 할지 알 수 없었다.

당신의 조상 중에는 온갖 다양한 믿음과 선호와 생각을 지닌 사람들이 있었을 것이다. 그러나 당신의 조상들이 섬기던 신이 유일하게 높으신 분이 아니라 그저 수많은 숭배 대상들 가운데 하나일 뿐이라거나, 섭씨 16도라는 기온이 세네갈에서는 춥지만 스웨덴에서는 따뜻하다는 사실을 알기란 쉽지 않았을 것이다. 이런 조상들이 기존과 다른 관점을 갖고, 당연하게 여기지만 틀린 것들을 다시 생각해볼 수 있으려면 '삶 속에서의 실험'이 필요했다.

우리 저자들은 이 '삶 속에서의 실험'을 강조한 존 스튜어트 밀의 발상[3]을 기리며 이 표현을 빌려 쓴다는 사실을 밝혀둔다. 밀은 사람들이 자신의 신념, 가치관, 규범 그리고 자신의 상황을 멀리 떼어놓고 바라보는 것이 중요하다고 자주 강조했다. 그래야 그런 것들을 평가하고 나아가 바람직한 변화가 어떤 것이며 어떻게 이룰지 배울 수 있다고 했다.[4]

제한된 경험을 토대로 한 직관만 가지고서는 자기 자신이나 가족이나 공동체에 무엇이 좋고 나쁜지 분명하게 알 수 없다. 이렇게 될 수밖에 없는 한 가지 이유는 뇌의 기능과 구조를 지배하는 규칙에 있다. 어떤 사람에게 환경이나 규범, 행동이 고정불변의 단일한 것일 때 그는 자기 정신의 알고리즘들 때문에 주변에 존재하는 경이로움과 악마를 알아채기 어렵다. 그가 자기의 삶과 사회에 가장 좋은 것이 무엇이며, 그것을 획득하려면 무엇을 바꿔야 하고 무엇을 숭배해야 할지 알려면 어떻게 해야 할까?

자, 이런 식으로 한번 생각해보자. 흡연이 암을 유발한다는 것을 당신은 어떻게 아는가? 잔잔한 푸른 호수의 수면에 띄운 은화가 동동 뜰지, 아니면 곧바로 수면 아래로 가라앉을지 어떻게 아는가? 레

3 그래서 밀은 "현재의 인간 개선 상태는 낮으므로, 현재의 사람들을 그들과는 다른 사람들과 접촉하게 하는 것, 다시 말해 그들이 익숙하게 여기는 것과는 다른 생각과 행동 방식을 가진 사람들과 접촉하는 것이 가치가 있다"라고 지적했다. John Stuart Mill, *Principles of Political Economy with Some of Their Applications to Social Philosophy*, Volume II (New York: D. Appleton & Company, 1909), 135.

4 Mill, *On Liberty*.

몬 파이가 맛있을지 어떻게 아는가? 당신은 실험한다. 파이를 먹어 보고, 수면 위에 동전을 놓아보고, 흡연자의 수명과 비흡연자의 수명을 비교한다. 선과 악의 개념에 대해서도 동일한 방식으로 접근할 수 있다. 이런 개념들은 단순히 직관적으로 비교하는 데서 그치지 않고 가까이서 바라본다거나 실제로 구현해본다거나 하는 등의 경험을 통해서 검증해야 한다.[5]

아닌 게 아니라 인생은 짧고 자원은 제한되어 있다. 따라서 자신에게 가장 적합한 신념과 생활 방식을 찾으려고 모든 생활 방식을 직접 실험해볼 수는 없다. 바로 이 지점에서 이 세상의 수많은 마르코 폴로들이 등장한다.

마르코 폴로는 다양한 삶, 즉 심리적으로 풍요로운 삶을 살았다. 그는 유럽을 떠나 아시아로 갔다. 그렇게 하기가 어렵기도 하고 드물기도 하던 시대였지만 그는 그렇게 했다. 그는 완전히 다른 세상을 경험했다. 그는 탈습관화했다. 그가 새롭게 경험했던 세상의 모든 측면은 그가 세상을 바라보던 예전의 시각을 바꿔놓았다. 정치, 사회, 가족, 결혼, 잔인함, 지혜, 아름다움 등을 바라보는 그의 눈은 바뀌었다. 특정한 맛과 소리를 감지하는 능력도 달라졌다.

그 이유는 분명하다. 어떤 사물과 개념과 사건을 어떻게 평가하고 인식하는지, 심지어 그런 것들을 인지하는지 아닌지는 맥락에 따라

---

5 우리 저자들은 여기에서 바람직한 삶의 여러 구성 요소를 주제로 놓고 논란의 여지가 있는 철학적 주장을 하려는 게 아니다. 대안에 대한 인식 없이는 무엇이 좋고 무엇이 나쁜지 알기 어렵다고 말하는 것뿐이다.

달라진다. 가치관과 인식은 동시에 경험하는 다른 사물이나 사건에 따라 그리고 과거에 경험한 것이 무엇이냐에 따라 달라진다. 여기서 허버트 조지 웰스의 비문이 떠오른다.

"부자연스럽고 역겹게 보이던 수많은 것이 금세 자연스럽고 아무렇지도 않게 바뀌었다. 이 세상에 존재하는 모든 것이 띠는 색깔은 자기 주변의 평균적인 색깔에서 나온 게 아닐까."[6]

예를 들어 당신이 누군가의 얼굴을 위협적이라고 판단할지는 당신이 바라보는 다른 얼굴들에 달려 있다.[7] 당신 주변에 온통 위협적인 얼굴들만 있을 때 당신은 그 얼굴들에 습관화되어 아주 조금 위협적인 얼굴은 그다지 위협적이지 않다고 여길 것이다. 매우 위협적인 얼굴이 주변에서 찾아보기 드물 때, 당신은 아주 조금만 위협적인 얼굴이라도 매우 위협적인 것으로 인식할 수 있다.

또 이런 상상도 해볼 수 있다. 당신은 어떤 연구 제안이 윤리적이고 어떤 제안이 비윤리적인지 판정하는 임무를 맡고 있다. 그런데 당신의 책상에 명백하게 비윤리적인 연구 제안서가 수북하게 쌓여 있다. 그렇다면 당신은 비윤리적인 연구 제안에 습관화되어 의심스럽긴 해도 명백하게 비윤리적이진 않은 연구 제안을 승인할 가능성이 높다. 가치 평가와 인식은 당신의 주변에 널리 퍼져 있는 것이 무엇이냐에 달려 있다. 따라서 기존의 것과 다른 게 널리 퍼져 있으면

6　H. G. Wells and J. Roberts, *The Island of Dr. Moreau* (Project Gutenberg, 2009), 136.

7　D. E. Levari et al., "Prevalence-Induced Concept Change in Human Judgment," *Science* 360 (6396) (2018): 1465-67.

당신의 인식도 과거와 다르게 바뀌고 옳고 그름을 바라보는 당신의 관점도 바뀔 것이다.[8]

마르코 폴로는 자기가 활동하는 환경의 맥락을 근본적으로 바꿨고, 24년 만에 이탈리아로 돌아왔을 때는 유럽의 관습에 더는 습관화되어 있지 않았다. 그러나 여기에 중요한 사실이 하나 있다. 한 사람의 이런 '삶 속에서의 실험'이 단지 그 한 사람만 바꿔놓는 게 아니라는 점이다. 폴로는 자기가 보고 들은 것을 사람들에게 들려주었다. 처음에는 말로 했지만 나중에는 그 내용을 책으로 썼다. 이 책이 《동방견문록》이다.[9] 이렇게 보면 마르코 폴로야말로 탈습관화 기업가였던 셈이다.

루스티켈로 다 피사(Rustichello da Pisa)가 집필한 이 책은 유럽인들에게 그들의 삶과는 전혀 다른 문화 및 세상을 보여주었다. 이 책은 독자들로 하여금 자기의 삶을 비춰볼 수 있는 새로운 관점을 제공했다. 사람들은 발걸음을 멈추고 예전에는 보지 못했던 다양한 색깔을 볼 수 있었다. 그들은 흑백으로만 구성된 세상이 아닌 다양한 색상으로 구성된 세상을 볼 수 있었다. '삶 속에서의 실험'은 실험을 직접 실행한 사람(마르코 폴로)과 이 실험의 결과를 지켜본 사람(독자)이 모두 자기의 삶을 새로운 관점에서 다시 바라보게 하고, 영원히 박제될 수도 있는 믿음들을 재평가하게 해준다.

오늘날에는 관찰자가 되는 것뿐만 아니라 실험자가 되는 것도 예

---

8   각주 7과 같은 자료.

9   Rustichello da Pisa, *The Travels of Marco Polo* (Genoa, n.d., ca. 1300).

전보다 훨씬 쉬워졌다. 지금은 과거 그 어느 때보다도 나와 다른 사람들 그리고 내게 익숙하지 않은 생각과 행동 방식을 쉽게 경험할 수 있다. 해외여행이 과거보다 쉬워진 점도 한 가지 이유다. 온갖 끔찍한 문제로 엉망진창인 도시나 나라에 사는 사람도 이런 문제가 전혀 없는 도시나 나라를 가까이에서 쉽게 볼 수 있다. 또 여러 가지 점에서 놀라울 정도로 멋진 도시나 나라에 사는 사람도 전혀 그렇지 않은 도시나 나라를 가까이에서 쉽게 볼 수 있다.

물리적인 존재를 대체할 수 있는 게 없을 순 있다. 그러나 굳이 여행하지 않아도 다양한 유형의 사람들 및 다양한 생활 방식을 경험할 수 있다. 충격적인 내용을 담고서 온라인에서 오가는 텍스트, 이미지, 동영상, 가상현실 등을 통해 얼마든지 그런 경험을 할 수 있다. 여기서 마주치는 것들이 역겨울 수도 있고 짜릿하게 즐거울 수도 있다. 하지만 어느 쪽이 되었든 간에 자신이 놓인 상황이나 자신의 삶을 새로운 시각으로 바라보고 자기 앞에 놓인 것에 깜짝 놀랄 수 있다.

위대한 야구 선수인 요기 베라(Yogi Berra)는 "예측한다는 것, 특히 미래를 예측한다는 것은 어렵다"라고 말한 적이 있다. 우리 저자들도 이 말에 동의한다. 하지만 지금의 기술 및 새롭게 등장하는 기술은 온갖 다양한 신념과 전통을 우리 앞에 가져다줄 것을 약속한다. 우리는 지금 사람들이 하루아침에 모든 종류의 색다른 현실을 경험하면서 그 경험을 자기가 과거에 했던 경험과 분리하거나 그 경험에 새로운 빛을 비춰보는 미래를 어렵지 않게 상상할 수 있다.

이런 기술들은 '탈습관화 기계'가 되어 우리를 현실에서 벗어나게 했다가 다시 현실로 불러들일 것이다. 어떤 점에서 보면 그 결과가 불안하고 불편할 수 있다. 그렇지만 어쨌거나 우리는 이런 놀라운 일들과 갑작스럽게 맞닥뜨릴 것이다. 그렇지만 그만큼 우리가 사는 세상은 새삼스럽게 반짝반짝 빛이 날 수도 있다.

감사의 글

. . . . . .

이 책에 도움을 준 고마운 분들이 많다. 원 시그널(One Signal) 출판
사의 줄리아 셰페츠(Julia Cheiffetz) 편집장은 우리 저자들의 발상이
한 권의 책이 될 가치가 있음을 알아보고는, 구상에서부터 최종 원
고에 이르는 전체 여정을 능숙하게 안내했다. 그녀는 방향을 잡아주
었고 가치를 따질 수 없을 만큼 소중한 조언을 해주었다. 또한 리틀,
브라운(Little, Brown) 북 그룹의 편집장 사미르 라힘(Sameer Rahim)도
통찰이 넘치는 논평을 해주면서 모든 게 다 잘될 것이라는 희망을
주었다.

그리고 이 책뿐 아니라 그전에 했던 연구 작업에 믿음을 아끼지

않은 팀 휘팅(Tim Whiting)에게도 고마운 마음을 전한다. 또 이 프로젝트의 막바지 단계에서 책을 꼼꼼하게 살펴보고는 여러 가지 제안을 해준 아이다 로스차일드(Ida Rothschild)에게도 감사한다.

더할 나위 없이 탁월한 능력을 지닌 에이전트들인 컴패스 탤런트(Compass Talent)의 헤더 슈뢰더(Heather Schroder), 콘빌 앤드 월시(Conville and Walsh)의 소피 램버트(Sophie Lambert), 와일리 에이전시(Wylie Agency)의 세라 칼판트(Sarah Chalfant)와 레베카 나이절(Rebecca Nagel)이 없었다면 이 책은 세상에 나오지 못했을 것이다. 이들은 우리를 대변하는 에이전트일 뿐만 아니라 배려심이 넘치는 똑똑한 친구들로 우리의 곁을 지켜주었다. 그들과 연결되었던 건 우리에게 커다란 행운이었다.

이 책에서 가장 흥미로운 몇 가지 이야기들로 이끌어준 아미르 도런(Amir Doron), 토론을 통해 이 책에 도움을 주었던 마니 라마스와미(Mani Ramaswami)와 루실 켈리스(Lucile Kellis)에게 감사한다. 초고를 읽고서 소중한 피드백을 해준 오렌 바-길(Oren Bar-Gill), 로라 글로빅, 에릭 포스너(Eric Posner), 리론 로젠크란츠(Liron Rozenkrantz), 마크 투슈넷(Mark Tushnet), 발렌티나 벨라니에게도 고마운 마음을 전한다. 또한 이 책에서 소개한 심리학 실험을 진행했던 어펙티브 브레인 연구소(Affective Brain Lab)의 학생들에게도 감사의 마음을 전한다. 닐 개릿(Neil Garrett), 하딜 하지 알리, 크리스 켈리, 바스티안 블레인, 로라 글로빅, 발렌티나 벨라니, 스테파니 라자로(Stephanie Lazzaro), 세라 정(Sara Zheng), 노라 홀츠, 아이린 코글리아티 데자

(Irene Cogliati Dezza), 모세 글럭먼(Moshe Glickman), 인디아 핀혼(India Pinhorn)이 바로 그들이다.

또한 하버드대학교 로스쿨 및 행동경제학 및 공공정책에 관한 프로그램(Program on Behavioral Economics and Public Policy)과 존 매닝(John Manning) 학장에게도 온갖 편의를 베풀어주어 고맙다는 인사를 드린다. 마지막으로 이 책이 완성되어 세상에 나올 수 있도록 엄청난 도움을 준 캐서린 리조(Kathleen Rizzo)와 빅토리아 유(Victoria Yu)에게 감사의 말을 전한다.

우리 저자들 중 한 명인 탈리 샤롯은 아낌없이 지원해준 가족에게 고마운 마음을 전하고 싶다. 탈리는 똑똑한 남편 조시 맥더모트(Josh McDermott)가 늘 곁에서 지켜주어 얼마나 다행인지 모른다. 그녀는 그 어떤 사람이 하는 말보다 남편이 하는 말을 신뢰한다. 또한 그녀는 이 책을 멋지고 사랑스럽고 상냥한 아이들인 리비아와 리오에게 바치고 싶다. 이 아이들을 향한 그녀의 사랑은 영원히 시들지 않을 것이다.

우리 저자들 중 다른 한 명인 캐스 선스타인은 아내 서맨사 파워(Samantha Power)에게 특별히 고맙다는 인사를 하고 싶다. 이 프로젝트를 진행하는 동안 서맨사는 지혜와 유머와 친절함을 아낌없이 베풀었으며 도움이 되는 토론을 자주 함께했다. 어린 자녀들인 데클런과 라이언은 인내심이 넘치는 토론자로 적극적으로 토론에 함께했으며, 큰아이인 엘린은 말이 잘 통하는 좋은 친구였다. 이 아이들은 리비아와 리오까지 토론에 적극적으로 참여하게 만들었다. 마지막으로 귀여운 래브라도 리트리버들인 스노와 핀리도 책을 쓰는 동안 내내 함께했으며 여러 단계에서 이 책에 (아마도 미묘한 방식으로) 개입했음을 밝힌다.

룩 어게인: 변화를 만드는 힘

제1판 1쇄 인쇄 | 2024년 11월 8일
제1판 1쇄 발행 | 2024년 11월 20일

지은이 | 캐스 선스타인·탈리 샤롯
옮긴이 | 이경식
펴낸이 | 김수언
펴낸곳 | 한국경제신문 한경BP
책임편집 | 이혜영
교정교열 | 김순영
저작권 | 박정현
홍 보 | 서은실·이여진
마케팅 | 김규형·박정범·박도현
디자인 | 이승욱·권석중

주 소 | 서울특별시 중구 청파로 463
기획출판팀 | 02-3604-590, 584
영업마케팅팀 | 02-3604-595, 562   FAX | 02-3604-599
H | http://bp.hankyung.com   E | bp@hankyung.com
F | www.facebook.com/hankyungbp
등 록 | 제 2-315(1967. 5. 15)

ISBN 978-89-475-4983-7 03320